Jacques Soustelle

Alain Herbeth

Jacques Soustelle

L'homme de l'intégration

© L'Harmattan, 2015
5-7, rue de l'Ecole-Polytechnique, 75005 Paris

http://www.harmattan.fr
diffusion.harmattan@wanadoo.fr
harmattan1@wanadoo.fr

ISBN : 978-2-343-06511-3
EAN : 9782343065113

Prologue

Un rendez-vous manqué

> « *L'ignorance du passé ne se borne pas à nuire à la connaissance du présent ; elle compromet, dans le présent, l'action même* ».
>
> Marc Bloch

La réalité, passée ou présente, est parfois difficile à saisir. C'est vrai pour la guerre d'Algérie comme pour bien d'autres événements. Trois mille livres, quatre mille peut-être, lui ont été consacrés. Ils sont tous le reflet de passions anciennes et les témoignages se contredisent. Ils racontent des douleurs uniques qui puisent dans des mémoires concurrentes. Des universitaires ont fait entrer cette guerre qui, longtemps, n'a pas été nommée, dans le domaine de la recherche historique[1]. Ils ont su, en dépit de leurs sensibilités parfois opposées, en rassembler les morceaux.

Grâce à leur travail, grâce à la somme éditoriale réunie sur ce sujet, une réalité se fait jour.

Comme si la violence de cette histoire n'était plus à sens unique ! Comme si, tout à coup, elle se souvenait des victimes, de toutes les victimes, et des laissés pour compte,

---

[1] Charles-Robert Ageron a ouvert la voie. Il sera suivi par Guy Pervillé, Benjamin Stora, Daniel Lefeuvre et bien d'autres.

Français comme Algériens. « *Les tragédies se déroulent, inexorables, jusqu'au bout. Le général de Gaulle, par le verbe, transfigura la défaite et camoufla les horreurs*[2] », souligne Raymond Aron dans ses mémoires. Ce n'est plus possible aujourd'hui. Le voile se lève enfin.

Le 18 mars 1962, quand furent signés les « accords d'Evian », Albert Camus avait quitté ce monde depuis deux ans. En 1958, dans ses « chroniques algériennes », il esquissait une solution qui pouvait « *consacrer la fin du colonialisme, exclure les rêveries de reconquêtes ou de maintien du statu quo qui préparent le divorce définitif* ». Camus excluait également « *les rêves d'un déracinement des Français d'Algérie qui, s'ils n'ont pas le droit d'opprimer ont celui de ne pas être opprimés et de disposer d'eux-mêmes sur la terre de leur naissance. Pour rétablir la justice nécessaire, il est d'autres voies que de remplacer une injustice par une autre*[3] ».

Ceux qui paraphèrent les accords d'Evian, MM Joxe, Buron, de Broglie, avaient oublié Albert Camus ou ne l'avaient pas lu. La reconnaissance du FLN comme seul interlocuteur valable vidait de sens ces supposés accords et ouvrait la voie au pire.

On écarta les autres courants nationalistes algériens, notamment le MNA (Mouvement national algérien) pourchassé et massacré d'Alger à Paris, en passant par Melouza.

On écarta les « musulmans » fidèles à la France en négligeant les dizaines d'élus présents à l'Assemblée nationale, les centaines de conseillers généraux ou municipaux. Oubliés les harkis qui, par dizaines de milliers, avec femmes et enfants, se feront massacrer dans l'indifférence absolue de la hiérar-

---

[2] Robert Aron, « Mémoires, 50 ans de réflexion politique ». Editions Julliard. 1983.
[3] Albert Camus, « Chroniques algériennes » 1939-1958 Actuelles III. Editions Gallimard repris dans la collection Folio essais. 1958.

chie militaire et du gouvernement français. « *On n'a pas osé compter les victimes* » dira plus tard Hélie de Saint Marc[4].

On écarta, enfin, les « Européens ». Près d'un million deux cent mille hommes, femmes et enfants, ont ainsi perdu tout droit de regard sur leur avenir. Quand la peur gagna les quartiers populaires d'Alger, peuplés de pieds-noirs, les autorités françaises décidèrent de mater la révolte qui menaçait. A Bab el Oued, pour finir le travail, il faudra demander l'appui de l'aviation. Rue d'Isly, où des dizaines de milliers d'Algérois manifestaient pacifiquement contre la répression qui s'abattait sur Bab el Oued, les fusils-mitrailleurs parlèrent. On releva plus d'une soixantaine de morts. Les murs d'Alger ou d'Oran n'ont pas menti, c'est bien entre « la valise ou le cercueil » qu'il fallait choisir. Ils allaient attendre des jours entiers, assis sur lesdites valises, pour pouvoir fuir la terre où ils étaient nés. Il fallait d'ailleurs qu'ils se dépêchent de tout perdre pour ne pas prendre le risque d'être enlevés sous le regard impassible de l'institution militaire obligeant ses soldats à rester l'arme aux pieds.

Tout ce malheur était-il obligatoire ? Malheur des Européens, malheur des harkis, malheur des Algériens qui, vingt ans plus tard payèrent d'une nouvelle guerre l'enfantement dans la violence de leur nation, une nation privée de toute mémoire. « *Quel drame de ne pas savoir son histoire de bout en bout, dira Boualem Sansal… Si longue soit l'absence, le présent nous attend*[5] ».

Le malheur n'est pas écrit quand Jacques Soustelle est nommé Gouverneur général de l'Algérie, le 26 janvier 1955, trois mois à peine après le déclenchement de l'insurrection algérienne. La « paix française » est alors clairement menacée.

---

[4] Hélie de Saint Marc, « Mémoires, Le champ de braise » avec la collaboration de Laurent Beccaria. Editions Perrin. 1995.
[5] Boualem Sansal. « Petit éloge de la mémoire ». Gallimard, collection Folio. 2007.

Le mandat que reçoit Jacques Soustelle des mains de Pierre Mendes-France et de François Mitterrand, confirmé par Edgar Faure, est précis : réaliser l'intégration de l'Algérie à la France, donner aux dix millions d'habitants de cette province, Musulmans comme Européens, les mêmes droits et les mêmes devoirs, en faire des Français à part entière, dans le respect de leur personnalité religieuse, culturelle et politique.

A peine installé au Palais d'été, le nouveau gouverneur prend vite conscience que la somme des blocages, des promesses non tenues, des statuts jamais appliqués mène droit à la catastrophe. Pris dans une course contre la montre, Soustelle tente de prendre de front tous les problèmes. Il le fait en résistant aux pressions venues de toutes parts, du côté musulman algérien comme du côté européen, les uns disant c'est trop, les autres pas assez. Le plus urgent pour lui, c'est de réussir ce qu'il a appelé la « pacification », un mélange de présence militaire accrue contre les maquis naissants de l'ALN et de multiplication, sur le terrain, du nombre d'instituteurs, de travailleurs sociaux ou de médecins. Mais, pour réussir, il lui faut affronter l'impuissance ou l'indolence de la IVe République.

Ebranlé par le massacre de Philippeville, perpétré le 20 août 1955, et par la répression disproportionnée qui s'en est suivie, le parcours de Jacques Soustelle connaît alors une inflexion décisive. Sa passion pour son « aimée et souffrante Algérie[6] » va s'en trouver décuplée. Et pourtant, c'est un pays qu'il connaît peu. Il néglige certainement la question nationale, sans pour autant l'ignorer. Il sait que l'histoire du nationalisme algérien plonge ses racines dans une histoire française, une histoire ouvrière mais, pour lui, l'attachement des Algériens à la France ne peut être que le produit du pro-

---

[6] Livre que Jacques Soustelle écrira en 1956, à son retour d'Alger. Editions Plon. Paris. 1956.

grès économique et du règlement de questions vitales comme l'éducation ou la santé. Lui, qui a flirté avec le marxisme dans sa jeunesse, retrouve là un classique de l'économisme marxiste pour qui, finalement, « seules les conditions d'existence déterminent la conscience », attitude qui va de pair avec la traditionnelle négligence de la question nationale. Soustelle n'est pas le seul à passer à côté de cette question, elle est la grande absente du débat politique. Du parti communiste à l'extrême-droite, chacun s'accorde à reconnaître la place de l'Algérie dans un ensemble français. Les désaccords interviendront plus tard, quand se posera la question de la paix, la question nationale demeurant secondaire. Daniel Mayer, fervent partisan de la paix, reconnaîtra ce décalage : « *la nation algérienne n'existait pas, elle a été créée dans le combat*[7] ». Ce cheminement, Ferhat Abbas, futur président du GPRA, en est la parfaite illustration. Notable de Sétif, il est pharmacien et élu local. En 1936, il dit « *ne pas avoir trouvé trace de nationalité algérienne*[8] », une phrase désormais célèbre qui ne l'empêche pas, en 1943, de signer le « Manifeste du peuple algérien » qui demande une association libre avec la France, avant de rejoindre le FLN en 1955. En sortant de son avion, à « Maison-Blanche », sous un ciel bas de janvier, Soustelle ne sait pas encore qu'il a rendez-vous avec son destin. Un destin nommé Algérie.

Il ne mesure pas les difficultés qui l'attendent. Il sait cependant que son statut colonial enferme un million de Français d'Algérie dans un immobilisme suicidaire et connaît le poids qu'exerce le FLN sur la société musulmane, par l'intimidation et la terreur. Il doit faire vite, et être soutenu par ceux qui l'ont envoyé ici. Ce ne sera pas le cas.

---

[7] Claude Juin. « Daniel Mayer, l'homme qui aurait pu tout changer ». Editions Romillat. 1998.
[8] Ferhat Abbas signe cet article du journal « L'Entente » le 23 février 1936.

Revenu en France, après la démission d'Edgar Faure, Soustelle est sur tous les fronts. Le 13 mai 1958 sera sa récompense. La foule plébiscite l'intégration, elle s'impose, enfin, sous la poussée des événements. Le référendum, qui suivra quelques mois plus tard, confirmera cette volonté algérienne. De Gaulle, appelé pour la mener à bien, fera l'exact contraire et conduira l'Algérie dans les bras du FLN. Soustelle tente de résister sans ménager sa peine, mais la partie est trop inégale. En 1961, il choisira l'exil pour se protéger d'une arrestation imminente. Il ne reviendra en France qu'en 1968.

Sept longues années passées hors de France alors que son dossier judiciaire est vide. Il bénéficiera d'ailleurs d'un « non-lieu » qui fera justice des calomnies endurées pendant tout ce temps... dont celle, persistante, l'accusant d'être le chef clandestin d'un complot fasciste. Dès 1961, devant des journalistes américains, il met les choses au point : « *ou bien ce mot n'est qu'une simple injure ou bien il a un sens précis, celui de la haine de la démocratie, du racisme, du nationalisme agressif. Toute ma vie, depuis avant la guerre jusqu'à aujourd'hui, en passant par la Résistance, démontre que j'ai toujours fait des choix opposés à ceux du fascisme[9]* ».

Normalien, philosophe, ethnologue, ouvert à tant d'autres civilisations, il rejette le racisme comme on rejette la peste. C'est d'ailleurs au Mexique, entre 1932 et 1934, qu'il le rencontre pour la première fois. Il note dans ses carnets « *les indiens vivent de la terre et eux (les profiteurs) vivent des indiens comme si tout indien était un domestique né* ». Une remarque dont il se souviendra plus tard, quand il découvrira la situation faite aux Algériens musulmans.

---

[9] Jacques Soustelle. Interview à l'agence UPI du 3 novembre 1961 publiée dans « L'espérance trahie ». Editions de l'Alma.

Soustelle, aujourd'hui encore, demeure un personnage énigmatique. Républicain fortement marqué à gauche dans sa jeunesse, gaulliste pendant vingt ans, de 1940 à 1960, et occupant les responsabilités les plus élevées aux côtés du Général, amoureux de l'Algérie dès 1955, Jacques Soustelle est avant tout un homme de modération. Une définition qui peut surprendre ceux qui, encore aujourd'hui, ont de lui l'image fausse de l'extrémiste. Mieux encore, Soustelle est fondamentalement un homme de compromis ... Mais il y a eu l'Algérie et l'impossible compromis avec ceux qui voulaient, à Paris, se débarrasser au plus vite de ce fardeau encombrant, sans tenir compte des conséquences humaines, et ceux qui, de Tunis ou du Caire, pratiquaient une politique aveugle de terreur, interdisant la voie à tout avenir possible.

Soustelle ne s'est pas renié ! Exclu du gouvernement, censuré, chassé du CNRS, il a continué à dire sa vérité, celle de l'intellectuel jeté en politique, celle du scientifique soucieux des faits et des observations, celle de l'ethnologue qui a toujours su tirer du passé des leçons pour l'avenir.

Revenu en grâce, admis à l'Académie française en 1983, après un bref retour en politique où, une dernière fois, il siège à l'Assemblée nationale sur les bancs du groupe centriste, il continue à travailler, à réfléchir, à rencontrer ceux qui partagèrent un moment ses combats. Eloigné de tout esprit « ancien combattant », il veille à défendre, toujours et encore, ses engagements. La somme de ses droits de réponse, dans la presse, en témoigne largement.

Quelques mois avant sa mort, en 1990, il admet que, qu'on le veuille ou non, « *le terrible passé s'est éloigné, la tragédie est devenue Histoire. Oh, certes, ce n'est pas une histoire impassible et détachée, car le souvenir ne s'éteint pas*[10] ».

---

[10] Préface de Jacques Soustelle à l'ouvrage de Francine Dessaigne. « La paix pour dix ans –Sétif, Guelma, mai 1945 ». Editions J.Gandini. 1990.

Dans un ultime entretien au magazine « pieds-noirs d'hier et d'aujourd'hui », il redit son amour pour l'Algérie et fait sien le rêve de Camus : « *Je l'ai aimée, avec tous ses habitants de toutes origines et de diverses religions. Je me suis attaché au peuple pied-noir. Je demeure convaincu que, si l'on avait suivi la politique dont j'avais fixé les bases, l'Algérie aujourd'hui serait peut-être une province libre et prospère, peut-être un Etat associé, peut-être même une République indépendante mais dans la paix et l'amitié et sans qu'on ait dû assister à l'affreux exode de 1962... Je dois dire que le spectacle de l'Algérie d'aujourd'hui, de ce pays infortuné et déchiré entre la nomenklatura FLN et le fanatisme intégriste montre que j'avais raison... Près de trente ans plus tard, il faut admettre que les deux peuples, algérien et français, ont chacun subi une défaite*[11] ».

L'intégration chère à Soustelle n'a jamais vécu... mais le mot n'a pas disparu. En France, aujourd'hui, l'intégration est même au centre du débat, elle interroge notre identité et notre devenir. On la voit vivre, devant nous, par le mariage, la réussite scolaire, le travail ou la politique. Les réussites sont bien plus nombreuses qu'on ne le croit mais elles restent discrètes et sont masquées par le communautarisme montant ou par ceux qui ne jurent que par le « multiculturalisme ». Certes, l'intégration de ce début du XXIème siècle n'est plus exactement l'intégration voulue par Soustelle, elle n'est plus collective mais individuelle, mais quand quatre cents candidats originaires d'Afrique du Nord, la plupart du temps d'origine algérienne, se présentent aux dernières élections législatives, en 2012, s'agit-il d'une somme de décisions individuelles, sans plus, ou d'un geste qui, par le nombre

---

[11] www.piedsnoirs-aujourd'hui.com/soustel.html

d'individus concernés, prend un sens collectif[12] ? Revient alors en mémoire un des principaux arguments des adversaires de l'intégration, au temps de l'Algérie française : « *mais avec votre politique, monsieur Soustelle, nous aurons plus d'une centaine d'élus musulmans à l'Assemblée…* ». Cette intégration dans la société française, encore modeste, est un renfort pour la République.

Finalement, les questions d'hier, celles que se posait Soustelle il y a soixante ans, sont celles d'aujourd'hui. L'islam est-il intégrable à la République ? lui demandait-on, sous-entendant bien sûr que cela était impossible. Oui, répondait-il, donnant en exemple ceux qui avaient choisi ce chemin, sans se renier, et qui refusaient la « guerre sainte » qui tuait avant tout les leurs. Ce même chemin, celui de l'intégration, a été emprunté en Algérie par les juifs, après le décret Crémieux. En France, tant de communautés, venues d'Europe de l'Est ou d'Europe du Sud, l'ont également suivi tout au long du vingtième siècle et ont donné à la France « d'excellents Français ».

Parler du Soustelle d'hier, c'est parler d'intégration aujourd'hui, c'est demander à l'Histoire qu'elle nous encourage à ne pas passer, une nouvelle fois, à côté de ce joli mot d'intégration. Nous n'y parviendrons que si la République est la plus forte, si elle sait casser les communautarismes et fait de chaque Français, récent ou « de souche », un citoyen ayant reçu en dépôt une histoire et une culture. Etre Français n'exige pas que l'on oublie d'où l'on vient, cela exige simplement d'adhérer à ce qui constitue notre identité républicaine, l'égalité, la liberté et la fraternité… et aujourd'hui, et surtout, la laïcité.

---

[12] Gilles Kepel. « Passion française. Les voix des cités ». Collection Témoins. Gallimard. 2014.

Certains, et parmi eux d'anciens partisans de l'Algérie française, refusent cette intégration au nom d'une identité française mal comprise ou d'une revanche à assouvir. Ceux qui ont tant voulu, tant souhaité l'Algérie française, tournent désormais le dos à leur combat d'hier. A moins que, derrière le slogan d'Algérie française, se soit caché autre chose, leur espoir de maintenir des privilèges injustes par exemple, ou leur profond mépris pour « les Arabes ». Le « peuple pied-noir » ne peut être confondu avec eux. Ils avaient imaginé, eux qui vivaient là-bas une vie modeste, une autre Algérie, laïque et républicaine, et jouissaient de la richesse de ses cultures croisées, berbères, arabes, françaises et juives. Ceux-là doivent se réjouir de voir cette volonté d'intégration encore vivace. Ils doivent veiller à ce que rien ne l'arrête, qu'il n'y ait aucune soumission au communautarisme, aucun dérapage, qu'il vienne de certaines mosquées où l'on prêche le djihad et où l'on rêve d'une intifada à la française, ou de ceux qui voient dans chaque Maghrébin présent sur notre sol, français ou pas, un ennemi de l'intérieur.

Yasmina Khadra, écrivain algérien vivant à Paris, ancien officier dans l'armée algérienne, fils d'un cadre de l'ALN, ne cache pas sa nostalgie pour une Algérie où les pieds-noirs avaient leur place. Pourquoi ne pas espérer retrouver, en France, une sorte de symétrie à ce qu'il a vu dans sa jeunesse : « *Chaque pied-noir, pour moi, était un Algérien. Me restent en mémoire ces amitiés déchirées, ces voisinages dépeuplés. Nous aimions le petit peuple des Français, des Italiens, des Espagnols, des Juifs, avec qui l'on vivait au quotidien. Les injustices étaient là, valables pour les uns comme pour les autres, mais nous vivions si proches. J'ai la nostalgie de ce vivre ensemble*[13] ».

---

[13] www.yasmina-khadra.com

Le chapitre de l'Algérie française, sous quelque forme que ce soit, fédérée, associée, intégrée, est définitivement clos. Il est donc vain de vouloir remonter le fil du temps car, comme le souligne Marc Bloch « *le passé est, par définition, une donnée que rien ne modifiera plus*[14] ». Mais il n'est pas interdit de rêver, ni de se poser des questions, une au moins, qui s'impose : ce que les Africains du Sud, blancs et noirs, ont réussi à faire, à l'autre bout du continent quand Mandela est sorti de prison et quand l'ANC[15] a déposé les armes, aurait-il été envisageable, trente ans plus tôt, en Algérie[16]? Non, car cette solution à la sud-africaine exigeait un préalable, celui de l'indépendance de l'Algérie, librement acceptée par tous les peuples la composant, librement négociée par toutes les parties, enfin réunies, pour construire ensemble un destin commun. Le rêve d'Albert Camus réalisé, lui qui affirmait que, « *si, en Algérie, le peuple français et le peuple arabe unissent leurs différences, l'avenir aura un sens pour les Français, les Arabes et le monde entier*[17] » ! Or, la France n'a pas voulu de ce rêve. Sa rage à vouloir « régler » le problème algérien en ne discutant qu'avec le seul FLN, qui n'en voulait pas davantage, ne pouvait se conclure que par l'abandon pur et simple de ceux qui espéraient un autre avenir. Que de vies auraient pu être économisées, que de larmes évitées. Même Soustelle, on vient de le lire, n'écartait plus, trente ans plus tard, cette hypothèse. Mais qui aurait pu l'imposer ? Le sourire et le

---

[14] Marc Bloch. « L'étrange défaite ». Editions Gallimard. Folio histoire. 1990.
[15] Congrès National Africain, le parti de Nelson Mandela.
[16] Quand Mandela et De Klerk reçurent leur prix Nobel en 1993, trois ans après la libération du dirigeant de l'ANC, l'Express note que tout oppose ces deux hommes, sauf l'essentiel, faire de l'Afrique du Sud un pays homogène et prospère au fin fond d'un continent conquis par la haine et la pauvreté.
[17] Albert Camus. « Chroniques algériennes ». Op. cit.

courage de Mandela (Madiba) ont manqué. La lucidité de Frédérik de Klerk aussi, lui qui n'hésita pas à affronter les siens et qui, le jour de la mort de Mandela, déclarait, selon les propos rapportés par l'AFP : « *Le courage, le charme et l'engagement de Nelson Mandela envers la réconciliation et la Constitution, ont été une source d'inspiration non seulement pour les Sud-Africains, mais pour le monde entier. Je crois que son exemple lui survivra et qu'il continuera à inspirer tous les Sud-Africains, pour réaliser sa vision d'une société multiraciale, de justice, de dignité humaine et d'égalité pour tous* ».

Il y a des opportunités manquées, des courages oubliés, des égoïsmes revendiqués qui pèsent lourdement dans l'histoire des hommes et se paient comptant. En Algérie, le nettoyage ethnique et religieux de masse, la violence toujours recommencée, en ont été le prix.

I.

1934 – 1954
L'horizon indépassable de la République

> « *Pour juger d'un homme, il faut suivre longuement et curieusement sa trace […] si la variété des occurrences lui fait changer de pas, laissez-le courir* ».
>
> Montaigne

La montée des menaces

En France, au lendemain du terrible massacre que fut la Première Guerre mondiale et qui donnera sa couleur à ce triste vingtième siècle, une question domine le débat politique, à gauche comme à droite, celle de la paix. Comment admettre que se reproduisent un autre massacre, une autre guerre ? Verra-t-on le père, ancien combattant, repartir avec le fils !

Cette question du pacifisme, c'est-à-dire du refus politique de tout retour à une situation de guerre, s'est posée de manière particulièrement vive dans notre pays. Pourquoi en France et moins ailleurs, en Allemagne par exemple ? C'est qu'outre-Rhin, dans une Allemagne vaincue et soumise à la brutalité du traité de Versailles, il s'agissait surtout de survivre. D'abord à la chute de l'Empire puis à la guerre civile qui s'en est suivie et vit s'affronter « corps francs » et groupes communistes. A la crise économique, ensuite, qui fit disparaître la monnaie allemande et qui balaya du même coup la République de Weimar. Pour faire bonne mesure, la démocratie s'en est allée également, à la suite d'une élection parfaitement légitime qui donna la majorité au parti d'Hitler qui allait, ainsi, devenir chancelier et pouvoir réaliser son rêve de « grand Reich ».

C'est dans ces années qui annoncent l'orage que Jacques Soustelle et sa femme, Georgette, reviennent en France, en 1934, après deux ans passés au Mexique à la recherche des Otomis et des Lacandons. Deux ans ! Une éternité, pour eux qui reviennent des forêts équatoriales bordant le Guatemala ou de la sierra et du désert, plus au nord du pays. Deux années où ils découvrent une réalité qu'ils n'oublieront jamais. Ils découvrent la culture indienne héritière d'une tradition millénaire. Jacques Soustelle va l'écrire : « *Jamais l'indien ne doit avoir honte de lui-même, s'il a honte c'est qu'on lui a fait honte, et on a eu tort*[18] ». Ils découvrent aussi une autre réalité, celle des latifundistes, ces grands propriétaires qui tiennent le pays dans un état semi-féodal. Ils découvrent aussi le danger fasciste et participent à un congrès visant à fonder la ligue mexicaine contre le fascisme[19].

Avant de quitter la capitale, ils n'étaient que de jeunes étudiants de vingt et vingt-deux ans (Jacques en a vingt et Georgette Fagot, son aînée, en a vingt-deux). Ils se sont mariés le 5 août 1931 à Caluire, avec l'autorisation de la mère de Jacques Soustelle puisque ce dernier est encore mineur

---

[18] Jacques Soustelle. « Mexique, terre indienne ». Editions Grasset, 1936.
[19] C'est dans « Mexique, terre indienne » que Jacques Soustelle fait état de sa participation à ce congrès. Il explique sa présence par l'irruption soudaine, au Mexique, de groupes paramilitaires ouvertement copiés sur les SA allemands et organisant des raids contre les communistes et les Juifs.

aux yeux de la loi. Ils sont jeunes mais ils savent ce qu'ils doivent à la République. Ils ont beaucoup mûri au contact de la réalité indienne et sont bouleversés par le spectacle qui les attend à leur retour.

Le monde a changé en deux ans, leur cher quartier latin résonne du bruit des bagarres déclenchées par les camelots du roi. A Berlin, Hitler a pris le pouvoir depuis un an et, à Paris, le scandale Stavisky a éclaté nourrissant l'antiparlementarisme et le sentiment que, décidément, tous les politiciens sont bien des pourris. Place de la Concorde, le 6 février 1934, six mois avant le retour des époux Soustelle, au moment où Edouard Daladier doit être investi par les députés, les ligues ont réuni leurs partisans bien décidés à en découdre. L'ARAC (association républicaine des anciens combattants), satellite du PCF, se joint au mouvement. Paradoxe qui s'explique par le « tempo » de la politique stalinienne. En 1934, ce qu'il est convenu d'appeler la « troisième période » de l'internationale communiste est toujours la « ligne » officielle. Ligne ultra gauche qui consiste à ranger dans le même sac, socialistes, politiciens de droite et fascistes. Face au Palais Bourbon, symbole désigné de la « pourriture » du régime, 30 000 manifestants se pressent. L'émeute éclate et les camelots du Roi se lancent en promettant de mettre à mort « la gueuse ». Les staliniens les suivent dans une même détestation de la démocratie « bourgeoise ». L'indécision des « Croix-de-feu » du colonel de la Rocque[20] mènera cette

---

[20] A la tête du mouvement des « Croix-de-feu », puis du Parti social français après sa dissolution, le colonel de la Rocque reste un personnage controversé car inclassable. Son parti, le plus grand parti de droite ayant jamais existé, se disloquera sous l'occupation, les uns choisissant de Gaulle, les autres Pétain. Le colonel de la Rocque sera interné en Allemagne. Voir ses carnets de captivité : « Pourquoi je suis républicain ». Editions du Seuil. 2014.

tentative de coup d'Etat à l'échec. On relèvera 16 morts sur la place de la Concorde, 15 manifestants et un policier.

Dès son retour, pressé de comprendre, Jacques Soustelle rencontre ses anciens condisciples de Normale Sup, ses nouveaux compagnons du Musée de l'Homme et, bien sûr et surtout, celui grâce à qui il est parti au Mexique, lui évitant ainsi un poste de professeur à Montauban, Paul Rivet, le patron incontesté de l'ethnographie française, notoirement connu comme homme de gauche et futur soutien du Front populaire.

Soustelle lit « *Mein Kampf* », pour « savoir », par curiosité scientifique. Morbide curiosité ! Il est saisi d'horreur par ce qu'il lit, il ne croit pas un instant qu'il a sous les yeux les simples élucubrations d'un fou. Il y discerne la menace immédiate et comprend que la venue de Hitler au pouvoir, appuyée sur ses SA, est faite pour durer. Même si l'on n'est pas obligé de croire au Reich de mille ans, promis par le führer, l'avenir proche semble déjà écrit dans les pages de cet ouvrage prémonitoire qui deviendra la bible obligée de toute une génération allemande.

Alors, que faire ? Lui, le sans parti, l'inorganisé, se sent d'instinct concerné. Il adhère au « comité de vigilance des intellectuels antifascistes » présidé par son « maître » Paul Rivet, candidat socialiste dans le Ve arrondissement, et où siègent à la direction le philosophe Alain, professeur à Normale Sup et proche, sinon membre, du parti radical ainsi que le scientifique Paul Langevin, membre du Parti communiste français.

Les Français suivent la menace qui pointe avec inquiétude. Ils se souviennent du serment des poilus de retour de l'enfer des tranchées. Ce serait « *la der des der* ». « *Plus jamais ça* » promettaient-ils. Mais les bruits de bottes sont de plus en plus forts, là-bas en Allemagne. Faudra-t-il tout recommencer au risque de tout perdre ? Non ! Et ils sont nombreux à le dire tant le traumatisme de 1914-1918 est fort. Mieux vaut la paix à tout prix que les honneurs du cimetière.

Si ce sentiment est partagé, il l'est avec des différences notables. Très vif à gauche, surtout chez les ouvriers et les paysans qui ne veulent plus servir de chair à canon, le pacifisme est moins fort à droite où une certaine bourgeoisie affiche un patriotisme « anti-boche » encore vivace et milite contre le réarmement allemand. La « Cagoule » s'illustrera dans ce combat contre ce qu'elle appelle « le désarmement de la France ».

C'est donc à gauche que cette question demeure la plus brûlante et la plus douloureuse. L'assassinat de Jean Jaurès devant le café du Croissant, à Paris le 31 juillet 1914, demeure un remord permanent pour bon nombre de militants. Lui qui est mort pour la paix et que la direction du parti socialiste SFIO, une fois la guerre déclarée, renie en se rangeant derrière les drapeaux de l'Union sacrée. Aux obsèques de Jaurès, Léon Jouhaux, chef de la CGT, ne déclare-t-il pas « *nous nous levons pour repousser l'envahisseur, pour sauvegarder le patrimoine de la civilisation généreuse que nous a légué l'histoire... C'est en harmonie avec cette volonté que nous répondons présent à l'ordre de mobilisation*[21] ».

C'est un parti fatigué qui sort de la guerre. Des militants demandent des comptes et vont se tourner en masse vers le tout nouveau parti communiste qui vient de faire scission de la SFIO au moment du congrès de Tours, le 25 décembre 1920. Ils abandonnent la vieille maison à Léon Blum. Soustelle comprend cet état d'esprit lui qui, dès son retour en France, en décembre 1934, écrit dans un petit journal gauchiste, Spartacus : « *Pendant quatre ans, la France a été*

---

[21] Discours de Léon Jouhaux. « A Jean Jaurès ». Publication sociale, 1915.

soumise à une idéologie fasciste, celle de l'union sacrée. Le concept de Patrie est à opposer à celui de lutte des classes[22] » ... la nuance n'était pas encore la qualité principale du jeune Soustelle, mais il prendra très vite ses distances !

Pendant les années qui suivent, la gauche va se situer dans le camp du pacifisme, certains par tradition doctrinale et par antimilitarisme viscéral, d'autres, plus nombreux, parce qu'ils ne veulent tout simplement plus revivre les mêmes horreurs. Aucun ne voit encore le danger devenir menace immédiate !

En 1936-1937, une partie de la droite abandonne son bellicisme. Saisie d'une sainte horreur devant la provocation des défilés populaires, poings tendus, elle découvre avec effroi la masse que représente la « classe dangereuse ». Certains commencent alors à rejoindre ceux qui, animés par leur sympathie idéologique avec ce qui se passe en Allemagne, ne veulent surtout pas entendre parler de guerre et seront d'emblée des pacifistes convaincus. Ils seront rejoints par certains venus de la gauche, comme le courant « néo-socialiste » de Marcel Déat. Ils seront à l'origine du comité France-Allemagne, la pépinière des futurs collaborateurs, ceux qui commenceront à répandre le poison selon lequel Hitler, même peu fréquentable, vaut tout de même mieux que le « juif » Blum, le socialiste à la « vaisselle d'or[23] ».

Dans ces années charnières, à gauche, l'heure est aussi au reclassement. Les militants sentent la menace qui s'exprime au travers des défilés des SA ou des SS en uniformes noirs et bruns, à Nuremberg ou ailleurs. Les mêmes voient les

---

[22] Cité par Bernard Ullmann dans sa biographie sur Jacques Soustelle-Editions Plon. 1995. La charge de Jacques Soustelle contre l'union sacrée serait parue dans le numéro du 7 décembre 1934 sous le titre « La répétition générale du fascisme ».
[23] Le comité France-Allemagne se transformera, durant l'occupation, en « groupe collaboration » dont le président sera Alphonse de Châteaubriant, authentique nazi français qui sera fusillé à la libération.

troupes d'Hitler à l'œuvre en Espagne, aux côtés de Franco. Une question commence à poindre devant ce spectacle … Et s'il ne s'agissait plus des préparatifs d'un nouveau conflit de frontières mais bel et bien de l'annonce d'une guerre idéologique, inédite encore en Europe ? Sauf à remonter à Valmy et à la guerre révolutionnaire menée par les « sans-culottes » contre la « sainte alliance ». La gauche et la droite se posent, en fait, la même question ! Ils prennent conscience que la menace qui pointe n'est plus celle de l'affrontement classique de deux chauvinismes mais celle d'une guerre civile à l'échelle européenne. Même les plus insensibles à toute influence partisane voient la démocratie s'effondrer devant le totalitarisme qui interdit partis et syndicats, ils voient la défaite de la pensée à travers les gigantesques autodafés, ils voient le début d'une ère concentrationnaire avec l'ouverture des camps. Dès 1933 Dachau ouvre ses portes aux communistes, aux socialistes ou aux francs-maçons allemands. Ils voient, enfin, la chasse aux juifs annoncée par « *Mein Kampf* » se concrétiser lors de la « *nuit de cristal* ».

Inévitablement, ce nouveau questionnement mine les initiatives et les regroupements entrepris depuis 1934 ou 1935. L'Union soviétique n'est pas en reste pour chambouler ce fragile paysage, passant du sectarisme gauchiste à l'opportunisme droitier. Le comité des intellectuels antifascistes n'y survit pas. Jacques Soustelle rompra avec le pacifisme, qu'il soit absolu ou circonstanciel. Il sait qu'il prend ainsi le risque de se battre alors qu'il méprise la guerre. Il laissera l'esprit de résistance s'installer chez lui, comme chez tant d'autres, à gauche comme à droite. L'Histoire nous le prouvera bientôt.

En 1938, il prend fermement position contre les accords de Munich. Pour lui, cet accord honteux n'est en aucun cas susceptible d'arrêter la guerre. Pire, cet accord est marchand d'illusion ! Daladier, bien malgré lui, le reconnaît à mi-voix, sur l'échelle de coupée de l'avion qui le ramène de Munich quand, devant la foule rassemblée au Bourget pour l'acclamer, il aurait murmuré, selon des témoins, « les cons ».

Soustelle n'a que mépris pour ceux qui saluent la mort d'un pays ami, la Tchécoslovaquie, et qui acclament la démission de la France. Après le lâchage des autorités de Prague, il occupe, avec ses amis de l'Union des intellectuels français pour la justice, la liberté et la paix, le centre culturel tchèque pendant trois jours et trois nuits. Ils en sont expulsés à la demande des autorités allemandes… demande entendue.

L'heure des démissions, celle des petites et des grandes lâchetés, avait sonné pour de longues années. Jacques Soustelle fustigera, plus tard, « ceux qui, entièrement gagnés au défaitisme, demeuraient *groupés dans une association autrefois antifasciste*[24] ».

Entretemps, en 1937, à 25 ans, Soustelle est devenu le directeur adjoint du Musée de l'Homme. Une institution qui s'illustrera tragiquement dans l'histoire de la résistance française. Quand seront connues l'arrestation et l'exécution de certains résistants du Musée de l'Homme, il prendra la parole à la BBC, le 11 juin 1942, « *le travail de ces jeunes scientifiques était un défi au racisme, aux doctrines dégradantes d'esclavage et d'exploitation, à la nouvelle barbarie qui menaçait le monde… notre maître, notre ami Paul Rivet, est en exil et deux des nôtres sont tombés sous les balles des fusilleurs allemands… la justice, un jour, vengera nos martyrs*[25] ».

C'est à Mexico, où il est envoyé par Paul Rivet, que l'ouverture des hostilités rattrape Soustelle en septembre 1939. Aussitôt, il embarque pour la France afin de rejoindre son unité, à Versailles. Il y découvre, surtout, ce que l'on a appelé la « drôle de guerre » : un pays qui vient de déclarer la

---

[24] Citation extraite du journal « Les volontaires », organe de l'Union des intellectuels français pour la justice, la liberté et la paix. N°6, mai 1939.
[25] Le texte de cette allocution est repris sur le site : jacques-soustelle.blogspot.fr

guerre, qui enveloppe soigneusement ses monuments de sacs de sable, passe ses fenêtres au bleu… et attend, dans la ligne Maginot, que l'ennemi veuille bien se présenter. Patience, il est occupé en Pologne ! Ce n'est qu'en mai qu'il se retournera contre la France, passera à côté de la fameuse ligne supposée infranchissable et poussera nos armées sur les routes de l'exode. Cette image qui colle à la peau de nos soldats est injuste, comme est injuste ce mot de Céline décrivant la drôle de guerre comme « *neuf mois de belote et un mois de course à pied*[26] ». Beaucoup se sont sacrifiés avant l'armistice voulu par Pétain et cent mille soldats sont tombés pendant ces neuf mois, cent mille soldats oubliés, engloutis sous la honte d'une défaite sans gloire.

Pendant ces quelques mois d'attente, à la demande de Daladier, Président du conseil, Jacques Soustelle travaille avec Jean Giraudoux, promu commissaire à l'information. En mars 1940, on lui demande de repartir au Mexique pour mener un travail de propagande en faveur de la France, face aux agents nazis très actifs. Il est alors nommé adjoint de l'attaché militaire français.

Mais, en France, les choses vont vite. Edouard Daladier est remplacé par Paul Reynaud puis par le maréchal Pétain à qui une large majorité de parlementaires, députés et sénateurs confondus, vont accorder les pleins pouvoirs en poussant un lâche soupir de soulagement. La République est morte ! Jacques Soustelle sera le seul « officiel » français, présent à Mexico, à faire le choix de la France libre.

---

[26] Louis-Ferdinand Céline. « Les beaux draps ». Nouvelles éditions françaises. 1941.

L'HOMME DE L'OMBRE

La route est longue de Mexico à Londres. Soustelle veut rejoindre ce général inconnu mais, avant même de savoir comment, il a un premier geste, comme instinctif. Il veut s'engager dans les troupes canadiennes. Il s'en va trouver le consul britannique à Mexico, le Canada est après tout un dominion de sa gracieuse majesté, pour lui faire part de son projet qui n'ira guère plus loin que le bureau du diplomate britannique.

Sans doute déçu, il ne reste pas inactif. Il va donc, avec quelques amis, collecter des fonds et les envoyer à Londres. Pour donner à cet envoi un caractère solennel, il envoie un télégramme au quartier général des Français libres pour signifier son ralliement officiel à la cause de la France. C'est un geste courageux car Jacques Soustelle occupe à Mexico un poste officiel et diplomatique, il est entouré de fonctionnaires français hostiles ou, au mieux, d'une extrême prudence et la vengeance de Vichy peut toujours l'atteindre, même en traversant l'Atlantique.

C'est de Gaulle en personne qui lui répond « *suis heureux de connaître votre action et vous félicite de votre résolution à continuer la lutte aux côtés de nos alliés*[27] ». Fort de ce soutien, fier aussi sans doute, il organise une délégation « France libre de Mexico » qui tout aussitôt marque des points importants auprès des autorités politiques et intellectuelles du pays, comme auprès de nombreux compatriotes. De Gaulle, mis au courant de ce travail, lui envoie un nouveau télégramme l'engageant à poursuivre son travail. Mais l'heure du départ va bientôt sonner. L'appel de Londres est le plus fort.

---

[27] Bernard Ullmann. « Jacques Soustelle ». Op. cit. Même dans son histoire de la résistance, « Envers et contre tout », Soustelle ne parle pas de ce télégramme. C'est son épouse, Georgette, qui en fit état lors de la préparation de l'ouvrage cité.

En octobre 1940, depuis Halifax, au Canada, Jacques Soustelle entame son long voyage vers Londres sur un bateau conçu pour les tropiques, sans chauffage, et qui passe le plus clair de son temps à éviter, en longeant les côtes du Groenland, les sous-marins allemands et leurs torpilles[28]. Débarqué à Liverpool, sans doute transi de froid, il rejoint la capitale anglaise où il n'est reçu par le général qu'au début du mois de décembre 1940. Il n'y a là nulle désinvolture à déplorer de la part du Chef de la France libre ! Quand Soustelle touche le sol anglais, de Gaulle n'est pas encore revenu de Dakar où il vient d'essuyer un camouflet dont il se souviendra longtemps. Là-bas, contrairement à ce qui s'est passé en AEF (Afrique équatoriale française) où l'ensemble des colonies françaises se sont ralliées à la France libre, l'AOF (Afrique occidentale française) se montre hostile et, pire, à Dakar, au Sénégal, fait tirer sur les soldats français ralliés à de Gaulle.

Le rendez-vous, même différé, a tout de même lieu et, au cours de cette entrevue, Jacques Soustelle découvre « *un homme simple et entêté qui considérait la capitulation de la France comme une erreur politique et une lâcheté morale*[29] ». Le soir même, il dîne avec le général et quelques autres invités et le sentiment d'être revenu dans son pays l'envahit. « *Je n'étais plus seul, donc j'étais gaulliste* ».

Mais être gaulliste, c'est quoi ? Soustelle répond à cette question le plus simplement du monde : « *un refus, voilà le gaullisme d'alors, et rien de plus*[30] ». Un refus partagé par tous

---

[28] Lire le récit du voyage de Soustelle, de Halifax à Liverpool, dans son histoire de la résistance « Envers et contre tout ». Editions Saint-Clair (Tome 1). 1975. La première édition de cette histoire est parue chez Robert Laffont. 1947.
[29] Jacques Soustelle. « Vingt-huit ans de gaullisme ». Editions de la Table Ronde, 1968, repris dans la collection « J'ai Lu », 1971.
[30] Jacques Soustelle. « Vingt-huit ans de gaullisme ». Op. cit.

ceux qui étaient alors en Angleterre, fonctionnaires, militaires, exilés venus par leurs propres moyens ; partagé également par de nombreux Français des colonies ou de l'étranger ; partagé enfin par les prisonniers évadés grâce à la confusion générale de la défaite. Bref, tous ceux qui n'acceptaient pas la déchéance devenaient gaullistes. Même sans le savoir, même sans le vouloir. A vrai dire, personne ne connaissait de Gaulle et nul ne s'en souciait. Soustelle en est persuadé, celui qui aurait brandi à ce moment-là l'étendard de la révolte, qu'il s'appelle Dupont, Martin ou de Gaulle, qu'il soit haut fonctionnaire, militaire ou homme politique, aurait été adopté. C'est au principe même de refus que certains se ralliaient et à rien de plus.

Et de Gaulle, était-il de droite ou de gauche ? Avait-il une vocation de dictateur comme le craignaient certains exilés de Londres, dont le moindre n'était pas Raymond Aron, ou était-il un homme avide de reconnaissance, regroupant autour de lui socialistes, juifs et francs-maçons, comme l'accusait Vichy ? Au fond, quelle importance cela pouvait-il avoir ? Oui, le général avait sans doute un vieux fond « Action française » qui lui collait à la peau et le portait peu vers la démocratie formelle mais la décision, sans possibilité de retour, qu'il venait de prendre, l'amenait, tout naturellement, à comprendre que la France était plurielle et qu'il fallait savoir composer avec elle. A vrai dire, les vieilles catégories politiques avaient volé en éclats dès lors qu'autour de Pétain se retrouvaient la droite traditionnelle, conservatrice et réactionnaire, mais aussi des socialistes de renom, d'anciens communistes, des dirigeants syndicalistes, des radicaux, des hommes comme Laval, ancien avocat de gauche. Ce dernier s'était consacré à la défense des mutins de la guerre 14-18 avant de devenir radical, maire d'Aubervilliers, député et président du Conseil. Un président du Conseil particulièrement inventif puisque, après avoir cherché l'alliance de Mussolini, il trouva celle de Staline.

Si, autour de Pétain, gravitait tout l'éventail politique, il en était de même dans l'entourage du général. Des militaires comme Koenig ou Leclerc, des anciens cagoulards, des socialistes, des intellectuels de gauche comme René Cassin ou Soustelle lui-même, se retrouvaient aux côtés de militants de l'Action française comme aux côtés de militants des comités antifascistes, aux côtés de catholiques traditionalistes, de protestants ou aux côtés de juifs. Les différences subsistent, les méfiances existent, mais l'intérêt général est le plus fort… du moins jusqu'à la libération du pays.

Pour Jacques Soustelle, finalement, la dernière énigme est de savoir si le général de Gaulle était lui-même gaulliste. Psychologiquement, sans doute ! Sa propension à mêler le destin de la France et son propre destin l'atteste indéniablement mais, politiquement, de Gaulle est plus complexe que cela. Quand le général écrit depuis Londres, immédiatement après le 18 juin, aux responsables de la France d'outre-mer, ceux du Levant ou d'Afrique en particulier, qu'il se tient à leur entière disposition pour combattre sous leurs ordres, son propos n'est pas une simple posture. Son seul souci est de constituer un gouvernement de la France combattante sur le territoire de l'empire, gouvernement placé de préférence sous la responsabilité d'un haut dignitaire déjà en place. C'est faute de réponse concrète, soit parce que ses interlocuteurs sont fermement engagés aux côtés de Pétain, soit parce qu'ils « attendent », que de Gaulle prend alors ses responsabilités et emprunte un chemin qui sera longtemps solitaire. Alors oui, l'histoire a fait du général de Gaulle le premier des gaullistes. C'est sa force car il entraînera derrière lui des centaines de milliers d'hommes et de femmes, dans le pays enchaîné, dans l'empire ou à l'extérieur. C'est aussi sa faiblesse car, de manière quasi mécanique, il suscitera des haines et des méfiances qui entraîneront des catastrophes irrémédiables. Il suffit de penser à l'arrestation de Jean Moulin, victime sans aucun doute d'un résistant « retourné », devenu mouchard à la solde des nazis, mais dans un contexte exécrable où la volonté de « Max », Jean Moulin, d'unifier toute la résistance intérieure sous le drapeau du gaullisme engendra bien des oppositions.

Si Jacques Soustelle pose toutes ces questions, c'est qu'elles lui semblent importantes pour lui-même, pour l'homme de gauche qui va s'engager aux côtés d'un général classé à droite et qui saura rassembler des hommes que rien ne prédestinait à faire un bout de chemin ensemble, sauf l'amour de la patrie et le refus de la capitulation. Ces Français pour qui il y eut toujours « *une souveraineté française et des voix pour exprimer librement la volonté de la Nation. Envers et contre tout, il y eut toujours une France combattante*[31] ».

Mais Soustelle n'élude pas une autre question qui a semé le trouble pendant longtemps. Oui ou non, le mythe d'une entente secrète entre de Gaulle et Pétain était-il recevable ? Oui ou non y a-t-il eu entente « du glaive et du bouclier » ? C'est une vieille image, au demeurant rassurante. La vieille image d'une nation qui sait, à l'heure des périls, maintenir deux fers au feu. Qui sait se masquer sous l'apparence de deux adversaires irréductibles mais qui, au fond, sont complémentaires sinon complices.

Pour que ce mythe eût été réalité, nous dit Jacques Soustelle, il aurait fallu que de Gaulle, regroupant ses hommes, accepte de n'être qu'une force auxiliaire de l'armée britannique et que Pétain s'en tienne strictement à la lettre de la convention d'armistice. Or, le premier ne voulait pas que les actions menées par les Français libres ne soient pas portées au crédit de la France, empêchant ainsi notre pays de s'asseoir à la table des vainqueurs, alors que le second, loin

---

[31] Discours du général de Gaulle tenu à Alger le 14 juillet 1943.

d'observer une neutralité apparente, fonçait tête baissée aux devants des désirs de l'occupant. Il a notamment promulgué le statut des juifs dès l'automne 1940, dépassant dans la servilité le désir des nazis. En définitive, il s'est s'affiché comme un pur et simple organe de collaboration, pour reprendre l'expression même du Maréchal. La « Révolution nationale », proclamée tout aussitôt par Pétain et ses ministres, aurait dû ouvrir les yeux aux plus naïfs et empêcher la naissance même de ce mythe mais quelques pétainistes, on comprend bien pourquoi, avaient besoin que le mythe existe et se prolonge pour les laver de tous soupçons. Il s'est en effet prolongé, au-delà du raisonnable, puisque aujourd'hui encore certains en parlent. Soixante-dix ans après, le pétainisme et la collaboration ont toujours besoin d'un voile de respectabilité, même si cela n'abuse plus personne.

Ces questions sur la nature du gaullisme, Jacques Soustelle ne les pose pas par hasard, elles éclairent son parcours au sein des « Français libres ». Homme seul en 1940, il se glissa totalement dans le creuset humain des Français réunis à Londres. Il réussit à éviter autant qu'il était possible les querelles, les concurrences d'égo et il conserva toujours sa liberté de penser tout en gardant pour son chef un véritable amour filial même si, lucidement, il sut discerner ici ou là des éloignements ou des désaveux. A ces désaveux, il trouva toujours une excuse ou une explication. Plus tard, pourtant, il parlera d'un « complexe de jalousie » du général à son encontre, comme à l'encontre du général Koenig... Peut-être n'est-ce là que la manifestation de son amour déçu ? Le Soustelle résistant se consacre totalement à l'accomplissement des missions qui lui sont attribuées, il se tient à l'écart des coteries et des clans, préférant l'excellence du travail bien fait. Il jouit cependant d'une grande lucidité sur les gens et les choses.

En avril 1941, six mois après être arrivé à Londres, Soustelle doit quitter la capitale britannique pour repartir en Amérique latine, et tout d'abord au Mexique en qualité de représentant personnel du général de Gaulle. Une sorte de poste diplomatique qui l'enchante et pas uniquement parce qu'il peut revoir le Mexique où il se sent chez lui. Il parcourt le pays, met sur pied une trentaine de comités locaux de la France libre et lève des fonds. Sa plus grande fierté sera d'avoir pu convaincre les dirigeants de Cuba, alors emmenés par Batista, de se ranger derrière la France libre et son chef alors que leur « protecteur », les Etats-Unis d'Amérique, en est encore loin. Ils entretiennent un ambassadeur à Vichy qui, selon Soustelle, n'a jamais rien compris à ce qui se passait. Et quand ils s'engageront dans la guerre, après le bombardement de Pearl Harbour, ils ne soutiendront la France libre que du bout des lèvres, avec beaucoup de réserve et gardant toujours deux fers au feu. Tout juste débarqués en Afrique du Nord, ils soutiendront d'abord l'amiral Darlan, gouverneur général de l'Algérie nommé par Pétain après avoir quitté la tête du gouvernement de Vichy. C'est ce même Darlan qui avait pourtant ordonné que l'on ouvre le feu contre les alliés débarquant à Alger. Darlan exécuté par un commando dont on ne sait pas grand-chose - de Gaulle ayant toujours nié la paternité de cet attentat - les Américains soutiendront ensuite le général Giraud qu'ils verront, avec amertume, être contraint de s'effacer devant de Gaulle.

La mission diplomatique de Jacques Soustelle l'entraîne dans treize pays. Si Cuba n'est pas la seule réussite de Soustelle, il faut bien admettre qu'il rencontre beaucoup d'échecs, notamment en République dominicaine où le dictateur Trujillo, autre protégé des Américains, ne lui laisse rien espérer. Au Guatemala, l'accueil est glacial. Il visitera ensuite, avec des fortunes diverses, San Salvador, le Honduras, le Nicaragua, le Costa-Rica, Panama, la

Colombie où il retrouve Paul Rivet, son maître du Musée de l'Homme, l'Argentine… Puis c'est le retour à Cuba où il apprend en même temps l'attaque japonaise contre Pearl Harbour et sa nomination à la tête de Radio-Brazzaville, censée devenir la voix de la France libre. Pablo Neruda, poète mais également diplomate chilien, présent à Mexico à cette époque, affirme dans ses « mémoires » qu'il aurait prévenu de nombreux ambassadeurs de l'attaque japonaise, dont Soustelle, qui aurait accueilli cette information avec désinvolture[32]. Peut-être, à moins que ce ne soit une pique tardive du diplomate communiste contre Soustelle, devenu partisan de l'Algérie française.

De retour à Londres, en passant par Washington, il constate la mauvaise humeur des Américains après l'affaire de Saint-Pierre et Miquelon où l'amiral Muselier vient de débarquer. En représailles, ils ne livreront pas le matériel nécessaire pour monter Radio-Brazzaville, notamment l'indispensable émetteur. Peu importe ! Reçu par le général dès son arrivée, il apprend qu'il ne part plus pour Brazzaville et qu'il reste à Londres pour occuper le poste de Commissaire national à l'information.

Rapidement, en effet, la France combattante fit le constat qu'elle ne pouvait plus se contenter de disposer d'un état-major militaire s'occupant exclusivement du théâtre extérieur des opérations. Dès qu'elle eut à traiter d'autres problèmes que militaires, comme ceux de la résistance intérieure, éminemment politiques, ou de l'économie, notamment celle des territoires d'outre-mer, il lui fallait aboutir à la formation d'un organe gouvernemental provisoire. Ce fut le « *Comité national français* » où Jacques Soustelle entra, en juillet 1942, au poste promis de Commissaire à l'information. Une voca-

---

[32] Pablo Neruda. « Confieso que ha vivido » (J'avoue que j'ai vécu). Madrid.

tion, décidément. A ce titre, il était surtout en charge des émissions à la BBC, du contrôle des radios de Brazzaville et de Beyrouth, de l'ensemble des publications de la France libre et, surtout, des rapports et négociations souvent difficiles avec ses homologues du ministère de l'Information britannique. Visiblement, il n'a pas laissé que de bons souvenirs à ses interlocuteurs anglais car, dans un article paru dans le numéro de novembre 1979 de « l'Executive Intelligence Review », l'auteur, anonyme, le présente d'abord comme un simple agent de l'Intelligence service durant les années de guerre puis, la guerre terminée, avant la reconnaissance de l'Etat d'Israël, comme ayant eu un rôle-clé avec les « terroristes » de l'Irgoun, le groupe dirigé par Menahem Begin en lutte contre les Anglais sur le territoire de la Palestine mandataire[33]. Enfin, il aurait été, dès 1955, à peine nommé gouverneur général de l'Algérie, à l'origine d'un « réseau » de colonialistes en contradiction avec ses fonctions officielles. Si ce n'est pas de la malveillance systématique, cela y ressemble fort !

Ce n'est qu'à Alger, en 1943, que le dispositif gaulliste change de pied et opère une mutation complète. La situation a en effet bien évolué ! Les Alliés remportent succès sur succès, Mussolini est chassé de Rome et Rommel d'Afrique. Enfermée dans son voyage sans retour, la « collaboration » se durcit. Darnand, patriote dévoyé devenu S.S. Sturmbannführer, prête serment à Hitler, la Milice frappe la résistance, la terreur se

---

[33] L'Irgoun fut créée par Jabotinsky, leader de l'aile droite du mouvement sioniste, avant sa disparition en 1940. Elle réclame la création du « grand Israël », occupant les deux rives du Jourdain. Elle s'oppose à la majorité du mouvement sioniste et à son expression armée en Palestine, la Haganah. Il est vrai que Soustelle, fervent partisan d'Israël, affichera plus tard son soutien à Menahem Begin, continuateur de Jabotinsky. Voir le livre de Jacques Soustelle « La longue marche d'Israël ». Editions Fayard. 1969.

déchaîne et Philippe Henriot, sur les ondes de Radio-Paris, continue de croire à la victoire du Reich. Or, chacun le sait, la guerre est clairement perdue pour l'Axe. Dans une France où n'existe plus la fiction d'une zone libre, Pétain, imperturbable, promulgue la loi scélérate du 5 juin 1943 créant les tristement fameuses « sections spéciales », puis celle du 22 juillet autorisant les citoyens français à s'engager dans la Waffen-S.S. Enfin, il patronnera officiellement la Milice.

Dans ce contexte, le Comité national français (CNF) se transforme alors en Gouvernement provisoire de la République. Il est assisté, dans son travail, par une assemblée consultative.

Créer, soutenir, financer les réseaux de renseignement et les groupes d'action armés, préparer pour le « jour J » les indispensables dispositifs, acheminer télégrammes, courriers, agents, ravitailler en armes et argent les combattants, prévenir le gouvernement provisoire et les forces alliées de tout ce qui provenait de France, déjouer les nombreuses tentatives ennemies, telle est alors la tâche de Jacques Soustelle, nommé en novembre 1943 à la tête des services secrets (DGSS) constitués par la fusion de l'ex-BCRA de Londres, jusqu'alors dirigé par Passy resté dans la capitale britannique, et les ex-services de renseignement de l'armée d'armistice. Ces services, comme l'armée d'armistice tout entière, derrière une attitude fort complaisante pour le nouveau régime de Pétain, comptaient bon nombre d'éléments qui n'avaient jamais cessé d'être en contact avec l'Intelligence Service anglais et rendaient, parfois, de grands services.

C'est à la tête de la DGSS qu'il rencontre Jacques Chevallier, le futur maire d'Alger et futur secrétaire d'Etat de Mendès-France. Il l'envoie à Washington rebâtir les services secrets français et renouer les contacts avec les services américains. Deux destins, deux passions algériennes, viennent de se croiser sans qu'aucun n'y prenne garde.

Soustelle rentre à Paris le 28 août 1944, avec une petite semaine d'avance sur la plupart des autres ministres du gouvernement provisoire. Il est alors un des hommes les plus puissants du nouveau régime qui s'instaure, il est aussi l'un des plus secrets. Fonction oblige !

Sa première visite est pour de Gaulle, au ministère de la Guerre, qui lui demande de poursuivre sa mission d'homme de l'ombre. En octobre de la même année, il transforme la DGSS en DGER. Sa tâche principale, à ce moment-là, est de combattre pied à pied les tentatives « révolutionnaires » du parti communiste. Il craint, en effet, que le PCF, appuyé sur les FTP (Francs-tireurs et partisans), veuille instaurer une sorte de double pouvoir en France qui neutraliserait ainsi les institutions officielles de la République. C'est de cette époque que naît son obsession des communistes tant il craint qu'ils ne mettent à profit cette période peu stabilisée pour mener à bien leurs opérations subversives, remettant ainsi en cause les acquis de la Résistance et écartant du même coup le général de Gaulle. Il ne sait pas encore, mais l'a-t-il jamais compris, que c'est Staline qui l'épaulera le mieux dans sa mission visant à dissoudre les milices communistes quand il ordonnera aux FTP, par l'intermédiaire de Maurice Thorez, de se ranger derrière de Gaulle, « *il n'y a qu'une seule police, une seule armée* » ordonnera le secrétaire général du PCF à ses troupes. Si Soustelle avait eu, à ce moment-là, une meilleure lecture de l'histoire, il aurait compris que l'Union soviétique ne voulait pas de situation révolutionnaire en France, toute occupée qu'elle était à bâtir un « glacis » autour de ses frontières. Elle appliquait ainsi les conclusions de l'accord de Yalta où le partage du monde s'était fait entre grandes puissances, dont n'était pas la France. Peut-être est-ce pour cela que, aussi cultivé qu'il soit, il passera à côté de cette question qui se révélera, plus tard, d'une grande importance, notamment en Algérie, où il surestimera le danger communiste au détriment de ce qui, déjà, s'annonçait comme une menace majeure, l'islamisme et les appels au « djihad » lancés par les futurs « moudjahidin », autrement dit « les combattants de la foi ».

Finalement, à la sortie de la guerre, Jacques Soustelle n'a séjourné qu'un peu moins d'un an en Algérie, entre 1943 et 1944 et, disons-le tout net, il n'a rien vu. A la tête des services secrets, il a bien appris qu'ici ou là on assistait à de vagues agitations mais sans savoir, véritablement, qui sont ces agitateurs. Il connaît peu le nationalisme algérien et ses organisations. Le massacre du 8 mai 1945, à Sétif[34], et la lourde répression qui s'en est suivie, sont d'ailleurs peu analysés dans le monde politique où, pourtant, chacun a sa part de responsabilité : communistes, socialistes, MRP (Mouvement républicain populaire) ou gaullistes étant associés au pouvoir. Nommé ministre de l'Information quelques semaines après le massacre de Sétif, il pourra se replonger dans la réalité algérienne grâce à son directeur de cabinet, René Moatti, ancien responsable de la communauté juive d'Alger, tout frais débarqué. Le général Giraud l'avait fait enfermer dans le sud algérien à la suite de l'assassinat de Darlan, en 1943, là où croupissaient beaucoup d'autres juifs, redevenus « indigènes » depuis l'abrogation du décret Crémieux qui avait fait d'eux, en 1870, des Français à part entière. Précisons que le débarquement américain n'a pas incité Darlan à rétablir le décret Crémieux, ni même Giraud, leur protégé ! Il faudra attendre de Gaulle. A peine sorti de ces camps prévus pour

---

[34] Sétif, le 8 mai 1945, fête dans la joie la victoire des Alliés. Soudain, une insurrection violente, meurtrière, éclate et s'étend jusqu'à Guelma le lendemain. Une centaine d'Européens sont assassinés. La répression militaire qui suivra fera, selon l'armée, 1 250 victimes. Sans doute bien davantage... mais très loin des 45 000 morts qui seront avancés plus tard, par le FLN. Le mythe de Sétif s'est lentement bâti, il annonce d'autres massacres, comme celui de Philippeville en 1955 (voir chap. 3).

être l'antichambre de l'horreur, Moatti rejoint les « corps francs d'Afrique » puis la DGSS. Soustelle ne sait pas encore que le massacre de Sétif, lourdement réprimé, en annonce d'autres… et qu'il devra alors affronter cette situation.

LE PARLEMENTAIRE GAULLISTE

Au début du mois de mai 1945, de Gaulle souhaite voir Soustelle quitter les services pour se plonger dans le grand bain de la politique et il insiste pour que Passy reprenne les clés de la DGER. Dans la foulée, le général le nomme préfet de Bordeaux, l'équivalent d'un préfet de région aujourd'hui. Ce sera le premier poste officiel, et visible, de l'ancien professeur passé à la tête des services secrets… sauf si l'on tient compte de son poste de directeur adjoint du Musée de l'Homme. Mais comme tout cela semble loin !

L'épisode bordelais sera assez bref mais il lui donnera l'occasion de croiser Papon, l'un des rares hauts fonctionnaires de la préfectorale à avoir conservé, à la libération, le poste qu'il occupait sous Vichy. Des rumeurs courent bien les rues mais elles ne concernent jamais la déportation des juifs et le rôle qu'aurait pu y jouer Papon. De la même manière, René Bousquet ne sera jamais inquiété, ces années-là, pour son rôle prépondérant lors de la rafle du Vel d'Hiv. Il faudra attendre plus de vingt ans pour que la question juive ressurgisse.

Un mois plus tard, adieu Bordeaux. Jacques Soustelle est nommé, le 30 mai, ministre de l'Information. Certes, il ne dispose plus des pouvoirs qui furent les siens à Alger mais, pour la première fois, il prend la lumière et devient un homme public. Il s'installe avenue de Friedland où Jacques Chaban-Delmas le rejoint.

Le ministère de l'Information a principalement la charge de préparer la future élection de l'Assemblée constituante, la première élection législative depuis…1936 et le Front populaire. Celle-ci, selon les vœux du général de Gaulle, ne devra siéger que le temps d'écrire la nouvelle constitution de la future IVe République et expédier quelques figures obligées : vote du budget, ratification des traités internationaux. Le président du Conseil ne sera pas responsable devant elle.

Mais sur quoi peut s'appuyer de Gaulle pour faire passer son message ? Son prestige, sans aucun doute, mais est-ce bien suffisant ? C'est d'un parti dont a besoin le nouveau chef du gouvernement, un parti capable de relayer auprès des Français sa parole et ses objectifs. Mais curieusement il s'y oppose, ne voulant pas ajouter lui-même sa voix au « concert » des partis qu'il a plutôt tendance à prendre pour une cacophonie. Jacques Soustelle le regrette mais il s'incline, comme les autres, devant la volonté du chef.

Faute de parti, et pour pouvoir être élu, ce qui est le souhait de Jacques Soustelle et de bon nombre d'autres gaullistes, il faut donc intégrer une des formations existantes. Beaucoup de ses collègues gaullistes optent pour le MRP (Mouvement républicain populaire), dont les centristes d'aujourd'hui sont les héritiers, en pensant pouvoir désolidariser cette formation de l'alliance tripartite qu'ils ont nouée avec les socialistes et les communistes.

D'autres font le choix des radicaux mais Soustelle fera celui de l'UDSR (Union démocratique et socialiste de la Résistance). Un groupe où il retrouve des anciens compagnons d'Alger ou de Londres : les gaullistes Pleven ou Baumel, Claude Bourdet, futur adversaire irréductible de l'Algérie française et François Mitterrand dont on connaît le destin. Finalement, un peu comme à Londres, Jacques Soustelle s'accommode de la droite et de la gauche, laissant à chacun sa part de richesse. Le 21 octobre 1945, il entre au Parlement et devient un constituant parmi d'autres.

Comme il se doit, c'est même pour cela qu'elle a été inventée, la Constituante finit par adopter majoritairement un projet de constitution qui est aussitôt porté à l'approbation des Français. Soustelle est contre ce projet et les Français vont lui donner raison. Le 5 mai 1946, le projet est rejeté par 53% des électeurs. De nouvelles élections vont avoir lieu le 2 juin mais Soustelle, n'ayant pas fait campagne, est battu.

Il affirme, alors, avoir ressenti un sentiment de soulagement. Lui qui, nuit et jour, avait participé à une bataille inimaginable, se trouvait brusquement n'avoir plus rien à faire, n'avoir plus de voiture de fonction, plus de bureau, plus d'obligation. C'en était fini du personnage important. C'est sans compter sur de Gaulle qui, en 1947, lance enfin son propre parti politique, le RPF (Rassemblement du peuple français) censé faire triompher une réforme profonde de l'Etat. Pour Soustelle, le lancement du RPF est un peu comme un second appel du 18 juin, mais il reconnaîtra plus tard « *avoir été victime d'une illusion. Je n'avais pas compris, tout comme mes compagnons, que, selon la parole de l'Ecclésiaste, il y a un temps pour tout sur terre. Or, le temps des combats héroïques était passé et les grandes idées elles-mêmes n'avaient que peu d'attrait pour la majorité des gens*[35] ».

Dans un premier temps, responsable national du « Rassemblement », il est chargé, entre autres tâches, du recrutement. Lourde responsabilité, mais gratifiante, car il en vient de partout des nouveaux adhérents, de droite comme de gauche, de la classe ouvrière comme de la bourgeoisie conservatrice. Mais, au fil du temps, les adhérents vont se faire moins nombreux et les déboires électoraux s'accumuleront. Conséquence inévitable, les caisses se vident. Soustelle en vient même à envisager un « hivernage » du Rassemblement.

---

[35] Jacques Soustelle. « Vingt-huit ans de gaullisme ». Op. cit.

C'est une époque difficile où il vit mal les difficultés du RPF, ses dissensions internes et, surtout, la méfiance que semble lui manifester de plus en plus fréquemment le général de Gaulle.

Les élections de 1951 vont, d'une certaine manière, repousser ce « mal être ». Soustelle est élu député de Lyon, sous l'étiquette RPF, et assure la présidence du groupe. Ils seront 118 sur les 625 députés que compte le Palais Bourbon.

C'est peu et c'est beaucoup à la fois. C'est peu si l'on veut peser sur l'événement et, ainsi, participer au jeu parlementaire, au jeu des minorités et des majorités, si important sous la IVe République. C'est ce que redoute par-dessus tout le général de Gaulle qui surveille étroitement « ses » députés. C'est beaucoup si l'on ne veut pratiquer qu'une opposition stérile ou s'enfermer dans un splendide isolement.

Jacques Soustelle aimerait, sur certaines grandes questions, laisser la liberté de vote au groupe qu'il préside. Sur la question scolaire, par exemple, où il se définit comme laïque alors que d'autres ont des positions plus cléricales. Mais laisser la liberté de vote, c'est outrepasser la volonté du général au risque de provoquer sa colère. Il le vérifie en venant proposer cette solution à Colombey. Après son départ, de Gaulle demande à Louis Terrenoire, autre gaulliste de la première heure qui se trouvait là : « *est-il bien capable de présider le groupe ? S'il ne l'est pas il faut le foutre à la porte, tout Soustelle qu'il est*[36] ».

Comme pour aggraver son cas, Soustelle ne serait pas hostile, au nom du réalisme et sous certaines conditions, à participer à des gouvernements de coalition. Pour de Gaulle, cette hypothèse est totalement exclue. La seule position convenable étant celle d'un gouvernement RPF hégémonique,

---

[36] Jean Lacouture : « De Gaulle. Le politique T2 » Éditions du Seuil.

avec le soutien éventuel d'autres formations politiques gagnées à ses positions.

Quand, en janvier 1952, Soustelle est pressenti par Vincent Auriol, Président de la République, pour former un gouvernement, il ne récuse pas la proposition par principe mais la juge prématurée, ce qui provoque, à son encontre, quolibets et sarcasmes du général de Gaulle. S'installe alors une ambiance détestable dans les cercles gaullistes, certains reprochant à l'ancien chef de la France libre son éloignement à Colombey, le mettant à distance des problèmes de la France. Une position partagée par Soustelle à qui ont toujours pesé ces voyages dans cette lointaine Champagne. Dans une interview donnée à l'agence de presse américaine UPI, en 1961, il va plus loin : « *Je pense que de Gaulle est mort, entre 1951 et 1958, à Colombey-les-Deux-Eglises. Malheureusement, on ne s'en est pas aperçu*[37] ».

Mais de Gaulle n'est pas mort, loin de là. Il voit la trahison partout et tient à conserver la distance, il veut contrôler, il veut que ses fidèles viennent « au rapport ». Vis-à-vis de l'opinion publique, de la classe politique comme de ses compagnons, il s'isole, ce qui achève de désespérer lesdits compagnons.

Soustelle veut rendre son tablier de président de groupe, ce qui ne l'empêche pas, fidèle parmi les fidèles, de déclarer, en juillet 1952, au congrès du RPF pour empêcher l'hémorragie qui commence au sein du parti, « *comment pourrait-on concevoir un Rassemblement qui ne serait pas gaulliste ? Comment pourrait-on faire du gaullisme sans de Gaulle, voire contre de Gaulle*[38] ? ».

---

[37] Interview à l'Agence UPI. 1961. Présente sur le site « jacques-soustelle.blogspot.fr ».
[38] Jacques Soustelle. « Vingt-huit ans de gaullisme ». Op. cit.

Six mois plus tard, en décembre 1952, Jacques Soustelle est de nouveau pressenti pour être chef du gouvernement. Cette fois, la discussion avec Vincent Auriol va plus loin et les leaders des partis sont tous consultés, à l'exception de ceux du parti communiste. Refus des socialistes, refus des radicaux, accord du MRP. Finalement Soustelle renonce au prétexte qu'il est impossible de gouverner sans réformer les institutions et que cette opportunité ne lui est pas offerte. A l'issue de cette crise, habituelle sous la IVe République, le groupe RPF, unanime, vote l'investiture du radical René Mayer. Radical, certes, mais très lié aux grands propriétaires fonciers d'Algérie qui, à ce moment-là, font la pluie et le beau temps « politique » de l'autre côté de la Méditerranée. Ils ont pris l'habitude de s'opposer de toutes leurs forces à tout semblant de réforme. Ce vote d'investiture est le dernier grand moment d'unanimité apparente du RPF. Sentant la crise venir, de Gaulle préfère que le RPF s'écarte de la politique politicienne et d'un régime stérile qu'il ne peut, pour le moment, changer. Au Parlement, le groupe RPF s'efface et le général rend leur liberté à « ses » députés, peut-être pour mieux les critiquer, il en a tant envie. Les députés qui lui sont restés fidèles décident de fonder l'Union des républicains d'action sociale (URAS) qui deviendra très vite le groupe des républicains sociaux. Un groupe parlementaire qui comptera 77 députés sur les 118 élus sous l'étiquette RPF en 1951. C'est Jacques Chaban-Delmas qui en assurera la présidence.

Période complexe où se discutent à la fois le traité sur la politique européenne de défense, contre lequel se prononce Soustelle, et la fin de la guerre d'Indochine. Sur ces deux dossiers, convaincu du bien-fondé de la politique menée par Pierre Mendès-France, il vote le 18 juin 1954, avec 43 autres députés de l'URAS, l'investiture du nouveau chef de gouvernement.

Une sorte de complicité s'installe alors entre les deux hommes. L'Express de Jean-Jacques Servan-Schreiber qualifie Jacques Soustelle « *de proche collaborateur de Charles de Gaulle mais ami politique de Pierre Mendès-France* ». Amitié, c'est peut-être un peu fort, mais respect sans aucun doute. A coup sûr, il s'agit de la rencontre de deux réalismes. « *Mendès-France a été, souligne Jacques Soustelle, et est encore vivement critiqué dans certains milieux de l'opinion nationale en raison des accords de Genève. Beaucoup de gaullistes se sont associés à ces critiques. Je considère quant à moi que Mendès devant les conditions concrètes créées par la défaite de Diên Biên Phu, dans le cadre du régime et face au pays tel qu'il était, non seulement ne pouvait prendre un autre parti, mais encore a su limiter les pertes. Il a fait la part du feu. Partager l'Indochine, en soustraire une moitié au communisme, épargner à l'armée de nouvelles épreuves, ce n'était certes pas une issue glorieuse mais ce n'était pas non plus une catastrophe... une paix de compromis n'est jamais exaltante mais elle est préférable à une capitulation*[39] ». Une remarque écrite en 1968 et qui dénonce, en creux, la capitulation algérienne alors qu'il n'y a pas eu de Diên Biên Phu sur le terrain... sauf le Diên Biên Phu diplomatique dénoncé par Robert Lacoste, ancien ministre résident en Algérie.

Le problème indochinois réglé, la question majeure de la politique française redevenait celui de la CED (Communauté européenne de défense). Le débat ne cessait de s'étendre dans le pays et dans les Assemblées, divisant tous les partis, sauf le MRP, européiste convaincu comme on dit aujourd'hui, et le PCF et les républicains sociaux opposés farouchement au traité. Mais les raisons de leur opposition respective à la CED ne sont pas identiques. Les communistes, attentifs à la protection de la République démocratique allemande (RDA) sont hostiles au

---

[39] Jacques Soustelle. « Vingt-huit ans de gaullisme ». Op. cit.

réarmement ouest-allemand. Ils se montrent d'ailleurs particulièrement méfiants à l'égard de toute construction européenne d'emblée considérée comme hostile à l'Union soviétique et instrumentalisée par les USA. Les républicains sociaux, eux, proposent une politique de rechange qui ne tourne pas le dos à l'Europe. Soustelle souligne que « *l'armée européenne, dans l'hypothèse d'une acceptation du traité, serait suspendue dans le vide, sans être responsable devant une autorité politique. Cette autorité ne peut être que la réunion des chefs de gouvernement, seules autorités légitimes et responsables des destinées de leur nation, appuyées sur une assemblée élue. Ce serait,* ajoute Soustelle, *le noyau d'une confédération européenne*[40] ».

Fort de ce corps de doctrine, dont on mesure l'actualité (qui ne pense, aujourd'hui, à la Banque centrale européenne), Soustelle tente de convaincre le chef du gouvernement, à l'occasion d'un week-end passé à Marly, résidence des présidents du Conseil, de faire repousser le projet de CED par une majorité conséquente de l'Assemblée, ce qui semble acquis. « *Si je fais cela,* lui répond Pierre Mendès-France, *le gouvernement éclate. Si je pose la question de confiance, le résultat est le même. Il ne me reste plus d'autre voie que de présenter le texte sur la CED pour ratification et de laisser le Parlement prendre ses responsabilités. Le gouvernement s'abstiendra*[41] ». Peu glorieux mais habile. Le 30 août 1954, par 319 voix contre 264, le traité est rejeté. Trois mois plus tard, le 1er novembre 1954, une série d'attentats coordonnés frappent l'Algérie. Ils feront neuf morts. Dans les Aurès, un jeune instituteur métropolitain et un caïd musulman sont assassinés. Cette « Toussaint rouge », comme l'appelle Yves

---

[40] Jacques Soustelle. « Vingt-huit ans de gaullisme ». Op. cit.
[41] Jacques Soustelle. « Vingt-huit ans de gaullisme ». Op. cit.

Courrière, précipite l'Algérie dans une guerre sanglante dont on connaît l'issue.

A la tribune de l'Assemblée nationale, le 12 novembre, quelques jours après les attentats de la Toussaint, Pierre Mendès-France condamne sans équivoque ce qui vient de se produire : « *on ne transige pas, dit-il, lorsqu'il s'agit de défendre la paix à l'intérieur de la nation, l'unité, l'intégrité de la République [...] Il n'y a pas de sécession convenable, cela doit être clair une fois pour toutes et pour toujours ». Deux semaines plus tard, en visite à Biskra, François Mitterrand, alors ministre de l'Intérieur, affirme devant les micros de la RTF qu'il faut que « les populations comprennent qu'elles doivent nous aider. Sans leur concours, rien n'est possible. Si elles n'agissent pas dans ce sens, elles seront les premières victimes* ».

Belles paroles ministérielles, mais l'affaire algérienne va cependant provoquer la chute du gouvernement de Pierre Mendès-France. Quelques jours avant d'être renversé par l'Assemblée, le président du Conseil a demandé à Jacques Soustelle de devenir gouverneur général de l'Algérie, en remplacement de Roger Léonard qui n'aurait rien vu venir, ni rien compris à ce qui s'était passé[42]. Pierre Mendès-France justifiera son choix à l'occasion de l'une de ses allocutions radiodiffusées : « *nous venons de choisir, pour présider aux destinées de l'Algérie, un gouverneur général dont les qualités sont connues de tous et qui a la réputation justifiée d'être un homme de réflexion et d'action. Un homme tout à la fois ouvert aux*

---

[42] C'est François Mitterrand, ministre de l'Intérieur, qui est responsable de l'éviction du gouverneur Léonard. Alerté dès le début de l'automne par les propos alarmistes de Ferhat Abbas, Mitterrand souhaite organiser, à Alger, une conférence sur le fédéralisme à laquelle il convie Ferhat Abbas. Roger Léonard prend sur lui d'interdire cette réunion. Furieux, François Mitterrand exige son départ. Il l'obtiendra. Voir Benjamin Stora et François Malye : « François Mitterrand et la guerre d'Algérie ». Librairie Arthème Fayard/Pluriel. 2010.

idées de progrès et inébranlablement déterminé à maintenir l'unité et l'indivisibilité de la République dont fait partie l'Algérie[43] ». Après avoir prévenu de Gaulle de cette requête et lui avoir demandé son avis, qui sera un « ni oui-ni non » très indifférent, Soustelle accepte cette lourde responsabilité et n'aura plus de contact avec le général, direct ou indirect, jusqu'à la fin de son mandat. Heureux de cette décision, Pierre Mendès-France et son ministre de l'Intérieur, François Mitterrand, rappellent leur résolution à défendre l'Algérie qui, disent-ils, « *est la France*[44] ». Ils ajoutent que « *cette défense est conçue comme devant prendre deux aspects : d'une part résister à l'offensive terroriste, d'autre part concevoir et appliquer au plus tôt des réformes qui aient pour but et pour résultat de liquider ce qui demeure de colonial dans les structures de l'Algérie*[45] ». Soustelle partage cette perspective mais voit encore plus loin. Vingt ans plus tard, il dira « *lors de ma nomination, j'ai eu des entretiens avec Mitterrand et Mendès-France, et je me suis alors trouvé à leur gauche... Je voulais m'occuper de la situation de la femme arabe, de la place de la langue arabe. Au-delà des réformes économiques intelligentes, je me suis rendu compte qu'il fallait aller beaucoup plus loin. Non seulement faire des réformes sociales et économiques, mais aussi des réformes politiques*[46] ». Ce qu'il fera avec l'élaboration de son plan qui deviendra le « plan Soustelle ».

---

[43] Allocution radiodiffusée du 29 janvier 1955 reprise dans « Œuvres complètes. T3, Gouverner c'est choisir ». Editions Gallimard. 1986.
[44] Cité par B. Stora et F. Malye, « François Mitterrand et la guerre d'Algérie » Op. cit. Mitterrand dira plus tard : « Quand on me reproche d'avoir dit, l'Algérie c'est la France, mais je le pensais, et ce contre quoi je m'élevais, c'est justement contre le fait que les Algériens ne soient pas traités comme les autres Français ».
[45] Jacques Soustelle. « Vingt-huit ans de gaullisme ». Op. cit.
[46] Laurent Theis et Philippe Ratte. « La guerre d'Algérie ou le temps des méprises ». Editions Mame. 1974.

Reçu par François Mitterrand, peu de temps avant son départ, le nouveau gouverneur général de l'Algérie s'entend dire que l'objectif à atteindre est d'intégrer réellement l'Algérie à la France. Message reçu cinq sur cinq. L'intégration, ce mot lâché par celui qui sera le premier Président de gauche de la Ve République, hantera Jacques Soustelle... jusqu'à changer sa vie.

II.

Février 1955 – Août 1955
La course contre le temps

> « *Nous avons affaire, en Algérie, à des citoyens français [...] Puisqu'il s'agit de citoyens français, il est de notre devoir de nous demander si les conditions d'existence qui s'offrent à eux sont véritablement admissibles* »
>
> François Mitterrand

ENTRE DEUX FEUX

Le 15 février 1955, le DC3 militaire qui amène à Alger Jacques Soustelle, le nouveau gouverneur général de l'Algérie, se pose sur l'aire de Maison-Blanche, l'aéroport de la métropole algérienne. Le temps est doux, mais gris, alors qu'à Paris subsistait encore une mauvaise neige fondue. Jacques Soustelle a 43 ans, c'est un homme encore jeune. Ses yeux pétillent d'intelligence, modestement dissimulés derrière les verres épais de ses lunettes.

Sagement rangés au bas de l'appareil, les responsables civils et militaires, européens et musulmans, attendent le successeur de Roger Léonard avec une certaine réserve. Nommé par Pierre Mendès-France, en conseil des ministres le 25 janvier, une semaine avant que son gouvernement ne soit renversé par l'Assemblée, il ne bénéficie d'aucun état de grâce, comme on dit aujourd'hui. En effet, Jacques Soustelle atterrit dans un pays déjà déchiré par cent jours de guerre et où les « politiques » venus de Paris, surtout s'ils ont la réputation d'être libéraux, n'ont pas bonne presse. On peut compter sur l'Echo d'Alger et sur son patron, Alain de Sérigny, pour le dire et le redire.

Jean Vaujour, ancien directeur de la sécurité à Alger, se souvient de cette arrivée : « *j'étais à l'aéroport, les notables lui ont été présentés. Il n'était pas en uniforme, comme arrivaient toujours les gouverneurs généraux en Algérie, mais il était en civil, c'est-à-dire en jaquette. Cela a beaucoup surpris les militaires qui étaient nombreux, et les chefs musulmans qui eux aussi étaient très nombreux. Ils se sont demandé si cet homme se rendait compte qu'il arrivait dans un pays bouleversé, presque en guerre[47]* ».

C'est donc en jaquette noire, pantalon rayé, gants de daim gris et haut de forme, qu'il débarque. Non seulement il est en total décalage avec les notables mais il l'est aussi avec Alger la méditerranéenne, la volubile. Mais cela ne se voit pas trop car Alger est absente. Les pieds-noirs l'ont négligé et ne se sont pas déplacés. Ils savent qu'il n'est pas des leurs, qu'il est envoyé ici par Mendès et ses amis libéraux. C'est le gouverneur des Arabes, disent-ils, eux qui craignent tant d'être abandonnés. Certains font même courir le bruit que « Soustelle » serait un nom d'emprunt, derrière lequel se cacherait son réel patronyme, Ben Soussan.

Ce départ pour Alger, Soustelle l'a attendu Place Beauvau, au ministère de l'Intérieur où François Mitterrand lui a offert pour quelques jours l'hospitalité. Il étudie les dossiers, constitue son équipe et prépare avec le ministre de l'Intérieur le

---

[47] Fabriquedesens.net/la-guerre-d-algérie-vingt-cinq-ans-après. Emission de Patrice Gélinet : « l'histoire immédiate » diffusée sur France-Culture.

plan de réforme à appliquer. A l'inverse de la politique qu'il mène en Tunisie, le gouvernement refuse toute négociation avec les insurgés. « *Plusieurs députés ont fait des rapprochements entre la politique française en Algérie et en Tunisie, j'affirme qu'aucune comparaison n'est plus fausse, plus dangereuse. Ici, c'est la France !* », déclare Mendès-France à la tribune de l'Assemblée le 12 novembre 1954. « *Jamais, poursuit-il, aucun parlement, aucun gouvernement ne transigera avec ce principe fondamental* ».

Tenant tête aux élus européens du premier collège qui l'incitent à la fermeté et, comme toujours, à repousser les réformes dans l'attente de jours meilleurs, le gouvernement de PMF résiste. Loin d'exclure l'emploi de la force pour régler la question, il ne veut surtout pas qu'elle soit la solution exclusive. Il veut s'attaquer, simultanément, à la racine des problèmes qui sont, à ses yeux, d'abord économiques et sociaux. Il annonce des mesures pour améliorer le sort des travailleurs algériens en métropole, mettre en valeur les terres incultes et développer l'industrie en Algérie. C'est la continuité du programme de 1944 élaboré par le gouvernement provisoire de la République française, alors dirigé par le général de Gaulle, et à vrai dire peu appliqué. Voilà quel est le mandat de Jacques Soustelle[48] !

---

[48] L'ordonnance du 7 mars 1944 met en place, à côté du collège électoral ordinaire des citoyens français (dit « collège européen »), un deuxième collège électoral ouvert aux seules élections municipales et départementales, regroupant tous les Algériens musulmans non citoyens âgés de vingt et un ans et plus. Par ailleurs, une « élite » musulmane appartenant à certaines catégories (titulaires d'une décoration, diplômés de l'enseignement, membres des chambres d'agriculture…), intègrent le premier collège électoral, rejoignant ainsi la catégorie des citoyens français. L'Assemblée algérienne sera dotée de deux collèges comptant, chacun, soixante élus. Cinq mois plus tard, l'ordonnance du 17 août 1945 apporte un début de parité en matière d'élections parlementaires :

Dans l'attente de son départ, il assiste, le 3 février 1955, assis à son banc de député, à un débat parlementaire centré sur l'Algérie. Tous ses collègues savent qu'il vient d'être nommé, par decret, gouverneur général de l'Algérie. A la tribune, Abdelmajid Ourabah, député musulman, cite à son attention quelques lignes de son livre « Mexique, terre indienne » : « *C'est tous ensemble que ceux d'en bas sortiront de leur humiliation et gagneront leur place au soleil* »... Après une pose de quelques secondes, il regarde l'hémicycle et ajoute « *la place que revendiquait Jacques Soustelle pour le peuple indien dans la nation mexicaine, comment pourrait-il la refuser au peuple algérien dans la nation française*[49] ? » Comment imaginer que la citation de son livre, du haut de la tribune du Palais Bourbon, ait pu laisser insensible l'ethnologue Jacques Soustelle ? Comment, surtout, imaginer qu'il ait pu laisser passer cette interpellation sans en comprendre le message ? Le voilà prévenu !

Un mois plus tôt, le 5 janvier 1955, François Mitterrand avait présenté en Conseil des ministres un plan de réforme comportant plusieurs mesures : l'élargissement de l'accès des musulmans au premier collège, en application du statut de 1947 toujours différé, la création d'une Ecole nationale d'administration en Algérie, la fusion des polices algériennes et métropolitaines. Toutes ces annonces déclencheront la colère des élus européens, notamment celle de René Mayer, député radical de Constantine, qui estime qu'il n'y a pas de problème politique en Algérie ! Alors pourquoi aller en inventer ?

---

les deux collèges électoraux musulman et européen élisent chacun 15 députés et 7 sénateurs (soit 30 députés et 14 sénateurs au total).
[49] Bernard Ullmann. « Jacques Soustelle ». Op. cit.

Les grands colons[50], partisans de l'immobilisme et de la tradition, disposent de plusieurs relais politiques, René Mayer notamment, mais leur figure emblématique est celle d'Henri Borgeaud, sénateur radical d'Alger, d'origine suisse et propriétaire du domaine de la Trappe qui fournit, bon an mal an, 40 000 hectolitres de vin. Mais ce n'est là qu'une partie des biens de ce grand colon : il y a aussi les cigarettes Bastos, sans compter de confortables positions d'administrateur au Crédit foncier d'Algérie et de Tunisie, aux Moulins du Chélif, aux Cargos algériens, à la Nord-Africaine des ciments Lafarge et à la Distillerie d'Algérie. En 1954, en Algérie, on boit Borgeaud, on fume Borgeaud, on mange des agrumes Borgeaud, on place ou on emprunte Borgeaud. Il serait injuste d'oublier Laurent Schiaffino, sénateur lui aussi, mais surtout puissant armateur et président de la Chambre d'agriculture.

Le 6 février 1955, René Mayer parvient à entraîner la chute du gouvernement lors d'une énième séance de l'Assemblée consacrée à l'Algérie, par 319 voix contre 273. La rébellion n'a que cent jours mais elle pèse déjà sur les esprits. On le constate à l'attitude crispée des élus du premier collège mais on fait le même constat avec l'UDMA (Union démocratique du manifeste algérien) de Ferhat Abbas qui, il y a un mois, réclamait l'égalité des droits et qui se prononce aujourd'hui, en bloc, pour une formule fédérale. Avant le

---

[50] Contrairement à certains clichés vivaces, les Français d'Algérie ne sont pas majoritairement constitués de colons, c'est-à-dire d'exploitants agricoles, et encore moins de gros colons. En 1954, l'agriculture n'occupe que 9% de la population active française, parmi lesquels 50% sont propriétaires. Par ailleurs, le salariat est plus répandu en Algérie qu'en France. 75% des actifs Français d'Algérie relèvent de cette catégorie, contre 64% en métropole, et sont cantonnés dans des emplois modestes. Leurs revenus sont inférieurs à ceux de métropole. Voir la contribution de Daniel Lefeuvre, « les pieds-noirs », dans l'ouvrage réalisé sous la direction de Benjamin Stora et Mohammed Harbi, « La guerre d'Algérie ». Editions Robert Laffont. 2004.

vote de rejet, le 6 février 1955, François Mitterrand avait précisé à la tribune de l'Assemblée nationale que « *l'Algérie, c'est la France et il ne saurait être question d'une fédération avec l'Algérie dans le cadre d'une République une et indivisible* ». Selon le ministre de l'Intérieur, seule une intégration progressive des droits individuels est envisageable. A ceux qui font remarquer que cela pourrait provoquer la venue de 150 députés algériens à la Chambre, il répond que l'Assemblée algérienne verrait ses attributions propres renforcées... Nous n'en sommes pas encore à la décentralisation voulue par le même Mitterrand, en 1981, mais c'est un premier coup de canif à la centralisation jacobine. Pour l'heure, la loi de Gaston Defferre est encore loin. Lors de la séance du 6 février, après le vote de censure et contre toute habitude parlementaire, le président du Conseil reprend la parole pour déclarer de manière solennelle « *selon ceux qui sont aujourd'hui majoritaires, nous devrions opposer un refus tenace aux réformes qui s'imposent et mater par la force ceux qui se plaignent et revendiquent parce qu'ils souffrent. Voilà la vérité* ».

Nommé par Pierre Mendès-France qui vient d'être renversé, Jacques Soustelle est invité à gagner Alger sans délai par le cabinet qui exécute les affaires courantes et par le Président de la République, Vincent Auriol. Les présidents du Conseil pressentis l'incitent à attendre mais Edgar Faure, bien placé, lui donne l'assurance que la politique qu'il suivra sera bien celle du gouvernement précédent. Pourquoi, dans ces conditions, attendre plus longtemps ? Quand Edgar Faure parvient à réunir une majorité, le 23 février, et peut enfin confirmer officiellement la mission de Jacques Soustelle, le nouveau Gouverneur général est à Alger depuis huit jours où il multiplie déplacements et rencontres.

Très vite, il se rend compte que le gouvernement et l'administration étaient « *comme un radeau qui flottait sur un océan dont on ignorait les courants et à plus forte raison la profondeur. Il y avait une sous-administration absolument effroyable. En fait, il n'y avait aucun contact véritable entre l'administration et la population. Je n'ai pas besoin de vous dire que les émissaires du FLN (Front de libération nationale) avaient tout loisir de fomenter des troubles dans ces populations, qui étaient complètement abandonnées[51] ».*

Le 21 février, il est dans les Aurès et dans le Nord-Constantinois, en compagnie du général Cherrière, commandant du Xe corps. Soustelle constate « *que la terreur s'est implantée, que la peur a fermé les bouches et figé les visages*[52] ». Il constate également que l'armée n'a pas encore compris à quel adversaire elle avait affaire. Les opérations à grand spectacle, chères au général Cherrière, auraient fait bonne figure dans les manuels de la Deuxième Guerre mondiale, voire de la première, mais elles sont totalement inadaptées à la guerre de guérilla qui est menée dans le djebel. Non seulement les petits groupes du FLN échappent à toute répression mais les seules victimes sont celles qui vivaient en paix dans leurs villages quand le feu du ciel leur est tombé dessus.

De retour à Alger, Jacques Soustelle se fixe cinq objectifs : lutter contre la misère, pousser au plus profond du bled une administration absente, adapter les troupes à leur mission et susciter une autodéfense autochtone, fonder une action répressive sur une juste appréciation politique. Il ne faut surtout pas que l'un de ces points soit négligé par rapport à un autre. Côté européen, tout le monde réclame la répression, mais l'application des réformes semble faire l'unanimité contre elle, tant du côté européen que du côté algérien. Pour

---

[51] Fabriquedesens.net/la-guerre-d-algerie-vingt-cinq-ans-après. Emission de Patrice Gélinet déjà citée.
[52] Jacques Soustelle. « Aimée et souffrante Algérie ». Librairie Plon. Paris. 1956.

les uns, ce n'est pas assez, pour les autres, c'est trop ! Soustelle mesure le défi, le temps devient son obsession. Avant qu'il ne soit trop tard, il faut mettre sur les rails le processus d'intégration de l'Algérie à la France... On verra plus tard quelle pourrait être la forme institutionnelle la plus adaptée, l'important est d'agir ! Réussir avant que la terreur n'embrase les esprits.

LA RECHERCHE D'UNE TROISIÈME FORCE

Le gouverneur n'occupe son poste que depuis quelques jours et, déjà, il multiplie les entrevues discrètes. Vincent Monteil, chef adjoint de son cabinet militaire rencontre, le jour même où Soustelle arrive à Alger, Ben Boulaïd dans sa prison de Tunis. Nul ne sait encore qu'il est le chef du FLN pour toute la zone des Aurès. On sait seulement qu'il a participé aux actions du 1er novembre et on veut savoir pourquoi !

Soustelle veut surtout garder vivant le dialogue avec les Algériens et regagner leur confiance, notamment en renouant le contact avec les partis algériens nés au lendemain de la guerre et qui, d'une manière ou d'une autre, s'inscrivent dans le jeu démocratique français. C'est le cas de l'UDMA fondée en 1946 par Ferhat Abbas, le notable « intégré » qui ne voulait « ni assimilation, ni séparatisme ». C'est le cas également du MTLD (Mouvement pour le triomphe des libertés démocratiques), fondé la même année par Messali Hadj, l'homme du peuple, éduqué à la politique en France au contact de militants ouvriers, et qui réclame notamment la création d'une Assemblée constituante qui déciderait du visage de l'Algérie indépendante de demain. Il faut préciser, cependant, que Messali n'abandonne pas la perspective de la lutte armée et organise au sein même du parti une organisation secrète (OS) dont ce sera la vocation.

« *Par leur envergure, leurs parcours et leur influence, Messali Hadj et Ferhat Abbas sont les deux figures majeures du nationalisme algérien*, dit Omar Merzoug, enseignant et journaliste, notamment à l'Echo d'Oran en Algérie et au Magazine Littéraire en France. *Tous deux ont eu les mêmes adversaires, ils ont été assaillis par les mêmes doutes et se sont donné les mêmes objectifs, la reconnaissance de la dignité du peuple algérien. L'un et l'autre ont été pris de court par l'insurrection de « la Toussaint rouge », Messali s'en est détourné et l'a reniée, Abbas s'y est rallié de justesse. L'Après-indépendance leur a réservé, à tous deux, des épreuves douloureuses. Le nom de Messali Hadj a été occulté par les nouveaux dirigeants du FLN. Il mourra en exil, sans avoir jamais revu le pays dont il avait le premier réclamé l'indépendance alors que Ferhat Abbas sera emprisonné et assigné à résidence dès l'indépendance*[53] ».

Le MTLD, jusqu'au jour de l'insurrection, restera le parti le plus populaire. C'est lui qui emporte majoritairement les suffrages des électeurs du deuxième collège et connaît des succès électoraux notables. Si notables que le gouverneur socialiste Naegelen, nommé pour faire cesser, avant les élections de 1948, ce « scandale démocratique », se livra à un tel truquage qu'il en gardera toujours le surnom de tricheur. Il fit même arrêter les candidats du MTLD et de l'UDMA de manière préventive pour les remplacer par des hommes de paille, aux ordres. Effet garanti sur la population algérienne.

Jacques Soustelle sait qu'il marche sur des œufs et que chaque erreur sera payée au comptant. Il sait qu'il faut aller vite pour proposer des solutions en ne donnant pas l'impression de vouloir reculer encore plus vite. Il sait qu'il faut à tout prix dissocier la population algérienne des quelques dizaines ou centaines d'hommes qui sillonnent le

---

[53] algerienews.info/le-patriote-visionnaire-et-le-revolutionnaire-malgre-lui/

maquis. Il demande à son cabinet, notamment à Vincent Monteil, de pouvoir rencontrer des personnalités qualifiées. Il rencontre des représentants de l'UDMA et ceux de la confrérie des oulémas, il rencontre les dirigeants des deux fractions du MTLD, celle fidèle à Messali, le vieux lutteur de Tlemcen, et l'autre, centraliste, qui a rompu avec lui. Bien plus tard, le 28 mars, il fera introduire au Palais d'été Ahmed Francis qui deviendra ministre du GPRA, puis ce sera au tour de Ferhat Abbas d'être introduit au Palais. Ce dernier proposera à Jacques Soustelle la création d'un cabinet d'experts placé auprès du gouverneur général, composé à 50/50 d'Européens et d'Arabes. Ce cabinet au profil quasi ministériel serait, assure-t-il, une bonne préfiguration de ce que pourrait être l'avenir. En contrepartie, il n'insiste pas sur la question du collège unique et fixe la solution du problème à un horizon de dix ans. Lorsque Ferhat Abbas quitte la résidence du gouverneur, il quitte un homme séduit, qui trouve les propositions qui viennent de lui être faites raisonnables. Voilà un homme qui ne veut pas bâcler à la va-vite une éventuelle solution, qui sait prendre le temps. C'est avec ces hommes-là que devra se nouer le dialogue, avec tous ces Algériens modérés, nourris de culture française... pas avec les assassins ! Soustelle ne parle pas encore de troisième force, ni de négociation, ni même de discussion organisée, simplement de rencontres informelles.

Mais il sait qu'il faut faire un geste qui pourrait permettre la poursuite de ces rencontres. Pourquoi ne pas mettre le MTLD en situation d'être l'un des acteurs de l'incontournable dialogue à venir ? Son interdiction promulguée par François Mitterrand en novembre 1954 a été, il en est persuadé, une erreur. Le MTLD ayant été mis à l'écart du déclenchement de la rébellion, il ne pouvait en être tenu responsable... « *Quand on a en face de soi un ennemi principal, dit Soustelle, c'est sur lui qu'il faut concentrer ses coups.*

Notre ennemi, c'était le CRUA[54] actionné par Le Caire. Je crains qu'on ne lui ait fourni des adeptes en arrêtant à tort et à travers de prétendus nationalistes qu'on libérait d'ailleurs quelques jours plus tard, faute de preuves[55] ».

Ce geste, ce pourrait être la libération des détenus du MTLD retenus sans charges précises. Il plaide la cause de cinq détenus, multiplie les interventions auprès du gouvernement, du président du Conseil au garde des Sceaux en passant par son ami Bourgès-Maunoury, ministre de l'Intérieur et compagnon de la libération. Le travail de conviction est lent et difficile. Le gouvernement ne comprend pas très bien l'urgence de la question, d'autant plus que la hiérarchie judiciaire et policière d'Alger, bien représentée par le procureur Susini, freine des quatre fers et fait jouer ses relations parisiennes, René Mayer notamment. Après des semaines d'effort, aidé par la ténacité redoublée de Vincent Monteil, il réussira à faire libérer trois hommes particulièrement emblématiques : Kiouane, Merbah et Ben Khedda. Kiouane est un jeune avocat, c'est un ancien adjoint au maire d'Alger, Jacques Chevallier, dont le seul crime est d'avoir signé un article dans « Alger républicain » protestant contre la dissolution du MTLD. Son emprisonnement vise avant tout le maire libéral et ancien ministre de Mendès, honni par les ultras. Moulay Merbah, lui, est le principal collaborateur de Messali Hadj et n'a en rien participé à la « Toussaint sanglante », pas plus que les autres, d'ailleurs. Le dernier, Ben Khedda, représente la tendance centraliste du MTLD, fermement opposé au vieux chef. Pharmacien à Blida, il est

---

[54] Le CRUA (comité révolutionnaire pour l'unité et l'action) a été fondé le 23 mars 1954 par six hommes en rupture avec le MTLD, dont Boudiaf, Krim Belkacem ou Ben Boulaïd, arrêté dès le 1er novembre. Le CRUA disparaîtra, en octobre 1954, au profit du FLN, en vue de l'insurrection programmée.

[55] Jacques Soustelle. « Aimée et souffrante Algérie ». Op. cit.

signataire d'un appel à François Mitterrand lui demandant la fin de la répression, le retour à la légalité du MTLD et la pleine application du statut de 1947. Ils seront finalement libérés, mais la libération est tardive et survient très tard, trop tard. Deux d'entre eux, comme le souligne Yves Courrière, « *iront rejoindre le FLN après avoir fait de la prison pour lui et sans le connaître*[56] ». A Paris, à la fin de l'année 1955, ils recevront la « bénédiction » de Vincent Monteil, qui a quitté Jacques Soustelle et Alger, quand ils lui déclareront qu'ils vont au Caire se mettre à la disposition du FLN.

Le premier contact officiel du gouverneur général de l'Algérie avec les élus de l'Assemblée algérienne a lieu huit jours après son arrivée, le 23 février, à l'occasion de la séance solennelle d'ouverture. L'Assemblée, présidée par « Le » président Laquière, personnage jugé par Soustelle comme néfaste et souvent ridicule, est composée d'élus des deux collèges, 60 par collège, le premier européen, le second « musulman ». Jamais, proclamait Laquière à qui voulait bien l'entendre, il n'y aura ici de collège unique.

Cette première rencontre avec la représentation algérienne s'annonce tendue. Au goût du sensationnel et de la recherche de l'effet de tribune, monnaie courante dans cette assemblée où les postures jouaient sur les nerfs déjà trop tendus de la population, commencent à se substituer la méfiance et la peur. Il était donc nécessaire que le tout nouveau gouverneur général s'exprime clairement. C'est ce qu'il fit, parlant pour la première fois de pacification... un mot qui allait connaître un certain succès : « *le simple devoir de toute autorité démocratique, c'est de mettre fin aux meurtres et aux attentats... c'est la pacification et non une répression aveugle que le gouvernement de la République entend mener à bien* ». Mais c'est la

---

[56] Yves Courrière. « Le temps des léopards ». Librairie Arthème Fayard. 1969.

France libre qu'il évoque en tout premier lieu : « *C'est ici, à Alger, que la France s'est refait un Etat, qu'elle a restauré les lois de la République et qu'elle a retrouvé sa souveraineté* » avant d'enchaîner « *le temps n'est plus où l'on pouvait espérer faire paternellement le bonheur d'une population sans qu'elle s'associât elle-même à la tâche entreprise. C'est dire quel immense effort d'éducation il nous faut fournir pour dissiper l'ignorance et l'indifférence, sœurs de la misère et inspiratrices du désespoir [...] prenons garde à ne pas nous laisser entraîner dans le cycle infernal de la peur et de la violence [...] Aux Français d'origine métropolitaine que l'inquiétude étreint je confirme la volonté inébranlable de la France : rien ne sera négligé pour rétablir l'ordre dans le pays et dans les esprits. Tous doivent savoir que la France ne quittera pas plus l'Algérie qu'elle ne quittera la Provence ou la Bretagne. Oui, messieurs, le destin de l'Algérie est français ! Cela signifie qu'un choix a été fait par la France, ce choix s'appelle l'intégration. Sur cette route, nous devons nous engager sans réserve et sans retour. L'intégration n'est pas uniformisation. Il ne s'agit pas de fermer les yeux devant les réalités, d'appliquer mécaniquement à cette terre africaine ce qui a été conçu et réalisé ailleurs. Il faut au contraire tenir le plus grand compte de la géographie, de l'histoire, de l'ethnologie propres à cette région [...] l'aspiration à la dignité humaine est une force immense, elle est au cœur même de toute démocratie. La solidarité sociale, le respect mutuel, l'abandon des querelles et des discriminations, tels sont les principes qui doivent guider notre action*[57] ».

Mais un discours, même le plus beau, ne reste qu'un discours. Il ne fait pas disparaître les problèmes par magie. Provocations, attentats et assassinats se multiplient, essentiellement dans l'Est algérien. Les cibles de ces actions sont souvent musulmanes, même si elles n'épargnent pas les

---

[57] Jacques Soustelle. « Aimée et souffrante Algérie ». Op. cit.

Européens. Le cycle attentat-répression s'enclenche alors pour le plus grand malheur de l'Algérie. L'action de la France pour répondre aux attentats se mène, d'ailleurs, en l'absence de tout cadre légal, dans un refus aveugle d'admettre que l'Algérie connaît une situation « d'urgence ».

Ce vide politique trouve son origine à Paris. Quatre mois après le 1er novembre, le gouvernement d'Edgar Faure ne s'est toujours pas résolu à prendre acte de ce qu'était la situation en Algérie. Pour Jacques Soustelle, il est de la première urgence de tirer les conséquences de la réalité du terrain. Il plaide pour doter les autorités algériennes de pouvoirs spéciaux leur permettant de faire face aux circonstances. « *Ni moi, gouverneur général, ni les préfets, fera-t-il remarquer, ne pouvions légalement, en février 1955, ni réglementer la circulation dans telle ou telle zone, ni faire perquisitionner de nuit chez les terroristes, ni éloigner les propagandistes, ni interdire les réunions séditieuses*[58] ». Pire, reconnaîtra-t-il plus tard, « *on se trouvait parfois dans des situations ubuesques : si une attaque avait lieu contre un poste, si les gendarmes tiraient et si un fellagha était tué, immédiatement c'était l'ouverture d'une instruction. Un juge d'instruction venait interroger les gendarmes, on ouvrait une enquête et c'est tout juste si l'on ne faisait pas comparaître en justice le gendarme*[59] ».

Le gouvernement hésite, les élus européens réclament à cor et à cri « l'état de siège » jugé par Jacques Soustelle comme une ineptie.

Finalement, l'état d'urgence est voté le 3 avril 1955 et n'est applicable qu'à l'est de l'Algérie. Deux mois sont passés depuis l'arrivée du nouveau gouverneur général, deux mois d'incertitudes gouvernementales qui vont fragiliser durablement son cabinet jusqu'à le scinder en deux « clans ».

---

[58] Jacques Soustelle. « Aimée et souffrante Algérie ». Op. cit.
[59] Fabriquedesens.net/la-guerre-d-algerie-vingt-cinq-ans-apres

Schématiquement, l'un est plus sensible à la répression et s'y oppose, poussant en avant une solution « à la tunisienne », l'autre, attentif à l'avenir commun de l'Algérie et de la France, demeure davantage sensible à la sauvagerie des assassinats... Parler d'une aile gauche ou d'une aile droite du cabinet Soustelle n'est qu'une facilité journalistique. Elle a été largement utilisée mais ne vaut rien en Algérie à ce moment précis de l'histoire.

Cette équipe, c'est à Paris que Soustelle l'a constituée. Jacques Juillet, le frère de l'éminence grise de Jacques Chirac, directeur-adjoint du cabinet de Pierre Mendes-France, le suit à Alger comme directeur des cabinets civil et militaire. Le directeur-adjoint est Guy Lamassoure, ancien sous-préfet de Bayonne qu'il a rencontré lorsqu'il était préfet de Bordeaux, et avec qui s'est établie une complicité amicale. Le chef du cabinet militaire est le colonel Jean Constans, un ancien des services secrets (DGSS) avec qui il a travaillé à Alger entre 1943 et 1944, son adjoint est le commandant Vincent Monteil. Celui qui sera chargé des affaires de police et de sécurité est Henri-Paul Eydoux, un ancien, lui aussi, de la DGSS mais également un ancien du Musée de l'Homme à l'époque pionnière. Vient ensuite Charles Béraudier, l'ami de toujours, qui gardera au chaud ses contacts politiques en Métropole et surtout ceux de sa circonscription lyonnaise.

Au sein du cabinet, on l'a vu, Vincent Monteil est essentiellement chargé d'explorer les diverses possibilités de dialogue, que ce soit avec les élus algériens, avec les nationalistes non impliqués dans la rébellion et même avec quelques autres...Le commandant Monteil, fin orientaliste, parlant une dizaine de langues ou de dialectes, mystique en religion et gaulliste en politique, s'acquitte de sa tâche avec conviction. Avec Soustelle, il partage la certitude que la course à l'abîme est commencée et que le premier pas consisterait à, enfin, appliquer le statut de 1947 toujours différé. Mais

Vincent Monteil est également emporté par sa foi, une foi mystique qui ne le prédispose pas à affronter le réel tel qu'il est. Pour parvenir à la paix il suffirait, selon lui, d'arrêter les ratissages pratiqués par l'armée et la destruction des bandes qui, comme il l'écrit dans une note au gouverneur général, « *laissent une impression d'amertume durable* ». De stigmatisation aurait-il dit dans un autre temps. Il conclut cette note en souhaitant voir se préparer une solution négociée, à la tunisienne. Soustelle s'y oppose : la Tunisie n'est pas l'Algérie, et l'Algérie c'est la France ! C'est d'ailleurs ce qu'a dit Pierre Mendès-France à la tribune de l'Assemblée. En dépit de ces différences de sensibilité, il encourage Vincent Monteil à poursuivre ses contacts avec diverses personnalités algériennes mais il le met en garde : le contact n'est pas la négociation.

L'ethnologue Jacques Soustelle est convaincu qu'il faut aller plus loin que les contacts politiques, que c'est la « base » qu'il faut interroger et aider. Il encourage sa collègue Germaine Tillion, ethnologue elle aussi, spécialiste des Aurès et de ses populations « Chaouias », qui a intégré le cabinet peu de temps après son arrivée, à aller dans ce sens. Avec l'appui de Vincent Monteil, elle constitue des centres sociaux capables de répondre à la demande des plus déshérités des musulmans. Mais l'angélisme et la politique font rarement bon ménage. La police prévient Soustelle que ces centres sociaux deviennent des lieux d'asile pour clandestins. Il s'en ouvre auprès de ses deux collaborateurs mais ne ferme pas ces centres sociaux. Il demande même à Germaine Tillion de poursuivre son travail. Elle demeurera auprès de Jacques Soustelle jusqu'à son départ, en dépit de ses états d'âme bien réels.

C'est avec Vincent Monteil que les relations vont se tendre jusqu'à la rupture. Intraitable, persuadé de posséder la vérité incarnée, Vincent Monteil milite de plus en plus pour une solution fédérale. Jacques Soustelle n'y est pas opposé par principe, il s'en est plusieurs fois expliqué, mais il juge que dans la situation actuelle accepter la solution fédérale c'est donner les clés de la maison au FLN. Il faut d'abord, et avant tout, pacifier. Ce qui fait dire au commandant Monteil que Soustelle n'est plus un homme de gauche, mais un homme d'ordre. Qu'il est passé de l'esprit de justice à celui de répression. Ainsi, un homme de gauche ne pourrait pas être un homme d'ordre et la justice pourrait être conduite sans jamais réprimer ? Monteil a cependant raison sur un point, il est désormais difficile de classer Soustelle à gauche, et cela ne date pas de sa présence à Alger... à moins de classer le RPF à gauche ! Monteil, gaulliste lui-même, a sans doute la réponse à cette question. Mais peut-être existe-t-il déjà une deuxième option gaulliste sur l'affaire algérienne ? Soustelle, s'il n'est pas à gauche, est un Républicain. Il en existe sur les deux rives de la politique et tout le travail qu'il a mené jusqu'à présent, en Algérie, démontre son attachement à l'égalité des chances.

Le 24 juin, les deux hommes se séparent. Puis viendra le tour de Jacques Juillet qui quittera, peu de temps après, Jacques Soustelle. Il est persuadé, comme Pierre Mendès-France dont il est proche, que les mesures contenues dans le texte sur l'état d'urgence sont excessives. A ce moment-là, PMF aurait donné conseil à Soustelle, par l'intermédiaire d'un journaliste en vue, Jean-Jacques Servan Schreiber diton, de démissionner pour protester contre la lenteur des réformes. Par loyauté à l'égard d'Edgar Faure, il s'y refuse et se plonge dans l'élaboration de son plan. Un plan qu'il veut présenter au plus vite.

Trente ans plus tard, dans *Le Monde* du 30 septembre 1987, Jacques Soustelle revient sur cette question qui l'a sans aucun doute affecté. Il récuse toute idée qu'il y aurait eu de sa part un revirement qui l'aurait fait passer du « libéral » au « répressif ».

« *La politique que j'ai menée en Algérie tout au long de l'année 1955 est demeurée, dans ses grandes lignes, conforme aux directives que j'avais reçues de François Mitterrand, ministre de l'Intérieur, et de Pierre Mendès-France, puis confirmées par Edgar Faure. Elle avait pour principe de préparer l'intégration (terme que je n'ai pas inventé et qui fut employé notamment par Mendès) de l'Algérie dans la République. Dans la pratique, j'ai développé l'accession des musulmans à la fonction publique, créé les SAS et les centres sociaux, mis en œuvre la réforme des communes et, plus généralement, élaboré ce que l'on a appelé le « plan Soustelle ». Naturellement, comme c'était le devoir de toute autorité responsable, j'ai réagi face aux exactions terroristes du FLN, qui brûlait les écoles, mutilait, égorgeait. Cette action défensive n'avait de sens et ne se justifiait à mes yeux que par la nécessité de rétablir l'ordre et la paix pour mener à bien une large politique de réformes*[60] ».

L'action défensive ainsi décrite par Jacques Soustelle donne le signal d'une chasse médiatique contre la politique algérienne du gouvernement, une chasse menée pour l'essentiel par le Monde, l'Express et France-Observateur au nom du combat contre la « répression en Algérie ». Confronté à cette campagne, Soustelle s'étonne que ceux qui sont si prompts à se mobiliser pour les grands principes passent si aisément sous silence le sort des victimes assassinées ou mutilées.

La guerre s'installe, 100 000 hommes sont désormais présents en Algérie à la fin du premier trimestre de l'année 1955. Sous la pression des pays du tiers-monde, les Etats-Unis commencent à s'intéresser au problème et le Pentagone écrit une note alarmante. L'ONU sera bientôt saisie.

---

[60] Le Monde daté du 30 septembre 1987.

LE PLAN SOUSTELLE

Afin d'être à même de proposer au gouvernement d'Edgar Faure une série de propositions solides, que les médias intituleront « plan Soustelle », le gouverneur général multiplie les déplacements, les rencontres, les séances de travail. Il prend à bras le corps le problème dont il a hérité, sans condamnation a priori ou jugements à l'emporte-pièce. Il veut appréhender, en direct, l'ensemble de la situation et s'en faire une idée personnelle fondée sur des réalités constatées. Il n'écarte aucun aspect, qu'il soit géographique, historique, économique, administratif et, bien sûr et surtout, humain. Dès son arrivée, on l'a vu, il s'est envolé vers le massif des Aurès durement frappé par la rébellion. De Biskra à Tébessa, en passant par le défilé de Tishanimine, son regard d'ethnologue s'est réveillé : « *Immensité, poussière, vent inlassable, terre crevassée par le soleil, oueds desséchés... je retrouvais les hauts plateaux que j'avais connus, portés tout près du ciel. Ce pays est beau, d'une beauté singulière*[61] ». Mais il n'oublie pas pourquoi il est là ! Il prend contact avec les chefs civils et militaires, avec les caïds, parle aux habitants des douars. Après tout, ce n'est pas plus difficile que de parler aux Indiens de la sierra.

De ce voyage dans l'est algérien, il perçoit très vite l'essentiel : la misère des habitants, la sous-alimentation, le repli sur soi d'une population très inquiète. La misère est palpable, provoquée à la fois par un climat très dur, un sol infertile et l'archaïsme des outils. La récolte est insuffisante pour un nombre grandissant de bouches à nourrir. Pire, cette population est abandonnée par l'administration. Trois administrateurs pour 25 000 km2, seraient-ils dotés des plus grandes qualités, demeurent impuissants faute de moyens et de relais dans la population. Les « administrateurs autoch-

---

[61] Jacques Soustelle. « Aimée et souffrante Algérie ». Op. cit.

tones » mis en place sont souvent étrangers à la région où ils ont été affectés. Ils ne parlent pas le chaouïa et ne vivent pas en tribu. Le remède est pire que le mal ! Loin d'être un lien, c'est un écran.

Cette absence de contact conduit la population à la méfiance, la rend sensible aux discours des combattants ou la livre aux menaces sans possibilité de s'y soustraire. Comme l'horreur n'est jamais éloignée de la menace, toute volonté de résistance est annihilée. La population se débrouille entre soumission apparente et compromis vis-à-vis des deux camps, armée française ou ALN en formation. C'est la réticence qui s'installe partout et la parole n'est plus libre. Difficile, dans ces conditions, de regagner la confiance des villageois, sauf à être convaincant, efficace et fiable quand on annonce des mesures de protection. Ce qui supposerait acquise une série de conditions administratives et financières, applicables immédiatement. Ce qui est loin d'être le cas !

Pour Soustelle, c'est clair, on tourne en rond. Au plan militaire, le constat n'est guère plus encourageant. Le dispositif mis en place répond aux exigences d'un théâtre d'opération européen et en aucun cas à celui qui se présente ici, avec ses montagnes sans sentiers et des adversaires invisibles. Sans même parler des effectifs trop réduits pour assurer une présence auprès des habitants. Soustelle note également qu'aucune formation de supplétifs autochtones n'a été constituée. Leur connaissance du pays, et de sa langue, serait pourtant un atout indispensable et aiderait grandement à rompre le silence qui s'est instauré.

A tous ces constats aussi désolants les uns que les autres, s'en ajoute un autre : l'indigence de la tactique employée qui ne semble avoir été conçue que pour manquer son but. Devant cet effarant état de fait, Jacques Soustelle définit de manière nette la mission qui revient à l'armée : soutien aux populations, présence armée et affirmation de la souveraineté nationale. Cette mission ainsi redéfinie va se traduire par le terme de pacification qu'il emploiera, on le sait, pour la première fois devant l'Assemblée algérienne, le 23 février. Pour lui, la pacification, c'est la paix et la sécurité pour tous, la justice et l'équité pour tous. C'est la mission que l'armée d'Afrique doit porter chaque jour.

A Alger, comme à l'occasion de ses nombreux déplacements, il a su nouer avec les représentants des élus musulmans, nationalistes ou pas, ou avec les représentants des élus européens, de nombreux contacts. Quand est votée la loi sur l'état d'urgence, le 3 avril 1955, Jacques Soustelle adresse, le surlendemain, 5 avril, une directive détaillée aux préfets et sous-préfets, aux maires et aux administrateurs. Cette directive est dictée par les circonstances, elle vise à rassurer les musulmans inquiets par le vote de l'état d'urgence mais elle n'est pas insincère pour autant et a valeur de consigne de la part du « patron ». Ce document définit ce que doit être une « *politique des égards et de la confiance* ». Il y dénonce la méfiance généralisée que certains manifestent à l'égard des musulmans, la survivance du complexe de supériorité des Européens, le danger du mépris. L'autochtone algérien, dit cette directive, tient légitimement à sa dignité d'homme. La justice et l'équité doivent s'appliquer à tous, sans discrimination. Autant dire que cette directive fait réagir ! Pour beaucoup d'Européens, elle confirme ce que la rumeur, déjà, annonçait : Jacques Soustelle est bien le gouverneur des Arabes. Mais aux yeux de certains élus musulmans, la sollicitude exprimée n'est qu'hypocrisie.

Cela ne décourage pas Jacques Soustelle, au contraire. Cette double volée de critiques l'incite à presser le pas pour fournir au plus tôt un projet cohérent au gouvernement. Pour lui, la nécessité de réformes vraies et profondes crève les yeux. Ce doit être le fil rouge de toute politique algérienne. Constatant l'évidence : les musulmans algériens forment la majorité de la population, ce sont les plus pauvres et ils souffrent davantage que les autres, il propose de bannir toute discrimination tout en n'hésitant pas à aider le plateau de la balance à pencher du bon côté... cela ne s'appelle pas encore de la discrimination positive, mais ça y ressemble.

Une fois élaboré, le « plan Soustelle » se divise assez logiquement en trois volets, héritage de la tradition administrative républicaine : Un volet économique, un volet administratif et un volet strictement politique. Le volet économique part tout d'abord du constat de l'archaïsme de l'agriculture. A cela vient s'ajouter le manque de terres pour les familles nouvelles. Il faudra donc opérer une redistribution des terres, prélevées sur le domaine public ou sur le domaine privé. Il faudra, en plus, doter les nouveaux fellahs de moyens pour cultiver la terre. Mais une réforme agraire est toujours lourde à porter, c'est pourquoi Soustelle prévoit la création d'un véritable office de la réforme qu'il appelle « Caisse d'expansion et de modernisation rurales » et qui aurait comme mission d'acquérir, d'aménager et de lotir des domaines agricoles. Cette autorité serait placée sous l'autorité de fonctionnaires, de personnalités du monde agricole et de membres de l'assemblée algérienne. Le problème de l'irrigation des terres est également abordé avec la possibilité d'exproprier les terres irriguées, mais non exploitées, au profit de la caisse d'expansion.

Mais l'agriculture, même si elle joue un rôle extrêmement important en Algérie, ne serait-ce que par le nombre de paysans concernés, n'est pas le seul facteur de développement économique. Il y a l'industrie ! Soustelle propose d'intégrer EGA (électricité et gaz d'Algérie) à EDF-GDF afin de faire baisser les tarifs. Il propose également l'intégration des chemins de fer à la SNCF et la fusion des banques d'émission afin de supprimer le franc algérien... mais là, la tâche va être rude car les corporatismes sont forts. Pour favoriser la décentralisation d'industries métropolitaines vers l'Algérie, Soustelle décide de créer le commissariat à l'industrialisation.

Deuxième volet, celui de l'administration. Il se propose, tout d'abord, de s'attaquer à la sous-représentation des musulmans dans l'administration. Ils étaient 22% en 1947, ils sont 29% en 1955 et plus on s'élève dans la hiérarchie, plus ils sont rares. Les musulmans sont souvent trop pauvres pour suivre une scolarité normale et décrocher les diplômes indispensables mais si aucune discrimination ne leur interdit de fréquenter l'école, aucune ne les favorise... Là encore, la question de la discrimination positive refait surface, posée ouvertement par Jacques Soustelle. Il ne s'arrête d'ailleurs pas là ! Il veut s'attaquer à la forteresse de la fonction publique, surtout soucieuse de maintenir les avantages acquis et les positions garanties. Il reprend donc une idée déjà avancée par Pierre Mendès-France et François Mitterrand, celle d'un centre de formation administrative ouvert à tous et particulièrement adapté aux jeunes Algériens musulmans. Notons que cette proposition est mise en application dès la rentrée 1955 et 147 jeunes sont accueillis dans ce nouveau centre, parmi lesquels 133 musulmans, dont trois filles.

Mais il fallait aller plus loin. Soustelle se fixe l'objectif de porter à 50% la proportion des musulmans dans l'administration. Cette question débouche tout naturellement sur celle de l'éducation. En 1955, 420 000 enfants étaient scolarisés dans les écoles primaires, dont 250 000 musulmans ; 36 000 dans les lycées, dont 7 000 musulmans ; 5 000 à l'université pour 600 musulmans. Un déséquilibre évident ! L'objectif du gouverneur est de saisir le problème à la racine et de multiplier, en premier lieu, le nombre de classes par deux ouvrant ainsi l'accès aux études longues... Pour ça il faut des instituteurs et tout le monde sait qu'ils sont en nombre insuffisant. Soustelle prévoit donc de créer un corps auxiliaire, donc hors statut, en dépit de l'opposition tenace du syndicat des instituteurs. Querelle dérisoire au relent corporatiste alors que, pendant ce temps-là, les écoles devenaient la cible d'attentats souvent meurtriers. Pour la seule année 1955, 307 écoles furent détruites, 400 durent être fermées, 17 instituteurs furent agressés et cinq assassinés.

Le volet administratif du « plan Soustelle » aborde également ce que l'on appellerait aujourd'hui une réforme territoriale, une réforme qui vise à accroître le nombre des départements, rapprochant ainsi leur administration des habitants. Sont également créés, dans toute l'Algérie, des « secteurs administratifs spéciaux », les SAS. « *Assez vite, dira-t-il vingt ans plus tard sur les ondes de France-Culture, j'ai constaté qu'il fallait apporter une solution rapide à cette absence de contacts et de contrôles. Et c'est à ce moment que j'ai imaginé de faire venir, du Maroc, le général Parlange et des officiers des affaires indigènes qui parlaient arabe et berbère. Très rapidement nous avons établi un premier réseau qui s'est transformé, par la suite, en sections administratives spéciales, les SAS. C'est une chose que je me vante d'avoir créée. Le bilan est positif pour le contact avec les populations et personne ne peut regretter de les avoir logiquement étendues à l'ensemble du pays, y compris en créant des sections administratives spéciales urbaines. Il y en a eu notamment dans la Casbah, à Alger*[62] ». La mise en place des sections administratives urbaines dans l'agglomération algéroise répondait à un triple but : la reprise de contact avec la population, la résorption des bidonvilles, la lutte contre le chômage. Très vite, ils ont eu à effectuer des travaux de recensement, ils ont été appelés à se pencher sur le sort des anciens combattants, à s'occuper de l'action sociale, de la formation professionnelle. Instrument politique, les SAS s'inscrivaient à l'échelon local comme les représentants directs des autorités civiles. Les officiers des SAS, les « képis

---

[62] Fabriquedesens.net:la-guerre-d-algerie-vingt-cinq-ans-apres.

bleus », représentent l'un des succès « politiques » du conflit algérien. Le jour, ces jeunes officiers prenaient en main la construction d'un réseau d'eau potable, l'aménagement d'un douar, ou tenaient l'école, tandis que la nuit, ils patrouillaient, livrant combat à des bandes armées, neutralisant la menace d'attentat. A l'image des SAS, les équipes médico-sociales itinérantes (E.M.S.I.) se sont attachées à libérer les femmes musulmanes du carcan de la tradition. On en compta 350. Dotées d'un statut civil, elles reçurent une mission territoriale bien définie, accompagnant le médecin militaire du secteur chargé de l'assistance médicale gratuite. Partout, du Constantinois au Sud oranais, les femmes attendaient celles qu'elles avaient appelées les « toubibas ».Les SAS ne disparaîtront qu'avec la fin de l'Algérie française. Elles disparaîtront également des mémoires. Pourquoi ? Parce que les SAS recrutèrent et employèrent beaucoup d'unités supplétives, les harkas et maghzen, massacrés ensuite en raison de leur choix. Il est toujours difficile de se souvenir de ce qui fait honte. Ensuite parce que la plupart des officiers SAS partageaient l'idéal d'une Algérie française, un pays où pourrait se vivre l'égalité entre Français et Algériens, sans condition de race ou de religion. Après l'apparente volte-face opérée par de Gaulle, certains membres des SAS ont naturellement continué le combat qu'ils croyaient juste mais beaucoup, les plus nombreux, se sont retirés, découragés et muets.

Le dernier volet, le volet politique, est celui qui retiendra le plus l'attention car il concerne un certain nombre de questions sensibles, jamais réglées jusqu'alors, et donc toujours sources de conflit.

L'indépendance du culte religieux vis-à-vis de l'Etat, par exemple. Soustelle, pour ne pas porter atteinte à la laïcité de l'Etat et devant le grand nombre de communautés qui constituent, de fait, l'islam en Algérie, propose la nomination d'un commissaire, obligatoirement musulman, qui aurait à coordonner la vie de l'islam algérien et à arbitrer les éventuels conflits. Une proposition calquée sur ce qui se passait, à l'époque, en Union soviétique ou en Yougoslavie, pays où vivaient d'importantes communautés musulmanes.

L'organisation de l'enseignement de la langue arabe n'est pas moins compliquée. Le plan du gouverneur général propose de rendre obligatoire dans tous les établissements l'enseignement de l'arabe. Pour Soustelle, l'Algérie doit devenir une communauté bilingue puisant dans la richesse de deux civilisations. La question berbère ne sera pas traitée dans le cadre de ce plan.

Demeure enfin la question des collectivités locales éclatées en de nombreux statuts : communes mixtes, communes de plein exercice, centres municipaux, douars-communes...sans même parler des centres de colonisation gérés par les seuls Européens. Si l'on écarte cette dernière catégorie, seules les communes de plein exercice sont gérées par des élus des deux collèges, mais de manière inégalitaire (2/5 pour les musulmans, 3/5 pour les Européens). Toutes les autres sont sous le contrôle de l'administration ou bien d'un caïd. Jacques Soustelle propose d'harmoniser tous ces statuts. Communes mixtes dûment scindées, centres municipaux ou douars deviendraient des communes rurales gérées par un collège unique d'élus, donc musulman. Quant aux communes de plein exercice, les élus des deux collèges devraient y être représentés à parité.

Telles sont les grandes lignes du « plan Soustelle ». Elles vont au plus pressé mais ne règlent pas le problème de fond, celui du statut de l'Algérie de demain, celui des rapports de l'Algérie et de la métropole, celui des relations entre musulmans et Européens, en Algérie. Jacques Soustelle tente d'imaginer quelle pourrait être la suite de son plan. « *Aucune communauté, dit-il, ne doit opprimer l'autre. Les Européens,* minoritaires, ne sauraient dominer mais on ne gagnerait rien s'ils se trouvaient réduits à la condition de personnes déplacées ou étrangères dans un pays qui est aussi le leur[63] ». Deux solutions sont possibles à ses yeux : la fédération ou l'intégration. Spontanément, Soustelle serait favorable à la solution fédérale à la condition…que des institutions fédérales françaises existent. Ce qui n'est pas le cas dans le pays de la République « Une et Indivisible » !

Reste l'intégration. « *Trop souvent on a déformé ce mot que j'ai emprunté aux déclarations gouvernementales et à celles d'élus musulmans. J'ai beau en avoir précisé le sens dans une centaine d'articles et plus de vingt discours, on a toujours feint de ne pas m'entendre et de confondre l'intégration que je préconise avec l'assimilation que je rejette. L'intégration tient pour irréductible et légitime l'originalité de l'Algérie. J'ajoute que l'on peut passer de l'intégration à la fédération, et non l'inverse. C'est si vrai que Ferhat Abbas lui-même, tout entiché qu'il fût de sa République algérienne, voulut bien reconnaître au cours de l'un de nos entretiens que l'intégration pourrait constituer une formule d'accord pour le présent et pour une phase transitoire, en attendant de nouvelles institutions de type fédéral[64]* ».

LE DERNIER RÉPIT AVANT L'ÉCHEC

Fin mai, la première mouture du « plan Soustelle » est prête. Le 1er juin, le gouverneur général envoie une note à Edgar Faure où il lui rappelle quelles sont les quatre solutions possibles en Algérie : l'assimilation, dont on a laissé passer l'heure, l'intégration, la fédération concevable uniquement à long terme, et la sécession. La France ne saurait s'y résoudre sans disparaître en tant que puissance africaine.

---

[63] Jacques Soustelle. « Aimée et souffrante Algérie ». Op. cit.
[64] Jacques Soustelle. « Aimée et souffrante Algérie ». Op. cit.

Mais l'intégration est-elle encore possible ? Jacques Soustelle le croit mais il estime qu'il est juste encore le temps. Le vrai problème consiste à empêcher les masses et les élites musulmanes de glisser vers la dissidence, aujourd'hui ou demain. Le 7 juin, Soustelle expose son plan à Matignon, devant le comité interministériel dit de « coordination » chargé de suivre l'action menée en Algérie. Selon ses propres dires, il ne se heurte à aucune résistance majeure. Censés être confidentiels, les débats du comité s'étalent néanmoins, dès le lendemain, à la « une » des journaux de Paris ou d'Alger. A Alger, les cercles « ultras » continuent à accuser le gouverneur général de « faire le jeu du séparatisme » Comment s'en étonner, disent-ils, puisque ce mendésiste, ce socialiste, ce gaulliste n'est là que pour « brader » l'Algérie. A Paris, le ton est différent. Si l'on montre encore, ici ou là, de la sympathie pour Soustelle dont les projets sont estimés aller dans la bonne direction, c'est le gouvernement d'Edgar Faure qui est accusé de saboter le travail entrepris en mettant surtout l'accent sur la poursuite du maintien de l'ordre.

« *Ainsi, souligne Soustelle, me trouvai-je bientôt criblé de critiques et de sarcasmes des deux côtés de la Méditerranée. Trop faible, voire suspect de trahison pour les uns, j'étais coupable pour les autres d'être complice dans la conduite de la répression et de m'accrocher à l'intégration, jugée désormais dépassée*[65] ».

En dépit des critiques qui fusent de toutes parts, le gouvernement, à l'issue du conseil des ministres, renouvelle sa confiance au gouverneur général de l'Algérie. Il le prie d'entreprendre le plus rapidement possible la mise au point définitive de ses projets afin de fixer au plus tôt les étapes de sa réalisation.

Jacques Soustelle repart pour l'Algérie, fort du soutien du gouvernement. Il multiplie les réunions pour élaborer les

---

[65] Jacques Soustelle. « Aimée et souffrante Algérie ». Op. cit.

textes légaux, pour mettre en œuvre l'état d'urgence, pour protéger les centres isolés et les équipements sanitaires et sociaux, pour accélérer la construction d'écoles... Le 28 juin, il s'adresse, à la radio, à la population « euralgérienne » comme il aime à le dire parfois, et lui déclare : « *L'avenir ! Ayons le courage de vouloir, dès maintenant et malgré tout, le forger de nos propres mains pour rendre à ce pays la confiance et l'espoir [...] Ce n'est pas pour revenir au passé, ni même pour perpétuer le présent que nous défendons l'Algérie contre la subversion et le chaos, c'est au contraire afin de pourvoir à son évolution nécessaire [...] Le gouvernement m'a donné sa confiance, l'Assemblée et le Parlement auront à se prononcer*[66] ».

Tous ne sont pas convaincus, et en particulier les mêmes milieux « ultras » qui continuent à exploiter la nervosité et l'inquiétude, bien légitime, des Européens. C'est le cas de Gratien Faure, conseiller général du Constantinois et élu à l'Assemblée algérienne qui mène campagne contre l'interdiction formelle que Soustelle avait opposée à la constitution de milices. Pour le gouverneur général, personne ne peut se substituer à l'Etat. C'est pourquoi il s'est employé à former et encadrer des unités de défense rurale.

Jacques Soustelle, durant ces journées de juin et de juillet, livre une dure bataille politique. Elle lui semble être en bonne voie d'aboutir, grâce au soutien gouvernemental dont il bénéficie, mais également grâce à la sensible diminution du nombre d'attentats et d'assassinats recensés. Mais il mesure parfaitement la fragilité de ce qui existe et les difficultés qui ne manqueront pas de surgir.

Curieusement, depuis son arrivée à Alger, il n'a pas jugé utile de prendre contact avec le général de Gaulle, son mentor en politique. Ni avant d'élaborer ses propositions, ni

---

[66] Discours radiodiffusé du 28 juin 1955, sur les ondes de la RTF, France V.

pendant la discussion avec le gouvernement, ni après. En fait, il ne reprendra contact avec lui qu'à son retour en métropole, après février 1956. Aurait-il eu vent de ce qui se murmure à Paris et l'aurait incité à se tenir éloigné ? Guy Pervillé, dans une communication présentée au colloque « Edmond Michelet dans la vie politique », soutient que ce dernier, sénateur parisien depuis 1952, fut l'un des premiers à recevoir les confidences du général de Gaulle sur la politique algérienne. Venu rendre visite au Général pour lui décrire le climat des Nations unies, en février 1955, il recueille alors une information capitale : « *le Général, sans une ombre d'hésitation, m'a dit : l'Algérie ? Perdue. Finie. Dès ce moment-là, il avait le sentiment que l'Algérie serait indépendante. Il considérait que l'Algérie était pratiquement perdue, et il me l'a dit catégoriquement*[67] ». Un autre fidèle gaulliste, Louis Terrenoire, ami d'Edmond Michelet et venu comme lui du MRP, reçoit la même confidence quelques mois plus tard : « *C'est le 18 mai 1955 que le général de Gaulle me parla, pour la première fois, de l'avenir de l'Algérie : Nous sommes en présence, me dit-il, d'une vague qui emporte tous les peuples vers l'émancipation. Il y a des imbéciles qui ne veulent pas le comprendre ; ce n'est même pas la peine de leur en parler*[68] ». Ainsi, selon Guy Pervillé, l'analyse gaullienne est déjà fixée dès 1955… Et s'il fallait remonter plus loin que 1955 ? Dès 1943, à Alger, le général, confronté au manifeste du peuple algérien que vient de publier Ferhat Abbas, aurait dit à André Philip, ministre du gouvernement provisoire qui siège

---

[67] Edmond Michelet. « La querelle de la fidélité, peut-on être gaulliste aujourd'hui ». Editions Fayard. Paris. 1971. Communication de Guy Pervillé au colloque « Edmond Michelet dans la vie politique » sur le site « guy.perville.free.fr/ ».
[68] Louis Terrenoire. « De Gaulle et l'Algérie. Témoignage pour l'histoire ». Editions Fayard. Paris. 1964.

depuis peu à Alger : « *Tout cela finira par l'indépendance*[69] ». Alors, peut-on parler d'un « de Gaulle pluriel » comme le pense Jean Lacouture[70], tenant un discours « à géométrie variable » selon l'interlocuteur ? Peut-être, mais demeure, dans ce cas, le mystère sur ce que pouvait être, ou ne pas être, sa conviction profonde. Le livre de Benjamin Stora, « de Gaulle et la guerre d'Algérie » tente de répondre à cette énigme[71].

Jacques Soustelle ne bénéficia pas de telles confidences, comme s'il était déjà compté parmi les « imbéciles » dédaigneusement écartés par le Général. Est-ce là l'origine de l'étrange silence qui s'installa entre lui et de Gaulle ? Il ne s'est jamais exprimé sur ce point précis mais on peut penser qu'il en avait une assez claire conscience, d'autant plus qu'en 1957, dans une célèbre polémique à trois voix, l'opposant à Raymond Aron et à Edouard Michelet, de Gaulle donnera raison à ce dernier...

A Alger, en ce mois de juillet 1955, Jacques Soustelle apprend que sa mission qui devait s'achever le 31 du mois est reconduite pour six mois. Cette décision, bienvenue, donne le temps au gouverneur général d'installer les mesures décidées afin qu'elles ne s'évanouissent pas en cours de route, comme cela a été fréquemment le cas en Algérie.

Mais une mauvaise nouvelle parvient également de Paris ! Pour on ne sait quelle raison, le débat parlementaire qui devait examiner le « Plan Soustelle » est ajourné. Première conséquence, l'Assemblée algérienne décide sans surprise, et légitimement, d'attendre la prise de position du Parlement. Deuxième conséquence, l'immobilisme des politiciens de

---

[69] Guy.perville.free.fr/communication au colloque « Dépendance et indépendance » du 6 au 8 mai 1976.
[70] Jean Lacouture. « De Gaulle », T3. Editions du Seuil. 2010.
[71] Benjamin Stora. « De Gaulle et la guerre d'Algérie ». Editions Robert Laffont. 2009.

Paris fait craindre le pire aux élus algériens musulmans. Ces gens-là, se disent-ils, ne sauront jamais nous protéger... alors autant prendre des assurances ailleurs. C'est ce que s'est dit Ben Khedda en sortant de prison, c'est ce que va se dire le plus petit maire du plus petit douar.

Cette décision gouvernementale, funeste entre toutes, est à porter au débit de la IVe République. Jamais Edgar Faure et ses amis ne s'en expliqueront... Où alors il aurait fallu avouer de sombres combines de couloirs dans le seul but de durer, de conserver le plus longtemps possible son « maroquin » ! Ils laissent le vide s'installer, la pire des solutions en politique, car le vide finit toujours par vous engloutir. Il n'y aura pas beaucoup de temps à attendre. Le mois d'août arrive et avec lui, le pire !

III.

Août 1955 – Février 1956
L'espoir s'effondre

> « *Supposer que les Français d'Algérie puissent oublier les massacres de Philippeville, c'est ne rien connaître au cœur humain. Supposer, inversement, que la répression puisse susciter la confiance et l'estime des Arabes envers la France est un autre genre de folie*»
> Albert Camus

LA PREMIÈRE RUPTURE

La fin de l'été 1955 s'en vient. Depuis deux ans, le 20 août est devenu, pour le nationalisme arabe, une date anniversaire, celle de l'expulsion, en 1953, du sultan Mohammed V du Maroc. C'est un anniversaire récent, certes, mais le climat hypertendu qui règne au Maghreb peut transformer tout événement en cataclysme. En Tunisie, la convention franco-tunisienne consacrant l'autonomie du pays va être signée dans la douleur et Habib Bourguiba fera son retour, le 29 mai 1955, une fois ladite convention signée. Au Maroc, la situation est plus grave, l'insécurité s'intensifie dans une atmosphère de fin de règne. Gilbert Grandval, le Résident général représentant la France dans le royaume chérifien, ne contrôle plus rien et quitte le pays avant que ne revienne le sultan déposé, à l'automne de cette même année 1955. Quant à la situation algérienne, elle est ce que l'on sait. 100 000 soldats sont sur le terrain, les assassinats de fermiers isolés se poursuivent, comme les embuscades sur les routes, mais les principales victimes sont surtout les Algériens suspectés d'être fidèles à la France ou d'être à son service, comme peut l'être un garde-champêtre ou un instituteur. Les maquis sont quasiment invisibles et recherchent peu le contact avec l'armée française. Quant aux villes, comme Alger mais surtout Oran, elles sont calmes. Tout cela donne un air de tranquillité parfaitement trompeur. Certains pensent même, prenant leurs rêves pour des réalités, que les rebelles ont perdu la partie. D'une certaine façon, Jacques Soustelle s'est laissé gagner par cet optimisme peu fondé.

L'homme de la rue ignore cet anniversaire, ou n'en fait pas grand cas. Son quotidien est plus important. Au Caire, bien au contraire, les dirigeants du FLN ont tout intérêt à mettre en avant l'unité du combat nord-africain, et cet anniversaire représente une bonne opportunité, à charge pour les militants présents en Algérie de répercuter le message. Le colonel Nasser, lui, ne perd jamais une occasion de célébrer le panarabisme et la montée de la nation arabe, de Casablanca à Bagdad. Ces deux impératifs politiques vont donner naissance à la rumeur du débarquement imminent des troupes égyptiennes en Algérie. A Alger, au siège du « GG », on connaît la force des symboles et Soustelle ne prend pas le risque de devoir déplorer, après coup, sa négligence. Il décide de mettre les troupes en état d'alerte, tout particulièrement dans le Constantinois, là où l'insurrection donne des signes évidents de nervosité. Des rumeurs courent, en effet, sur la possibilité de troubles à l'occasion de cet anniversaire et quelques renseignements provenant des services donnent un certain poids aux rumeurs... Et, cette fois, les renseignements seront fondés !

A Philippeville, le soleil est accablant, en cette matinée de samedi[72]. Depuis onze heures du matin, des centaines, peut-être des milliers d'Algériens sont massés dans les faubourgs de la ville, encadrés par des djounouds de l'ALN en uniforme et en armes. La tension est grande, les hommes parlent de la guerre sainte dont l'heure est enfin venue, d'une intervention égyptienne, de l'aide américaine. Des femmes et des enfants sont mêlés à cette troupe qui sent l'heure de la vengeance proche. La caserne Mangin, aux portes de la ville, est attaquée en premier, puis viennent les bâtiments du commandant d'armes et du commissariat de police qui abrite aussi les renseignements généraux. Puis ce sont les quartiers d'habitation, sur les hauteurs de la ville, près de la vieille enceinte fortifiée, qui sont touchés. Des maisons sont assaillies, des magasins pillés, des voitures incendiées… Les premiers morts. En centre-ville, on ne comprend pas encore malgré les coups de feu, puis c'est la panique. Les hommes, les femmes cherchent des abris de fortune… « Ce sont les Arabes, ce sont les Arabes » hurlent-ils. Ils arrivent en rangs serrés, chantant l'hymne du vieux PPA, accompagnés du you-you des femmes. C'est un flot dévastateur, armé de fusils de chasse, de faux, de serpes, de pelles aux bords affûtés, de couteaux. Ils marchent comme des fous, hallucinés, hurlant leur haine. La foule veut tuer, elle va tuer, semant la peur et la désolation sur son passage. C'est un combat sans merci qui s'engage car la troupe, mobilisée depuis la veille, est là, prête à la riposte.

---

[72] La description qui suit provient de témoignages ou de travaux d'historiens rassemblés dans l'étude historiographique réalisée par Guy Pervillé sur « l'appel de Constantine et le 20 août 1955 » (guy-perville.free.fr). Se reporter également à l'article de Benjamin Stora, « le massacre du 20 août 1955, récit historique, bilan historiographique » historical reflections, vol 16 été 2010 (univ-paris13.fr/benjaminstora/) ou au livre de Roger Vétillard « Le 20 août 1955 dans le Nord-Constantinois ». Editions Riveneuve. 2013.

Pas très loin de Philippeville, El Halia est attaqué à 11h30. C'est un petit village situé à trois kilomètres de la mer. Vivent là 130 Européens et 2000 musulmans. Les hommes travaillent à la mine de pyrite. Il n'existe aucune différence de salaires entre eux, à poste égal, et tous bénéficient des mêmes avantages sociaux. Ce sont pourtant ces mêmes ouvriers qui vont s'en prendre à leurs camarades européens, des camarades qu'ils côtoient chaque jour. Ils connaissent chaque maison, chaque famille. Ceux qui sont dans la rue sont égorgés par la foule qui hurle au djihad et qui investit les maisons. Six familles sur cinquante survivront au massacre, des familles entières seront exterminées, des enfants égorgés, des femmes éventrées et violées, des hommes mutilés. Les mêmes scènes se déroulent de Constantine à Philippeville : Aïn Abid, Collo, El Arrouch, Oued Zenati, Jemmapes, Catinat, Hammam-Meskoutine...

Parmi les victimes ne figurent pas que des Européens. Le neveu de Ferhat Abbas, Allouah Abbas, membre de l'UDMA, est tué dans sa pharmacie de la rue Clémenceau à Constantine. L'ancien député Hadj Saïd Chérif sera atteint de plusieurs balles. On retrouvera sur le cadavre de l'un des assaillants une liste de tous les élus musulmans à abattre, et elle est longue. Dans cette liste figure le nom de Ferhat Abbas.

La répression s'abat, dure, impitoyable pour toute personne suspectée d'avoir participé à l'émeute. A Philippeville, des centaines de prisonniers sont emmenés dans des casernes ou au stade municipal (le stade Cuttoli). Des cadavres d'hommes tombés lors de la riposte militaire, en ville même, sont alignés dans le stade. Des « GMC » chargés de prisonniers sillonnent les rues. A quelques kilomètres de là, près du cimetière de Zef-Zef, des hommes, des femmes et des enfants sont poussés le long de fosses creusées par le bulldozer de l'Ecole d'Agriculture. Beaucoup seront fusillés sur place et recouverts de terre par le même bulldozer. Dans le quartier des « carrières romaines », à Beni-Melek ou à la Cité indigène, des hommes sont embarqués qui ne reviendront jamais, leur habitation sera incendiée[73].

Mais le « nettoyage », horrible mot qui laisse supposer le pire, souvent à juste titre, n'est pas terminé pour autant. Les opérations militaires ne cesseront que le 28 août. Les milices civiles, encouragées par le maire de Philippeville, Benquet-Crevaux, multiplient les ratonnades, dont le nom n'a pas encore été inventé mais qui sera promis à un grand avenir.

Bilan : 123 civils français, 36 civils musulmans et 45 membres des forces de l'ordre ont été tués par les foules armées et encadrées par le FLN. Un bilan qui varie de quelques unités selon les sources mais qui reste un bilan bien plus lourd qu'à Setif, en 1945. Côté insurgé, le bilan officiel sera de 1273 morts. « *A chaud, l'ALN parle de 10 000 victimes, puis évoquera rapidement 12 000* » note Benjamin Stora. Il précise d'ailleurs que les messalistes, peut-être pour ne pas être en reste, vont parler de 15 000 victimes[74]. Hélas, cette surenchère n'évitera pas, quelques mois plus tard, le massacre des fidèles de Messali à Melouza. En réalité, le bilan des victimes musulmanes n'a jamais pu être établi. Pour Benjamin Stora, « *il se situe sans doute à mi-chemin des chiffres officiels de l'armée française et des 12 000 chahids (martyrs) comptés par le FLN, puisque c'est ainsi qu'il les nomme*[75] ».

Informé dans l'heure qui suit, Soustelle part immédiatement pour Constantine accompagné de son conseiller aux questions de sécurité, Henri-Paul Eydoux, du colonel Constans chef de son cabinet militaire et du lieutenant Bey-Boumezrag. Pressent-il, à ce moment-là, que tout a basculé ?

---

[73] Michel Mathiot. « Monographie micro-historique de Philippeville au moment du 20 août 1955 » consultable sur le site etudescoloniales.canalblog.com/archives

[74] Benjamin Stora. Historical Reflections. Eté 2010.

[75] Benjamin Stora. Op. cit.

Certainement pas. Les stratégies mises en œuvre au sein des divers groupes organisant la rébellion ne lui sont pas familières. Il sous-estime le nationalisme, on l'a vu, et toute son énergie est mobilisée pour l'amélioration du sort des populations musulmanes. Il ne mesure pas quelle ampleur a prise la haine et comment celle-ci peut s'enflammer facilement.

A son arrivée, la ville est comme frappée de stupeur, vidée de ses habitants. Il rencontre toutes les autorités militaires et civiles, se rend à l'hôpital de la ville où il encaisse un premier choc. Le lendemain, il va sur les lieux des massacres, à El Halia, Aïn Abid et Oued Zenati. Ce qu'il voit est insupportable, il le ressent de manière bien plus grave, plus profonde qu'il ne le laisse paraître, même si un malaise le trahit pendant un court moment. Un an plus tard, revenu en France, il écrira *« les cadavres jonchaient encore les rues. Des terroristes arrêtés, hébétés, demeuraient accroupis sous la garde des soldats. Alignés sur des lits, dans des appartements dévastés, égorgés et mutilés, les morts offraient le spectacle de leurs plaies affreuses. Le sang avait giclé partout, maculant ces humbles intérieurs, les photos pendues au mur, les meubles provinciaux, toutes les pauvres richesses de ces colons sans fortune*[76] ».

Soustelle voit tout, écoute tout, boit la coupe jusqu'à la nausée, et ce n'est pas une figure de style. Il comprend alors qu'il aura du mal à protéger les musulmans encore acquis à la réforme... s'il en reste. Il sait qu'il aura à se battre contre les élus du premier collège chauffant les pieds-noirs à blanc. Soustelle revient à Alger bouleversé. Il y a en lui quelque chose de changé. C'est l'intellectuel humaniste confronté à la barbarie. C'est l'homme d'ordre qui se révèle définitivement. Germaine Tillion, observant Jacques Soustelle à son retour, croit comprendre *« qu'il a choisi. Il n'est plus capable de*

---

[76] Jacques Soustelle. « Aimée et souffrante Algérie ». Editions Plon-Paris. 1956.

s'élever au-dessus de la mêlée[77] ». Elle demeurera pourtant à ses côtés jusqu'en février 1956, écartelée entre son amour de la justice et celui de sa patrie, elle ne veut renoncer ni à l'un ni à l'autre.

Ebranlé, sans aucun doute, mais ne manifestant aucune faiblesse, Soustelle donne des ordres pour que les coupables soient châtiés. Il donne le feu vert à la répression mais la limite à une semaine, jusqu'au 28 août, il couvre l'exécution des prisonniers et la destruction des maisons où ils résidaient au nom de ce funeste principe de « responsabilité collective » qui, depuis la Toussaint 1954, a déjà fait tant de dégâts. Mais il donne également l'ordre de désarmer les pieds-noirs et s'oppose à l'effacement du pouvoir civil au profit du pouvoir militaire. C'est Robert Lacoste, son successeur, qui le fera un an plus tard, sur injonction du gouvernement de Guy Mollet.

Lorsqu'il découvre l'article d'un certain François Sarrazin, pseudonyme qui cache avec une certaine ironie grinçante l'identité de son véritable auteur, Vincent Monteil, son ancien conseiller au sein de son cabinet[78], il a un mouvement de révolte. Non, décidément, trop c'est trop. Cet article préparé pour la revue « Esprit » déplore tout d'abord « *que l'on ne se soit pas demandé à quel degré d'exaspération de paisibles fellahs en étaient arrivés* ». Soustelle peut admettre cette interrogation, mais refuse la suite : « *la vraie raison d'une pareille explosion de haine n'est autre que le choc en retour des crimes commis et des humiliations subies* ». Humiliations !

---

[77] Germaine Tillion. « Les ennemis complémentaires ». Editions Tirésias. Préface de Jean Daniel. 2005. Nouvelle édition reprenant le texte initialement paru en 1960 mais comportant des changements : textes nouveaux et notes nouvelles.

[78] Vincent Monteil, catholique fervent, se fera convertir à l'islam, en 1977 à Nouakchott, sous le nom de Vincent-Mansour Monteil. Vincent et Mansour sont deux prénoms identiques signifiant « victoire » divine.

C'est justement cette situation que combat Soustelle, c'est cette volonté qui constitue la chair de son « plan »… Mais parler de crimes après ceux commis dans la région de Philippeville en rejetant ainsi la faute du massacre sur les pieds-noirs, c'est plus que n'en peut supporter le gouverneur général. Manifestement, et avant que la mode ne s'installe, la voix de la repentance se faisait déjà entendre, mais à bas bruit. Coupable, forcément coupable disent ceux qui battent leur coulpe sur la poitrine du voisin. Vincent Monteil ira d'ailleurs plus loin, parlant des pieds-noirs comme les auteurs ou les complices de la plus révoltante injustice coloniale. Et il poursuit, dans le registre de l'insulte raciste : « *quant à leur fréquentation quotidienne, elle est difficilement soutenable pour qui n'apprécie pas la suffisance, l'ignorance et cet accent à couper au couteau*[79] ».

Soustelle n'est pas le seul à s'indigner de tels propos et à refuser la logique qu'ils sous-tendent. Pour Albert Camus, le « suffisant et l'ignorant » vomi par Monteil, cette attitude est insupportable. Dans ses « chroniques algériennes », il souligne que « *si certains Français considèrent que la France, et elle seule, est en état de pêché historique, ils n'ont pas à désigner les Français d'Algérie comme victimes expiatoires. Ils doivent s'offrir eux-mêmes à l'expiation*[80] ».

Zighoud Youcef[81], le chef de la willaya II qui mena l'assaut contre Philippeville et les dizaines de petites villes dispersées dans la région, a gagné son pari. Il est loin des états d'âme qui agitent Vincent Monteil. Pour lui, « *Il fallait créer une situation d'insécurité et de peur telle que toute activité*

---

[79] Vincent Monteil. « Soldat de fortune ». Editions Grasset. 1966.
[80] Albert Camus. « Chroniques algériennes-Actuelles III » Editions Gallimard, collection folio essais.
[81] Le village natal de Zighoud Youcef, Condé-Smendou, porte aujourd'hui son nom.

soit impossible, en dehors des villes, après cette action[82] ». C'est réussi ! Entre les deux communautés qui vivaient côte à côte et qui travaillaient ensemble, comme à El Halia dans la fraternité ouvrière, s'est creusé un abîme qui ne pourra plus être franchi, sauf comme autant d'exceptions.

« *S'il est vrai, remarque Guy Pervillé, que les consignes données à l'armée française dépassent les lois de la guerre définies par les conventions internationales, il n'en est pas moins vrai que les massacres des civils français les dépassent encore plus gravement en inaugurant un nouveau type de guerre que l'on pourrait qualifier de guerre race contre race*[83] ». Un peu comme si la lutte contre le colonialisme ne devenait tout à coup qu'une simple pétition de principe et, dans les faits, s'effaçait devant la chasse à l'Européen, au « Roumi ». Cette attitude résonnera en écho chez certains pieds-noirs.

Une fois indépendante, l'Algérie a fait de cette date du 20 août une fête nationale. Mais de quel 20 août se souvient-on à l'occasion de la « journée des moudjahidin » ? Il y a, en effet, trois 20 août dans l'histoire de la guerre d'indépendance : celui de 1955, dont nous venons de parler, suivi du 20 août 1956, anniversaire du congrès de la Soummam, premier congrès du FLN, et celui du 20 août 1957, anniversaire du congrès du CNRA (Conseil national de la révolution algérienne) qui s'est tenu au Caire. En réalité, ces trois dates sont liées entre elles puisque les 20 août 56 et 20 août 57 ne sont qu'une référence explicite au 20 août 1955.

Que met-on en valeur, aujourd'hui, à l'occasion de la fête des moudjahidin ? L'anniversaire du congrès de la Soummam et le souvenir d'Abane Ramdane, son initiateur[84], ou l'anniversaire

---

[82] Cité par Yves Courrière. Op. cit.
[83] Guy Pervillé, préface au livre de Roger Vétillard « le 20 août 1955 dans le Nord-Constantinois, un tournant dans la guerre d'Algérie ». Op. cit.
[84] Le congrès de la Soummam est l'œuvre politique d'Abane Ramdane, il donne la priorité au politique contre le militaire, et la plateforme adoptée

des massacres de Philippeville et de ce qui s'en est suivi ? La question n'est pas neutre. Manifestement, le 20 août 2010, le fléau de la balance penchait en faveur de Zighoud Youcef puisque le journal algérois francophone, « Le Matin », décida de célébrer le 55ᵉ anniversaire du 20 août 55 par un véritable hommage à la violence, comme si l'Algérie n'en avait pas assez souffert. Elle est saluée avec, en appui, « la » citation obligée du psychiatre Frantz Fanon, une citation pour le moins contestable : « *la décolonisation est toujours un phénomène violent, elle participe à la création d'hommes nouveaux*[85] ». Le Matin passe sous silence, et c'est tant mieux, une phrase particulièrement révoltante du même Fanon : « *la vie ne peut surgir que du cadavre décomposé d'un colon* ». Mais le Matin se sent obligé d'ajouter son propre commentaire « *la violence est l'instrument d'une double opération libératrice, l'une dirigée contre le colonisateur, l'autre visant à la transformation du colonisé lui-même*[86] », paraphrasant ainsi ce qu'avait dit Sartre en préfaçant l'œuvre de cet étrange psychiatre : « *Il faut tuer : abattre un Européen c'est supprimer un oppresseur et un opprimé. Restent un homme mort et un homme libre* ».

Zighoud Youcef ne connaissait peut-être pas Frantz Fanon mais il n'en a pas moins suivi à la lettre les messages de haine et de mort du nouveau maître à penser du tiers-mondisme. Il fallait faire peur aux Européens et aux Algériens confondus, il a réussi au-delà de toute espérance. Il

---

précise : « la révolution algérienne veut conquérir l'indépendance nationale pour installer une République démocratique et sociale, garantissant une véritable égalité entre tous les citoyens d'une même patrie sans discriminations. La révolution algérienne n'est pas la restauration d'une théocratie révolue ». Un congrès qui interroge par ailleurs Zighoud Youcef et Ben Tobbal sur le bien-fondé du 20 août 1955. Une biographie d'Abane Ramdane a été rédigée par Khalfa Mameri : « Abane Ramdane, héros de la guerre d'Algérie ». Editions L'Harmattan. 1988.
[85] Frantz Fanon. « Les damnés de la terre ». Editions Maspero.
[86] Le matin.dz. Mis en ligne le 20 août 2010.

fallait empêcher que se constitue une troisième force composée d'Algériens démocrates, il a réussi. Il fallait radicaliser les communautés et les monter les unes contre les autres, il a réussi. Il fallait conduire Soustelle à l'échec, il a réussi. Il fallait internationaliser le problème, il a réussi puisque l'ONU a mis ce sujet à son ordre du jour le 30 septembre 1955.

Le tournant du 20 août 1955 est indéniable. Pour Mohammed Harbi, « *ce tournant se concentre essentiellement sur la condamnation de la troisième force illustrée par les tentatives d'entente entre Jacques Soustelle et les représentants de toutes les tendances politiques nationalistes entre mars et mai 1955. Pour parvenir à cette condamnation, il fallait que les couches moyennes basculent et elles ne pouvaient le faire que lorsqu'elles comprendraient, apeurées par la violence, que le moment était venu de choisir*[87] ».

Désormais, « *c'est l'impulsif sans limite qui domine*[88] ». Cet impulsif, dont parle Harbi, a des racines profondes dans la conscience des masses formatées par l'islamisme. Mahfoud Kaddache le confirme : « *L'insurrection du Nord-Constantinois possède ce caractère populaire qui faisait défaut au 1er novembre... Les maquisards veulent être les seuls à parler au nom des Algériens et c'est la logique du « djihad » qui va prévaloir*[89] ». Les partisans de la France et les modérés seront traités en renégats et voués à la mort. « *Désormais prévaudra la théorie des deux camps*[90] ». Effrayés, les chefs de file du natio-

---

[87] Mohammed Harbi. « 1954, la guerre commence en Algérie ». Bruxelles, Editions Complexe. 1998.
[88] Mohammed Harbi. Op. cit.
[89] Mahfoud Kaddache. « Et l'Algérie se libéra ». Editions Paris-Méditerranée, Paris, et EDIF 2000, Alger. Dans cet ouvrage paru en 2002, l'auteur confirme que les attaques du 20 août se déroulèrent aux cris « Allah Akbar » et « et Djihad fi sabil Allah », relayés par les appels du muezzin dans bon nombre de mosquées (Robertville, Saint-Charles...).
[90] Mohammed Harbi. Op. cit.

nalisme modéré préféreront se protéger du FLN... en le rejoignant.

Le 20 août 1955 pourrait représenter le véritable début de la guerre d'Algérie. C'est en tout cas une étape nouvelle. C'est ce qu'affirme Benjamin Stora quand il pointe les premières conséquences de cet événement : « *l'envoi des rappelés, l'extension de l'état d'urgence à toute l'Algérie et la montée en puissance des militaires dans la prise de décision politique*[91] ». Autre conséquence, et pas la moindre, la disparition de la troisième force. Au total, cela fait beaucoup ! Plus rien, désormais, ne sera comme avant...

Demain, la porte du gouverneur général sera fermée à ceux qui ne condamnent pas les massacres du 20 août. Loin, très loin, le gouvernement d'Edgar Faure réagit sans bien comprendre encore le tournant que vient de prendre la guerre d'Algérie. D'ailleurs, il n'y a pas de guerre, dit-il aux Français, alors qu'il vient de mobiliser un demi-contingent, soit 60000 hommes. 100000 soldats étaient présents au printemps, ils seront 160000 après le 20 août.

LE BRAS DE FER ABANE RAMDANE-JACQUES SOUSTELLE

Un mois, un tout petit mois, va suffire pour anéantir le travail de Jacques Soustelle, même s'il affiche en toutes circonstances un optimisme de commande. Celui qui aura raison du gouverneur général n'est pas un de ses interlocuteurs habituels, ni même un élu de l'Assemblée algérienne, c'est un petit homme qui sort de la prison de Haguenau, en Alsace, après avoir purgé sa peine pour appartenance à l'OS (organisation secrète, bras armé du MTLD) et qui rejoint en février 1955 sa Kabylie natale. Il précède de quelques jours Jacques Soustelle sur le sol algérien. Cet homme, Abane

---

[91] Benamin Stora. Op. cit.

Ramdane[92], va vite occuper une place incontournable au sein du FLN... si incontournable qu'il sera assassiné, fin décembre 1957, par ceux qu'il croyait être les siens, Krim Belkacem et Ben Tobbal, entre autres. Ben Tobbal qui, au congrès de la Soummam, avait dû subir les questions de Ramdane sur le 20 août 1955.

Sans se connaître, Jacques Soustelle et Abane Ramdane vont désormais se livrer une lutte sans merci. Le premier veut renforcer à tout prix les liens qu'il a réussi à tisser avec de nombreuses personnalités algériennes, pour peu qu'elles ne soient pas inféodées à l'insurrection, l'autre va parfaitement saisir le danger que représente pour le FLN la naissance d'une troisième force. Dans l'immédiat, Abane Ramdane n'est pas pressé de multiplier les attentats contre les civils à Alger, il trouve même cela contre-productif. Ce qu'il veut, c'est intimider les notables algériens, leur faire peur et les faire renoncer à tout contact avec Soustelle ou ses représentants. Il y parvient et, très vite, un climat de peur, d'insécurité et de méfiance s'installe, rendu plus facile encore par l'emprisonnement des dirigeants du MTLD[93] et l'incapacité où ils sont d'organiser une réponse collective. Reste, dans le paysage politique légal, l'UDMA de Ferhat Abbas. Est-il déjà en pourparlers sérieux avec le FLN dès avant le 20 août ? A-t-il été happé par l'organisation clandestine à la suite de l'assassinat de son neveu, à Constantine, ce même 20 août, et par la peur provoquée par sa condamnation à mort trouvée, dactylographiée, dans la poche d'un assaillant ? Soustelle croit à cette dernière hypothèse, même

---

[92] Né en 1920 près de Fort-National, il entre au PPA (Parti populaire algérien) en 1945. Impliqué dans l'OS, il est condamné à six ans de prison. Libéré en janvier 1955, il deviendra très vite le principal stratège du FLN. Voir : « Abane Ramdane, héros de la guerre d'Algérie » par Khalfa Mameri, Op. cit.
[93] Voir chapitre 2.

s'il ne méconnaît pas les contacts qu'il a pris avec les rebelles, sans en connaître exactement la nature. Il reste sur l'impression de franchise laissée par ses rencontres avec le dirigeant de l'UDMA. Lorsqu'ils se sont vus, pour la première fois, Ferhat Abbas lui aurait dit « *Nous sommes tous des fellaghas, monsieur le Gouverneur. Ceux qui sont courageux ont pris les armes, ceux qui le sont moins sont dans votre cabinet et vous font face*[94] ». Soustelle, sous ses airs distants et un peu froid, est un homme qui accepte qu'on lui tienne de tels propos. Il reconnaît la sincérité lorsqu'il la rencontre. Il va, cependant, assez vite perdre ses illusions. A l'annonce de la mort de son neveu, Soustelle lui envoie un télégramme de sympathie. Reçu au « GG » peu après, le leader de l'UDMA exprime son indignation : « *Ah ! Les salauds ! Les bandits !* » répète-t-il à plusieurs reprises. Mais, stupéfait, Soustelle lira, dix jours plus tard, dans « La République algérienne » un article qu'il attribue à Ferhat Abbas célébrant les mérites d'Allaoua Abbas et imputant sa mort « *à une conjuration colonialiste et policière* ».

En 1980, en publiant « l'autopsie d'une guerre », dédié notamment à Abane Ramdane, Ferhat Abbas éclaire définitivement cette question chronologique. Lui qui, au début de l'insurrection, ne voit dans les attentats individuels que « désordre et aventure », attend beaucoup de Pierre Mendès-France et de son représentant en Algérie, Jacques Soustelle. Très vite, pourtant, il croit comprendre que le gouverneur général sera incapable de faire accepter les changements indispensables à ceux qui font l'opinion chez les pieds-noirs, les Borgeaud, Mayer ou de Sérigny. Il le regrette : « *Soustelle est un grand monsieur, c'est un député de grande classe et il ne manque pas de bonne volonté. Et cependant il va se briser les reins, parce que les tenants du régime colonial interdisent à qui*

---

[94] Ferhat Abbas. « Autopsie d'une guerre. L'aurore ». Editions Garnier.

que ce soit de toucher, même d'une main légère, à "leur" Algérie française[95] ». Devant son « impuissance », poursuit-il, il ne ferait que manipuler les Algériens pour isoler le FLN. Abbas se trompe, Soustelle ne manipule rien ni personne, il veut sincèrement convaincre les Algériens, et en tout premier lieu les élites algériennes, du bien-fondé de sa cause, celle de l'intégration. Comme il aimerait convaincre les porte-parole de la communauté pied-noir.

C'est le 26 mai 1955 que Ferhat Abbas rencontre Abane et un autre dirigeant du FLN, Ouamrane, à son domicile algérois. Lors de cet entretien avec les deux responsables du FLN, Ferhat Abbas accepte d'aider les maquis en leur fournissant argent et médicaments. En retour, le chef du FLN l'assure que la poursuite de ses contacts ne le gêne pas, à condition qu'il ne s'engage pas sur le principe d'une quelconque négociation sans passer par lui. Ferhat Abbas donne des assurances en ce sens.

Au même moment, peut-être à moitié dupe du jeu de son interlocuteur, Jacques Soustelle écrit à Bourgès-Maunoury, ministre de l'Intérieur, qu'une action contre Ferhat Abbas, donc contre l'UDMA, ne serait pas la bienvenue même s'il précise ne rien ignorer des contacts pris par l'ancien pharmacien de Sétif. Il attend de lui un changement d'attitude. Excès d'optimisme, aveuglement. Qui sait ? Il semble donner crédit à la démarche volontariste que Ferhat Abbas engage à Paris auprès de nombreux hommes politiques français : Borgeaud, Mayer, Chevallier pour les élus d'Algérie, Michelet, Pineau, Hamon, le maréchal Juin, Reynaud, Pleven, Schuman pour les plus connus, et même le sénateur Michel Debré, résolument partisan de l'Algérie française et patron d'un petit journal, « le courrier de la colère », qui défend cette thèse. Soustelle, de passage à Paris, le reçoit

---

[95] Ferhat Abbas. Op.cit.

également. A tous ses interlocuteurs, Ferhat Abbas répétera qu'il considère l'intégration comme étant dépassée et qu'il faut aller, désormais, vers un Etat associé.

Malgré le 20 août et l'assassinat de son neveu, malgré les menaces qui pourraient encore peser sur lui, Ferhat Abbas resserre ses contacts avec le FLN. Le vide laissé par les militants qui, un à un, rejoignent le « Front » n'y est pas pour rien, comme la peur qu'il inspire. Les reclassements vont aller très vite mais ce n'est que le 22 avril 1956, en compagnie d'Ahmed Francis[96], que Ferhat Abbas annoncera officiellement, depuis Le Caire, son ralliement au FLN.

Le ralliement de Ferhat Abbas est un succès à mettre au compte d'Abane Ramdane. Certes, ce sont bien souvent des généraux sans troupes qui rejoignent le FLN mais peu importe. Ce sont des ralliements fortement médiatisés et des compétences qui sauront, le moment venu, être mises à contribution par l'insurrection. Ils contribuent, surtout, à priver le gouverneur général de toute solution possible. Ce qui est, somme toute, l'objectif essentiel d'Abane Ramdane.

En même temps que l'UDMA, il veut emporter le ralliement des cadres du MTLD. A Alger, lorsque débute l'insurrection, Ben Khedda et Kiouane[97] se réfugient dans l'attentisme. Arrêtés avant l'arrivée de Soustelle, ils seront libérés grâce à ses interventions multiples, en mars et en mai 1955. Une fois libre, Kiouane défendra longtemps une position proche de l'autonomie interne. Ben Khedda, lui, rencontre très vite Abane Ramdane. Il lui propose de tra-

---

[96] Ahmed Francis est né à Relizane en 1912. Médecin, il exercera sa profession à Sétif où il se lie d'amitié avec Ferhat Abbas. Membre fondateur de l'UDMA en 1946. Après son ralliement au FLN, il occupe diverses fonctions officielles puis devient membre du GPRA. Il participe au début des négociations d'Evian puis est démis de ses fonctions après la destitution de Ferhat Abbas. Il meurt à Genève en 1968.

[97] Voir chapitre 2.

vailler à la création d'un grand parti légal, rassemblant tous les courants du nationalisme et qui serait l'expression politique de l'ALN (Armée de libération nationale), un peu sur le modèle du Sinn Féin irlandais et de l'IRA. C'est aussi, d'une certaine manière, une répétition du rapport qui a existé entre le MTLD et l'OS, avant que cette dernière ne s'effondre au début des années cinquante. Ce nouveau parti deviendrait alors le seul interlocuteur légitime pour de futures négociations. Cette proposition, écoutée poliment par Abane Ramdane, n'a pas son assentiment, même s'il n'en dit rien. Son seul objectif consiste à faire du FLN, tel qu'il est, la seule force politique susceptible de traiter avec les autorités françaises. La rumeur veut qu'il aurait cependant chargé le journaliste Robert Barrat, à l'occasion d'un reportage qu'il réalisait dans le maquis, à Palestro, de faire passer l'idée de Ben Khedda à Soustelle. Le message ne serait jamais arrivé à son destinataire, la porte du gouverneur général lui ayant été fermée. Admettons ! Si cette tentative a bien eu lieu, n'était-ce qu'un ballon d'essai, un rideau de fumée ? Les deux peut-être. Résultat concret, rien ne bouge. Ben Khedda n'est visiblement pas rancunier à l'égard d'Abane Ramdane puisqu'il rejoint alors le FLN où il accédera à des postes de responsabilité.

Adieu le Sinn Féin algérien ou la renaissance du MTLD… Mais, à coup sûr, deuxième victoire d'Abane Ramdane et renforcement du FLN au détriment de tous les autres courants nationalistes.

La troisième concernera les Oulémas[98]. Leur association est née en 1931 et s'inspire d'un courant prêchant le retour à

---

[98] L'association des Oulémas est un mouvement actif dans la vie politique et religieuse de l'Algérie, considéré comme l'une des racines du mouvement islamiste algérien. Les Oulémas s'en différencient cependant par leur modernisme. Par ailleurs, leur enseignement sape l'islam traditionnel institutionnalisé.

la pureté originelle de l'islam et à la renaissance arabe, un courant venu du Moyen-Orient sur le modèle des « frères musulmans ». Avant même la création officielle de l'association, les islamistes algériens luttaient contre la loi de 1919 offrant aux « indigènes » musulmans la possibilité de devenir citoyen français à condition qu'ils renoncent à leur statut personnel codifié par le droit coranique, ce qui s'est fait, d'une certaine manière, pour les autres « indigènes » que sont les juifs. Les islamistes ne veulent ni francisation, ni assimilation qu'ils pressentent être une arme redoutable contre leurs propres intérêts. Les autorités françaises autorisent cependant la fondation de la confrérerie des Oulémas. Ben Baddis en sera la premier président et leur devise a le mérite de la clarté : « *Ma religion, c'est l'islam. Ma langue, c'est l'arabe. Ma patrie, c'est l'Algérie* ». Les Oulémas vont entretenir des rapports difficiles, parfois tendus, avec les autorités françaises qui constatent, peut-être un peu tard, que le dispositif mis en place par les « frères » sape celui de l'islam « officiel » installé par leurs soins de manière bien antérieure : fonctionnaires du culte et de la justice que sont les imams, les muftis ou les cadis... et suscitent l'hostilité des confréries rivales liées à ces institutions.

Pour Abane Ramdane, les Oulémas doivent maintenant choisir et sortir une fois pour toutes de l'ambiguïté. Ayant des rapports de confiance avec l'UDMA, et ayant sans doute mesuré les risques d'une opposition aux hommes du maquis, les Oulémas vont suivre son exemple. Ils ne l'annonceront qu'à la fin de l'année 1955, peu de temps avant le départ de Jacques Soustelle. Cet ultime échec, l'impossibilité évidente d'isoler le FLN des autres partis ou courants algériens sonne le glas des espérances du gouverneur. Pour la troisième fois Abane Ramdane gagne la partie. Lui, que personne ne connaît, se révèlera comme l'un des plus fins politiques du FLN. Il le prouvera au congrès de la Soummam.

La troisième force s'est envolée et avec elle les espoirs d'une solution raisonnable pouvant satisfaire chacun des habitants de cette terre d'Algérie que tous chérissent ! Mais le dernier mot n'a pas encore été prononcé, reste le terrain des institutions, celui des assemblées élues, où il est encore possible, croit toujours Jacques Soustelle, de surmonter les difficultés et de faire passer les éléments essentiels de sa réforme, sinon le plan tout entier. Le croire, c'est méconnaître la force du refus. Ces réformes, personne n'en veut, ni le FLN qui est parvenu à persuader les modérés de le rejoindre, ni les dirigeants politiques européens focalisés, pour l'essentiel, sur la riposte à apporter aux attentats et aux crimes qui n'ont pas cessé depuis le 20 août. Ce double refus va d'ailleurs s'exprimer sous peu, dans un bel élan d'unanimité.

Si rien ne marche, subsiste cependant le terrain militaire. L'armée, elle, sera toujours là. Qui pourrait imaginer qu'elle puisse, un jour, faire défaut comme le font quotidiennement les politiciens ! Le passage progressif à l'état de guerre risque d'être le prix à payer pour l'incurie sans limite dont fera preuve le gouvernement d'Edgar Faure. Incurie doublée de couardise. Fondamentalement, sauf rares exceptions, celle de Bourgès-Maunoury par exemple, qui continue à défendre l'idée d'intégration parce que ne pas le faire serait faire le jeu de la désintégration, le gouvernement d'Edgar Faure repousse, sans le dire, l'idée d'intégration. Il écoute ceux qui disent que cela signifierait « l'arabisation » de nos institutions, il se montre frileux devant les dépenses « excessives » demandées par Soustelle... Il ne veut pas mais se tait. Pire, il encourage verbalement Soustelle et le laisse se débattre entre deux feux, il laisse pourrir la situation en attendant l'inévitable drame.

LA MOTION DES 61

Après le 20 août, la présence massive du contingent, recruté par le rappel de plusieurs classes de disponibles, rend sensible la perception des « événements » d'Algérie. Pour une classe d'âge, ces événements deviennent la guerre d'Algérie[99]. Ceux nés en Algérie se voient rappelés par le décret du 21 mai 1955 au sein de bataillons de protection rurale, qui deviendront les « Unités territoriales » en 1956. Les métropolitains seront rappelés par les décrets des 24 et 25 août 1955. Ils découvrent alors la réalité du conflit. Des actes de révolte et d'insubordination se développent, parfois à l'initiative du Parti communiste français, parfois spontanément. Ils sont repris par la presse qui parle, de manière un peu abusive, de « mutineries ». Néanmoins, l'atmosphère devient pesante et très vite bon nombre de familles se rangeront aux côtés de ceux qui réclament « la paix en Algérie ».

« *J'ai pensé, à ce moment-là, dira plus tard le maire d'Alger, Jacques Chevallier, que tout craquait, que tout se gâchait irrémédiablement. Je me suis précipité chez Soustelle, je l'ai supplié de réunir cette « table ronde » qu'Abbas et d'autres leaders nationalistes modérés souhaitaient, sinon il serait trop tard. C'est déjà trop tard, m'a répondu Soustelle. Maintenant, c'est la guerre, il faut la faire*[100] ».

Mais si Soustelle assume la guerre, verbalement du moins, ses préférences vont vers d'autres solutions et en particulier celles de la raison. Il ne renonce pas, en particulier, à vouloir faire adopter son plan, à Alger comme à Paris, par les représentants élus des assemblées, algérienne et nationale. Il assume l'arrivée de 60 000 nouveaux militaires mais espère

---

[99] Elle le deviendra officiellement sous le gouvernement de Lionel Jospin, le 8 octobre 1999.
[100] Cité dans l'ouvrage de Mohammed Harbi « 1954. La guerre commence en Algérie ». Op. cit.

que cette présence massive suffira à intimider et donnera, ainsi, le temps d'aller vers une solution politique.

A Paris, dans le même temps, se développe une campagne de presse contre la répression militaire et le retour des rappelés. Soustelle fait front, les images d'El Halia encore gravées dans sa mémoire : « *Alors que les massacres viennent d'avoir lieu, il semblerait, note-t-il, que France-Soir ou Le Monde fassent tout leur possible pour détourner l'attention publique des atrocités commises pour la transférer sur les horreurs de la répression [...] au bout d'un certain temps, on ne se souvient plus des premières victimes, comme s'il n'y avait jamais eu de massacre du 20 août, et que l'armée se soit jetée sans raison et sans provocation à l'assaut de malheureux. Et quand on se souvient des premières victimes, ce sont elles qui deviennent coupables*[101] ».

Cette campagne va durer tout le mois de septembre et on verra, souligne Soustelle, se développer une étonnante confusion mentale : « *Des pacifistes applaudissent à la violence, sauf si elle est française, des progressistes se trouvent à l'aise avec le chaos venu d'un autre âge, des internationalistes s'agenouillent devant le nationalisme des autres*[102] ». La présence à Paris d'élus algériens, conduits par Bendjelloul ou Ferhat Abbas, n'y est pas pour rien. Accueillis favorablement dans beaucoup de rédactions, ils répètent que l'intégration est finie.

Jacques Soustelle, également présent à Paris, ne court pas les salles de rédaction mais examine, avec le gouvernement, la situation nouvelle créée en Algérie. Il reçoit alors, il était temps, le feu vert d'Edgar Faure pour que les réformes contenues dans son plan soient présentées, en l'état, à l'Assemblée algérienne.

---

[101] Jacques Soustelle. « Aimée et souffrante Algérie ». Op. cit.
[102] Jacques Soustelle. « Aimée et souffrante Algérie ». Op. cit.

De retour en Algérie, le député Bendjelloul convoque ses collègues du département de Constantine, le 8 septembre, dans une salle du conseil général. Ils ne sont qu'une douzaine mais décident de convoquer à Alger, le 26 septembre, à la veille de la date fixée pour la rentrée de l'Assemblée algérienne, tous leurs collègues élus sur l'ensemble du territoire algérien avec un ordre du jour précis : protestation contre la répression impitoyable et les massacres massifs qui se sont déroulés dans le Constantinois. La machine infernale du temps repart de plus belle !

Encouragé, ici et là, et depuis longtemps, par beaucoup d'élus musulmans, Soustelle ne veut pas imaginer que son plan ne puisse pas passer, mais il sait aussi qu'il y a eu le 20 août. De nombreux nationalistes modérés, terrifiés, décident de s'aligner sur les propositions intransigeantes prises par le FLN, alors qu'ils s'y opposaient il y a encore peu de temps. La crainte des représailles est telle qu'il ne leur semble pas possible de faire autre chose que de suivre et, ainsi, se protéger.

L'Assemblée algérienne s'est séparée normalement au début de l'été. Son règlement stipule qu'elle ne peut pas être convoquée en session extraordinaire sans l'avis du bureau de l'Assemblée présidé par le gouverneur général. Le 11 juillet, lors d'une première réunion, ce bureau avait décidé que la session extraordinaire devant se saisir des projets du gouverneur serait fixée au 27 septembre, et pas plus tôt, en raison… des vacances scolaires. Le bureau de l'Assemblée, réuni une nouvelle fois le 21 septembre pour faire le point, est informé par le nouveau président de cette Assemblée, Saïah Abdelkader, qu'une proposition « de modification des statuts de l'Algérie » serait déposée par l'ancien président Laquière. Cette proposition est assortie d'une demande de discussion d'urgence. Est-ce une manœuvre des ultras, une sorte de « question préalable » destinée à faire capoter le plan de réformes ? Soustelle, en apprenant cette nouvelle et en comprenant bien le risque que représente l'addition des voix des mécontents, continue de croire et espère encore que se dégagera, malgré tout, une majorité à l'Assemblée. Il est persuadé que le premier collège, celui des Européens, l'approuvera dans sa majorité même si certains de ses membres estiment que ces réformes sont prématurées. Quant au deuxième collège, ses membres les plus influents ont accueilli avec faveur le plan quand ils en ont eu connaissance. Les récents événements, aussi terribles soient-ils, ne devraient pas faire évoluer cette situation. Et pourtant…

Le 25 septembre, un petit groupe d'élus « ultras » du premier collège, baptisé « union française nord-africaine », vote une résolution selon laquelle « *il serait indigne de l'Algérie et de la France de discuter un plan quelconque de réformes sous la menace et la pression du terrorisme*[103] ». En conséquence, ces élus demandent à l'Assemblée d'ajourner l'examen des projets.

Que rêver de mieux, pour les élus du deuxième collège déjà soumis à la pression du FLN ? Ils s'emparent de cette motion et mettent en avant le fait que les Européens ne songent qu'à la seule répression. C'est pain béni, en tout cas, pour Bendjelloul qui réunit ses amis le lendemain. Ce jour-là, 26 septembre, soixante et un délégués du deuxième collège, députés, sénateurs ou conseillers de l'Union française, votent une motion qui restera dans la mémoire comme la « motion des 61[104] ». Elle condamne la politique d'intégration, considérée comme dépassée, et affirme que, désormais, la majorité des populations qu'ils représentent est acquise à l'idée nationale algérienne. Ils décident également qu'ils quitteront la séance du lendemain et

---

[103] Cité par Roger Vétillard dans « 20 août 1955 dans le Nord-Constantinois. Op. cit.
[104] Roger Vétillard précise que la « motion des 61 » a, en fait, été adoptée par 25 voix contre 17 et 19 abstentions. La règle de la majorité a joué. Op. cit.

refuseront toute discussion sur les réformes. En vingt-quatre heures, les espoirs de Soustelle s'effondrent. L'alliance de deux intransigeances a porté ses fruits.

La séance est prévue pour le lendemain, 27 septembre, à 16h. Des incidents de séance sont à redouter, organisés par les ultras ou les nouveaux amis du FLN. Mais ce qui est à redouter, avant tout, c'est le départ groupé des élus du deuxième collège, médiatiquement très fort, et aveu d'une rupture éclatante.

En contact permanent avec Paris et avec les représentants des deux collèges, Jacques Soustelle tente de contrôler une situation qui lui échappe totalement. Beaucoup d'élus sont tout à coup effrayés de leur propre audace. Ils aimeraient faire marche arrière car ils voient le sol se dérober sous leurs pas. Le risque d'une guerre civile se profile. Mais il est trop tard pour éviter le choc entre représentants des deux collèges. La lecture des deux motions, le départ d'un groupe, les réactions qui immanquablement suivraient, tout cela peut non seulement déboucher sur des incidents extrêmement graves mais aussi sur une décrédibilisation du gouverneur général.

Soustelle prend alors, au milieu de toute cette confusion, la seule décision possible, la plus sage, celle qui consiste à renvoyer la session à une date ultérieure. C'est un peu botter en touche mais cela donne le temps aux esprits de se calmer. Du moins l'espère-t-il. La décision aussitôt prise, Paris prévenu, Soustelle se rend dans les studios de Radio-Alger lire une déclaration qu'il a écrite sur un bout de table. Après avoir rappelé qu'il venait de surseoir à l'ouverture de la session de l'Assemblée algérienne, il admet volontiers que toute réforme, même raisonnable, soit toujours combattue, « *c'est le sort normal de toute entreprise constructive, poursuit-il. La discussion est saine en elle-même. Ce qu'on ne saurait admettre, c'est le refus de discuter, contraire au bon sens, à l'esprit démocratique et à l'intérêt de l'Algérie. Je tiens à déclarer sans équivoque que notre objectif demeure l'intégration complète et rapide de l'Algérie. Notre but, c'est la paix dans la justice. J'adresse aujourd'hui à tous un appel pressant, j'adjure tous ceux qui détiennent un mandat ou une autorité de mesurer la dimension des périls et de se demander en toute conscience si le moment n'est pas venu de faire taire les discordes et les rancœurs, même légitimes, pour se consacrer à un devoir qui nous dépasse tous. J'aurai pour ma part poussé jusqu'à la limite du possible la volonté de conciliation et d'union... la bourrasque passée, nous pourrons surmonter ensemble le présent pour reprendre notre marche vers l'avenir[105] ».*

LA GAUCHE INTELLECTUELLE REJETTE SOUSTELLE

L'appel au bon sens lancé par Jacques Soustelle, le 27 septembre, reste quasiment lettre morte. Que représente la vingtaine de messages que Soustelle a reçus de la part d'élus algériens le félicitant d'avoir pu empêcher le heurt des extrêmes, que représente la motion du docteur Bensouna, élu de l'Oranie, qui déclare : « *mes raisons d'être en faveur de l'intégration sont de deux sortes, d'ordre sentimental et d'ordre logique. D'ordre sentimental car on ne peut pas renier la France quand on sort de ses écoles... D'ordre logique car la France est aussi nécessaire à l'Algérie que l'Algérie est nécessaire à la France. Je déclare en toute conscience que l'intégration est la seule solution qui permettra d'élever le niveau de vie du prolétariat et d'assurer le plein développement de la personne humaine*[106] ».

Et Abderrahmane Farès[107], signataire de la motion des 61 et futur président de l'Exécutif provisoire algérien né des

---

[105] Jacques Soustelle. « Aimée et souffrante Algérie ». Op. cit.
[106] Jacques Soustelle. « Aimée et souffrante Algérie ». Op. cit.
[107] Proche de la SFIO, Abderrahmane Farès a siégé à la première Assemblée constituante française, en 1946, puis est devenu Président de

accords d'Evian, quel poids a-t-il encore quand il déclare sur Radio Alger : « *Elu libre et indépendant, je n'ai jamais essayé d'exploiter les cadavres dans un but politique. Je me suis battu à visage découvert, lors de la réunion tenue par les élus musulmans d'Algérie, pour l'intégration loyale, franche et intégrale dans la République indivisible. C'est l'idéal de toute ma vie* ».

La question est la même pour Maître Ould Aoudia, secrétaire général du groupe des 61, qui publia une déclaration dans laquelle il expliquait que la position prise par les « 61 » n'était qu'une manière de poser la question algérienne, notamment face aux élus du premier collège, hostiles pour la plupart à l'intégration. Une manière de leur forcer la main alors que, pour lui et ses amis, elle est nécessaire et indispensable.

Ces prises de position ne sont pas négligeables. La parole de ces élus que Soustelle a tant recherchée pour constituer la « troisième force » est à prendre en compte et à respecter au même titre que toute autre prise de position. Elle montre, en tout cas, que « l'élite » algérienne n'a pas encore fait son deuil du « devenir » français de l'Algérie. Elle ne s'est pas encore rangée derrière le FLN, ce qu'elle fera ensuite, individu par individu, par crainte des représailles ou, pire encore, découragée par l'incapacité du gouvernement français à tenir une position sans qu'elle soit immédiatement oubliée ou démentie.

Mais, au total, ces prises de position raisonnables pèsent de peu de poids dans une Algérie saisie tout entière par le vertige de la violence. Elles ne justifient pas l'optimisme un peu forcé de Jacques Soustelle qui pense que, après la bourrasque du 27 septembre, il est possible de reprendre espoir.

La « bourrasque » aura des prolongements qu'était loin d'imaginer Soustelle ! Le 29 septembre, le FLN lance un mot

---

l'Assemblée algérienne en 1953. Partisan de l'intégration, il rejoint le FLN en 1956 et part à Paris poursuivre son métier d'avocat. Une fois l'indépendance venue, il quittera très vite la vie politique.

d'ordre de grève générale. Sans surprise, elle est très suivie dans le Constantinois, moins à Alger et pas du tout à Oran. Pourquoi cette grève, un 29 septembre ? Parce que, le lendemain, s'ouvre une session plénière de l'ONU où la question algérienne pourrait figurer à l'ordre du jour si les délégués en votent le principe. Avant même que le mot « globalisation » n'existe, l'Algérie s'y plonge tout entière et fait son apparition sur la scène mondiale, au milieu des grands. Elle devient un enjeu pour les deux superpuissances, USA et URSS, un enjeu également pour les « pays non alignés » qui, tout en agissant le plus souvent en « soutien critique » de l'Union soviétique, ne négligent pas pour autant leurs propres intérêts. Mais elle attire aussi la convoitise des hommes d'affaires à la recherche de nouveaux marchés ou de nouvelles sources d'approvisionnement en matières premières, surtout du pétrole et du gaz… Et l'Algérie en détient, c'est du moins ce que les premières recherches françaises sur le terrain semblent établir.

Ce qui aurait pu rester une affaire franco-française devient l'affaire du monde entier. De la part du FLN, c'est un coup de maître, une « *véritable révolution diplomatique qui ouvre la période de l'après guerre froide* » dit Matthew Connolly, professeur à l'université Columbia de New York[108].

Le 30 septembre, les délégués présents à cette session de l'ONU votent, à une voix de majorité, l'autorisation de mettre la question algérienne à l'ordre du jour. Antoine Pinay, ministre des Affaires étrangères, quitte la salle, suivi de toute la délégation française. Aït Ahmed, présent ce jour-là à New York avec deux autres membres du FLN, mesure immédiatement quel retentissement, de Constantine à Oran, aura ce vote et quel outil de propagande il représente. En

---

[108] Matthew Connolly. « L'arme secrète du FLN. Comment de Gaulle a perdu la guerre d'Algérie ». Petite bibliothèque Payot.

effet, dans l'hémicycle onusien, la surprise est générale. Pour la première fois, un Etat important, membre de surcroît du Conseil de sécurité, se fait mettre en minorité grâce aux délégations afro-asiatiques appuyées par celles de l'ensemble du camp « socialiste » (URSS, Chine et satellites) dans une affaire qui, juridiquement parlant, demeure une affaire nationale. C'est ce qu'avait admis il y a encore peu de temps Nikita Khrouchtchev. Mais l'Union soviétique est une habituée des « tournants brusques ». Sa délégation, conduite par Molotov, votera avec l'aval du secrétaire général du PCUS la mise à l'ordre du jour de la question algérienne.

Quand Soustelle apprend la nouvelle, il accuse le choc. Présent à Oran, il improvise un discours : « *Ces ingérences extérieures, nous les repoussons comme un outrage, nous les ressentons comme une prétention à la fois odieuse et ridicule... Mon cœur de Français et de républicain se soulève quand je vois des Etats où règnent des dictatures militaires, où subsiste un esclavage médiéval, se poser en arbitres et en juges... Il y a beaucoup à faire ici pour le progrès, cela doit être entrepris sans retard, sans excuse et sans hypocrisie, mais je dénie à quiconque le droit de s'en mêler*[109] ».

Loin de là, à Périgueux, celui qui lui succédera comme gouverneur général de l'Algérie lui fait écho. A l'occasion du discours qu'il prononce après sa réélection en tant que président socialiste du conseil général de la Dordogne, Robert Lacoste se félicite de l'attitude de la délégation française à l'ONU et s'inquiète : « *Nous risquons de nous trouver bientôt au moment où nous n'aurons plus le choix qu'entre la politique de soumission et le départ*[110] ».

---

[109] Jacques Soustelle. « Aimée et souffrante Algérie ». Op. cit.
[110] Pierre Brana et Joëlle Dusseau. « Robert Lacoste. Un socialiste devant l'histoire ». Editions L'Harmattan. 2010.

Ce vote de l'ONU va plus loin qu'une simple ingérence, ce qu'elle est incontestablement. Il s'agit avant tout d'une spectaculaire évolution des alliances passées entre Moscou et les pays du tiers-monde, et tout particulièrement avec le groupe des non-alignés. Les Américains, d'abord surpris par ce vote, comme tout le monde, vont enfin comprendre que le rapprochement qui est en train de s'effectuer, entre Moscou et le groupe de Bandung[111], représente pour eux un danger important. Dulles, secrétaire d'Etat américain, donne alors consigne à ses alliés, ou obligés, de lever le pied sur le dossier algérien qui n'ira donc pas plus loin pour cette fois. Mais pour combien de temps encore ?

A vrai dire, il importe peu aux Algériens qu'il n'y ait pas eu discussion en Assemblée plénière, l'essentiel a été fait. Le FLN découvre qu'il dispose dorénavant d'une arme redoutable, celle que représente une tribune internationale. Il suffira, dès lors, d'y avoir recours le plus souvent possible pour, en toutes circonstances, être écouté comme interlocuteur légitime... avec garantie de reprise de la part des médias et des intellectuels spécialisés dans l'indignation.

A Paris, durant cette fin d'automne 1955, la campagne de presse commencée il y a quelques semaines pour protester contre la répression militaire qui a suivi le soulèvement de Philippeville, oubliant les massacres du 20 août, repart de plus belle. Il faut dire que les images sont belles : grève des commerçants et rideaux de fer baissés que l'armée ouvre de force, couloirs de l'ONU et conciliabules, sortie de Pinay, entrée d'Aït Ahmed, protestation des rappelés et opérations de l'armée dans le bled... il ne manque, dans tous ces beaux reportages, que les images des meurtres commis tout récem-

---

[111] Du 18 au 24 avril 1955, s'est tenue à Bandung, en Indonésie, une conférence réunissant pour la première fois les responsables de 29 pays africains et asiatiques. Parmi ces dirigeants : Nasser, Nehru, Soekarno, Chou En-Lai...

ment à Tlemcen et dans toute l'Oranie, épargnée jusqu'alors par la violence du terrorisme. Depuis le 20 août, on sait que l'émotion médiatique est souvent frappée d'hémiplégie et, à force de ne pas nommer ce qui dérange, le « non-dit » disparaît. Mais cette « magie » a un prix ! « *Mal nommer les choses, disait Camus, ajoute au malheur du monde*[112] ».

En quelques semaines, la campagne de presse se déchaîne menée par France-Observateur, l'Express, Témoignage Chrétien, Le Monde et L'Humanité. Leur cible, c'est Soustelle, devenu le maillon faible. L'intégration n'a plus bonne presse, ni à Alger ni à Paris. Les « ultras » la dénoncent, le FLN également, les modérés n'osent plus et les parlementaires français s'en méfient, inquiets qu'ils sont des bruits de dissolution qui commencent à courir, à la buvette du Palais Bourbon. Soustelle, c'est aussi l'obstacle à l'indépendance immédiate, donc à la paix, et au lâchage du million deux cent mille pieds-noirs qui, après tout, sont responsables du sort qui leur est promis. Alors les coups pleuvent, sans nuance ni retenue. Témoignage Chrétien traite Soustelle de « maquignon » et de « criminel » aux ordres de patrons assoiffés de sang. L'Express accuse le gouverneur général d'être acquis à une terrible politique de répression et de vouloir, avant tout, la guerre. Cet organe de presse a le droit de dire et de penser ce qu'il veut, mais pourquoi appuyer ses affirmations sur des faux, sur des clichés détournés ? Pourquoi, par exemple, vouloir prouver « l'abominable cruauté » des harkis en s'appuyant sur une photo insoutenable montrant des victimes... du FLN ? Ce dernier retiendra l'efficacité de la leçon en attribuant le massacre de Melouza, photos à l'appui, aux troupes françaises.

Cette campagne de presse s'achève, en novembre 1955, par la publication d'un « manifeste des intellectuels contre la

---

[112] Albert Camus. « Chroniques algériennes ». Op. cit.

guerre en Algérie ». Soustelle, qui reconnaît parmi les signataires des gens qu'il respecte, et parmi eux des amis, se sent interpellé. Après tout, n'est-il pas, lui aussi, un intellectuel parmi les intellectuels ? Certains procureurs vont cependant contester son droit à se qualifier ainsi. Ils le feront par le biais d'une étrange formule : « *Nul n'aura de l'esprit que nous et nos amis* ». On frémit à l'idée que se fait de la société le monsieur ou la dame qui a tenu la plume !

La réponse de Jacques Soustelle, dans les pages du journal « Combat » des 26 et 27 novembre 1955, est longue et circonstanciée. On le sent touché par ce qu'il a pu lire et en même temps indigné qu'on ne parvienne pas à le comprendre.

Pour la première fois, peut-être, mais cela va durer longtemps, il va s'expliquer, encore et toujours. Son texte est une manière de « salut » à l'Algérie. Il sait son départ assez proche, il a constaté l'impuissance des hommes politiques de la IVème République à régler la question algérienne, il a mesuré le fossé qui s'installait entre « musulmans » et « Européens » et la mauvaise volonté de ceux qui sont censés les représenter politiquement. C'est l'impasse. Sa conviction, cependant, s'est forgée au cours de cette année de « gouvernorat ». L'horreur du 20 août demeure, terrible, comme imprimée dans son esprit. La déception provoquée par la défection des élus algériens regroupés au sein de la motion dite des « 61 » est également sensible.

Mais restent cette rencontre extraordinaire avec l'Algérie, le sentiment d'avoir, comme les pionniers du siècle dernier, découvert une nouvelle frontière. L'ampleur de la tâche et la nécessité absolue de réussir en ont fait un autre homme, plus autoritaire peut-être, mais plein de son idéal de justice sociale et politique, de développement économique, de géostratégie savante. La solution ne peut que passer par « l'Algérie française », celle de l'intégration qui donnera son visage à une

République nouvelle, ouverte, décentralisée... Dans le même temps, il se pose en bouclier contre toute aventure factieuse. C'est ce qu'il veut expliquer dans cette lettre « d'un intellectuel à quelques autres : *« Même engagé dans l'action, je demeure un universitaire, un enseignant et un écrivain. Je crois à la valeur intrinsèque de la pensée, de la recherche et de la réflexion. Je suis persuadé que nous avons un rôle à jouer dans la vie publique […] C'est pourquoi je suis stupéfait par la légèreté et le manque de sérieux qui caractérisent cette proclamation, riche en affirmations péremptoires. Où, quand, et comment les auteurs de ce texte se sont-ils donné la peine d'étudier et d'analyser la situation en Algérie avant de porter sur elle un jugement aussi décisif ? Ont-ils fait usage de leurs méthodes d'historiens ou bien se sont-ils contentés de lire leur journal ? […] Cette « guerre » dit-on, est injuste parce que nous la faisons à des hommes « dont le crime est de reprendre à leur compte nos propres principes ». « Nos principes », je suppose qu'on entend par là ceux de la liberté, de la démocratie et du respect de l'homme, justifient-ils la fureur raciste et le fanatisme qui se sont assouvis par divers massacres ? La destruction systématique des écoles dans les régions où elles ne servent qu'à la population arabe ou berbère, l'anéantissement du matériel agricole collectif des fellahs... Mais peut-être a-t-on changé « nos principes » sans que je le sache ! […] L'appel ajoute que nous risquons de « perdre l'honneur ». Il y a beaucoup de manières de perdre son honneur, l'une d'elles serait, à coup sûr, d'abandonner aux tortures, aux mutilations et à la mort non seulement 1,2 million d'Européens, mais des millions de Musulmans […] Quant aux propositions, je ne peux qu'exprimer ma déception devant leur faiblesse, pour ne pas dire leur indigence. Dire qu'il faut rechercher « la paix fraternelle dans le respect des nationalités », que « l'existence de populations non musulmanes constitue l'un des éléments du problème », que « le but à atteindre est la réconciliation complète entre ces populations », c'est enfoncer des portes ouvertes. C'est aussi, je le crains, une dérobade : et ma crainte se confirme quand je lis, au paragraphe suivant, que les soussignés ne proposent ni plans de réformes, ni solutions. Alors, pourquoi cet appel ? Est-ce seulement pour dire que la France a tort - car il est entendu que, pour certains, elle a toujours tort*[113] *?* ».

CE N'EST QU'UN AU REVOIR

La campagne de presse à laquelle doit répondre Jacques Soustelle correspond à un de ces moments de l'histoire de la IVe République, et ils ont été nombreux, où l'on sent que la « maison n'est plus tenue ». On assiste à un combat sans merci entre Pierre Mendès-France et Edgar Faure dont « *l'Algérie fait déjà les frais et continuera, de plus en plus, à le faire*[114] ». Le premier veut une solution négociée à la tunisienne, le second en reste à la lettre du « plan Soustelle » mais laisse entrevoir un doute béant. En réalité, Edgar Faure ne croit plus en l'intégration, comme la majorité de son gouvernement, mais il est difficile de savoir à quoi il croit. En désespoir de cause, comme happé par le vide, il annonce la dissolution de l'Assemblée nationale, le 2 décembre 1955, après avoir subi un vote de défiance à la Chambre. Dénoncée de toutes parts comme une dissolution de confort, celle-ci ouvre une campagne électorale où, pour la première fois, l'Algérie occupe la place centrale.

La SFIO (Section française de l'internationale ouvrière) de Guy Mollet et le Parti Radical de PMF constituent, ensemble, un « Front républicain » qui réclame, avant tout, « la paix en Algérie ». Le Parti communiste français leur emboîte

---
[113] Jacques Soustelle. « Lettre d'un intellectuel à quelques autres à propos de l'Algérie ». Journal « Combat » des 26 et 27 novembre 1955 et repris in extenso dans « Aimée et souffrante Algérie ». Op. cit.
[114] Claude Paillat. « Dossier secret de l'Algérie 2. 1954-1958 ». Editions Le livre contemporain. 1961.

le pas. Ils voteront, en mars 1956, en compagnie de beaucoup d'autres, les crédits de guerre.

La dissolution de l'Assemblée nationale signifie également que va se dérouler, sur l'ensemble du territoire algérien, une campagne électorale à haut risque.

Sans perdre de temps, le FLN s'adresse, par voix de tract, à tous les Algériens. Il leur demande, qu'ils soient électeurs ou candidats, de s'abstenir et les prévient qu'il emploiera la force contre les récalcitrants. Les éventuels candidats, de quelque bord qu'ils soient, seront exécutés. Même chose pour les agents électoraux à qui l'on promet l'égorgement. Le FLN, enfin, demande à tous les élus en place, que ce soit au niveau local, départemental ou algérien, de démissionner. Celui qui s'y refuserait sera considéré comme un traître. Le tract se termine par un mot d'ordre qui a l'avantage de la clarté : « *chaque patriote se fera un devoir d'abattre son traître*[115] ».

Conscient du danger, Jacques Soustelle s'oppose à l'ouverture de la campagne électorale en Algérie. Edgar Faure refuse. Position à haut risque car il ne peut pas ignorer que la dissolution de l'Assemblée nationale met fin, automatiquement, à l'état d'urgence et aux mesures qui lui sont liées. Terminées les perquisitions, les patrouilles ou les arrestations. Terminés également les internements en cours. Dorénavant, on doit libérer ceux qui sont détenus. Dans un territoire où les assassinats tuent une dizaine de personnes par jour (en général dans la proportion de 1 « Européen » pour 5 « musulmans », cette obligation tombe au plus mal. Déjà jugés nécessaires en temps « normal », les moyens mis à la disposition de l'administration risquaient sérieusement de manquer dans une conjoncture « exceptionnelle ».

---

[115] guy.perville.free.fr

Voyant poindre la catastrophe, Soustelle réunit ses préfets et leur demande leur avis. Ils font bloc derrière le gouverneur général et estiment que cette obligation ne peut pas être appliquée. Alors, que faut-il faire ? Soustelle pose la question et y répond : « *Quand la loi crée elle-même l'incendie, faut-il laisser brûler la maison ? Tant pis pour la loi, sauvons la maison et les vies humaines*[116] ».

A force de protestations, il obtient du gouvernement, le 10 décembre, l'ajournement des élections en Algérie. Il est bien sûr soulagé par cette décision, il sait que l'on vient d'éviter un terrible bain de sang mais, en même temps, « *il fait le constat amer qu'il s'agit là d'une première rupture de l'unité du territoire de la République française*[117] ». Face au maintien illégal des mesures nées de l'état d'urgence, le gouvernement se contente de demander quelles sont les mesures qui ont été prises dans le cadre de « circonstances exceptionnelles ». Magnifiques « circonstances exceptionnelles » qui serviront d'habiles paravents. Quand l'administration le veut, elle sait se montrer particulièrement imaginative.

Pendant que Soustelle affronte son gouvernement et tente d'atténuer les effets délétères de sa politique, ou plutôt de son absence de politique, le FLN marque des points importants. Nombreux sont les élus qui démissionnent de leur poste. La peur les y incite, bien sûr, mais pas uniquement. Toutes les forces politiques, morales ou culturelles existantes, notamment l'UDMA ou les Oulémas, invitent les élus à quitter leurs assemblées. Le soir du 2 janvier 1956, les premiers résultats des élections s'inscrivent sur les téléscripteurs du GG : victoire du Front républicain, nomination probable de Guy Mollet au poste de président du Conseil. Jacques Soustelle, quant à lui, est élu dans sa circonscription lyon-

---

[116] Jacques Soustelle. « Aimée et souffrante Algérie ». Op. cit.
[117] Claude Paillat. « Dossier secret de l'Algérie. T2 1954-1958 ». Op. cit.

naise sous l'étiquette « républicain social », le dernier carré des fidèles du général de Gaulle. Il n'a plus qu'à faire ses paquets.

Etrange situation, grosse de tous les dangers, où une majorité vient d'être élue pour faire la paix en Algérie quand le FLN multiplie les attentats et que les chefs de file des pieds-noirs sont vent debout contre les « bradeurs » de l'Algérie.

Le 7 janvier, Jacques Soustelle adresse à Edgar Faure qui exécute les affaires courantes, un mémoire confidentiel destiné au successeur du président du Conseil. Il y détaille sa position... que l'on retrouvera le lendemain ou le surlendemain à la « une » de toute la presse.

Alors qu'Alger va pleurer, dans quelques semaines, sur le passage de Soustelle, en route vers le navire El Djezaïr qui l'emportera vers la France, ce sont les ultras qui montent à l'assaut contre les propositions contenues dans le mémoire divulgué sur la place publique. L'opposition au collège unique est unanime et, une fois de plus, on met en avant la présence de cent députés algériens à l'Assemblée nationale, présence censée servir de repoussoir. Il faut noter que cet « argument » se retrouve aussi bien chez les « libéraux » que chez les « ultras », dans les pages du sociologue Raymond Aron comme sur le comptoir du bistrot de Joseph Ortiz. Mais les ultras vont plus loin. Ils n'hésitent pas à parler de trahison, de conjuration criminelle afin de livrer l'Algérie à la Ligue arabe. Et combien d'autres baliverne !

Pour faire cesser ce flot d'absurdités, Jacques Soustelle se rend dans les studios de Radio Alger, le 12 janvier, et s'adresse à tous les Algériens. Il leur répète ce qu'il a déjà maintes fois affirmé mais, à l'attention de ses détracteurs ultras, comme à l'attention du FLN, il martèle : « *Non à la rébellion, avec son obscurantisme et sa sauvagerie. Non à l'immobilisme qui se complaît dans le maintien précaire d'une situation dépassée. Rassemblons-nous, au contraire, nous tous qui voulons la paix et le progrès… Il faut créer enfin une véritable communauté, c'est-à-dire mettre en commun tout ce qui est à la France et tout ce qui est à l'Algérie*[118] ». Quelques jours plus tard, à Paris, parlant devant l'association des journalistes d'outre-mer, il est beaucoup plus précis : « *la France veut-elle ou non rester en Algérie ? Tel est le point essentiel du débat, celui sur lequel il faudra nettement prendre position. C'est indispensable, car les musulmans se détourneront de la France dans la mesure où le France paraîtra se détourner de l'Algérie. Pourquoi prendraient-ils des risques s'ils ont l'impression d'être livrés demain à ceux qui nous combattent ? Aujourd'hui, rien n'importe plus, pour le gouvernement, que de définir une politique et de s'y tenir*[119] ».

Ce mois de janvier le verra faire des allers-retours constants entre Alger et Paris : rentrée parlementaire, rencontre avec les nouveaux ministres qu'il connaît pour la plupart, rencontre avec la presse, on vient de le voir. Au milieu de ses déplacements, Soustelle prend le temps, le 20 janvier, de rencontrer Albert Camus, de passage à Alger pour lancer son « appel à la trêve civile ». Pour l'écrivain algérois, l'urgence est de condamner les crimes commis contre les civils innocents, d'où qu'ils viennent. Si une seule vie est sauvée, il estimera son action justifiée. Leur rencontre, selon André Rossfelder, ami de Camus et présent dans le bureau de Soustelle, se passe d'une façon plutôt cordiale. Soustelle affirme à Camus qu'il est personnellement favorable à son initiative mais le met en garde contre d'éventuelles manipulations, en particulier celles initiées par Abane Ramdane, passé maître en la matière. Il le met également en garde contre ce qu'il appelle les « demi-pensionnaires » qui vous sourient le jour et vous tuent la nuit. Albert Camus s'agace

---

[118] jacques-soustelle.blogspot.fr
[119] Jacques Soustelle. « Aimée et souffrante Algérie ». Op. cit.

un peu de ces remarques. Pourtant, tout devrait les rapprocher, souligne André Rossfelder[120], « *le même âge, la même main secourable d'un maître, de brillantes études, le rejet du communisme… mais aussi « l'attachement à ce pays, terre natale pour l'un, terre élue pour l'autre*[121] ». A l'issue de cet entretien, Camus reproche à Soustelle d'avoir rejeté toute perspective fédérale seule susceptible, à ses yeux, d'unir juifs et Berbères (les autres autochtones de l'Algérie), Arabes et Européens. Il lui reproche également de ne plus croire à la possibilité d'un dialogue avec les nationalistes modérés. « *Mais ceux-ci peuvent-ils sortir de leur caverne tant que le FLN veille à l'entrée ?* », se demande André Rossfelder[122]. Il se méfie, surtout, du politicien qu'est le général de Gaulle dont il soupçonne Soustelle de préparer le retour. Le 22 janvier, après la conférence où il a lancé son appel à une « trêve civile[123] », tassé dans la voiture qui le ramène à son hôtel, conduite par Rossfelder, Albert Camus déclare tout à coup : « *je crois qu'ils nous ont eus* ». Plus jamais il ne reparlera d'Algérie et s'enfermera dans son exil intérieur jusqu'à la parution de ses « *chroniques algériennes », en 1958.* « *Exilés du même royaume, lui écrira un an plus tard l'écrivain Kateb Yacine, nous voici comme deux frères ennemis, drapés dans l'orgueil de la possession renonçante, ayant superbement rejeté l'héritage pour n'avoir pas à le partager*[124] ».

---

[120] André Rossfelder (Rosfelder pour l'état civil) est un des amis algérois de Camus. Il rejoindra par la suite l'OAS et sera condamné à mort par contumace. Scientifique de haut niveau, il s'installera définitivement en Californie au milieu des années soixante.
[121] André Rossfelder. « Le onzième commandement ». Editions Gallimard, nrf. 2000.
[122] André Rossfelder. « Le onzième commandement ». Op. cit.
[123] Le texte d'appel à une « trêve civile » est publié dans sa totalité dans les « chroniques algériennes ». Op. cit.
[124] En dépit de cette lettre fraternelle, Kateb Yacine s'est montré très sévère à l'égard de Camus. Il ne le considérait pas comme représentatif de

Le 30 janvier, deux jours avant son départ, Soustelle a rendez-vous avec Guy Mollet. Il est accompagné, pour l'occasion, par Jacques Chaban-Delmas. Il remet au président du Conseil une note où il pointe ce qu'il considère être les dangers majeurs qui guettent le nouveau ministère : danger de l'annonce de négociations qui achèverait de convaincre les populations que les rebelles ont gagné, danger de la création d'une assemblée purement algérienne, jouant le rôle d'interlocuteur, mais qui, très vite, se déclarerait souveraine et se transformerait en Assemblée constituante.

Son entretien avec Mollet à peine terminé, il s'en retourne à Alger pour, cette fois, partir définitivement. Le 2 février 1956, quasiment un an jour pour jour après son arrivée en haut de forme à l'aéroport d'Alger, il quitte, vers midi, l'enceinte du Palais d'été à bord de l'inusable voiture du GG dont s'est déjà servi de Gaulle en 1943. Les conducteurs de tramways, rassemblés près du dépôt qui jouxte le Palais, kabyles pour la plupart d'entre eux, l'acclament. Des ménagères européennes, filet à provision à la main, en font autant, imitées par les « mauresques » voilées, qui elles aussi font leurs courses et ne sont pas les dernières à lui dire bravo. Petit à petit, des milliers de personnes se rassemblent et se pressent sur son passage. Ils sont tellement nombreux, près du port, qu'ils barrent la route du retour au gouverneur. Ceux qui sont là, qui ont peur qu'on les abandonne, qui connaissent peu la France, qui sont nés ici, comme leur père et bien souvent leur grand-père, sont les humbles, les petits, le peuple d'Alger.

Ils ignorent le monde des colons car jamais, au grand jamais, ils n'ont été des leurs. Pour la première fois, disent certains témoins, le cri « Algérie française » sera lancé dans

---

la littérature algérienne mais, pire, refusait son « moralisme » en affirmant qu'une révolution, ce n'est pas une affaire de morale.

une rue d'Algérie. Ce sont eux que verra Guy Mollet, quelques jours plus tard, quand ils lui lanceront des tomates[125], et dont il dira par la suite : « quand je regardais ces gens qui me lançaient des tomates, et qui m'insultaient, je me disais : ils ont des têtes d'électeurs socialistes[126] ».

---

[125] En réalité, il n'y aurait jamais eu de jets de tomates. Une invention médiatique peut avoir la vie dure, surtout lorsqu'elle est parlante.
[126] Denis Lefebvre. « Guy Mollet-le mal aimé ». Op. cit.

IV.

Février 1956 – Mai 1958
La fin annoncée d'une République

> « *Le combat pour l'Algérie française est un combat légal. L'insurrection pour l'Algérie française est une insurrection légale* »
>
> Michel Debré

LE GROUPE PARLEMENTAIRE GAULLISTE SIPHONNÉ PAR LES POUJADISTES

Porté par l'affection du peuple pied-noir, une affection qui ne se démentira jamais, Jacques Soustelle embarque, le 2 février 1956, à bord de l'El Djezaïr pour un aller simple vers Paris, via Marseille. Avant d'embarquer, répondant au slogan « Algérie française » qui monte vers lui, il s'écrie « *Si vous voulez que je continue à défendre l'Algérie française, alors laissez-moi partir* ». Et il part vers un combat à l'issue incertaine où il devra affronter à la fois l'impuissance du monde politique, évidente en dépit des effets d'estrade, l'encouragement de ses amis politiques décidés à rester bien cachés derrière le « meilleur d'entre eux » et l'hostilité des autres, effrayés par sa détermination et culpabilisés par sa fidélité. Louis Terrenoire exprime assez clairement cette culpabilité quand il fait semblant de se désoler pour son ami : « *En abandonnant son cœur aux étreintes et aux vivats de son départ, il y laissait aussi l'objectivité de son jugement et aliénait son destin, un bien beau cadeau de la part d'un homme de cette qualité*[127] ».

Comme tout le laisse prévoir, ce combat lui réservera de sévères désillusions, des humiliations pour, enfin, connaître la solitude et l'exil.

Certains ont prétendu, Edmond Michelet notamment, que, fort du poids politique qu'il venait d'acquérir en Algérie, il se serait pris à rêver, dès cet instant, à un « destin » personnel que, peut-être, il faudrait « aider ». Mais Soustelle n'a jamais franchi le Rubicon ni organisé une parodie de 18 brumaire pour son propre compte. Il l'a fait pour le compte d'un autre qui, bien vite, s'empressa de l'oublier. En réalité, la première place ne l'intéresse pas, sauf si c'est celle de Normale Sup ou de l'agrégation de philosophie. Il n'a pas voulu devenir président du Conseil d'une République moribonde, comme on le soupçonnera dans l'entourage du Général, il ne prendra pas la tête du Comité de salut public d'Alger aux côtés du général Massu, en 1958, comme il lui sera demandé. Rien, en fait, ne peut venir étayer cette affirmation lancée en 1962 pour le discréditer.

Sur le pont de l'El Djezaïr, alors qu'il regarde Alger s'éloigner, comment pourrait-il imaginer qu'il ne reverrait la ville blanche que deux ans plus tard, en pleine ébullition, pour ne plus jamais la revoir ?

Elu député du Rhône le 2 janvier 1956 et désigné par ses « compagnons » pour prendre la tête des députés républicains sociaux, dernier avatar du RPF, il préside désormais un groupe réduit à vingt et un députés alors que cent dix-huit députés gaullistes avaient été élus en 1951. Petit à petit, l'opinion française s'est convaincue du retrait définitif du

---

[127] Louis Terrenoire. « De Gaulle et l'Algérie ». Editions Fayard. 1956.

Général. Alors, à quoi bon élire un député gaulliste, à quoi bon perpétuer un gaullisme sans de Gaulle ? En cinq ans, la chute est sévère mais Soustelle reste fidèle à son groupe, même amputé de cent députés, même privé d'un « guide » dont la parole se fait rare. Jacques Chaban-Delmas préside ce qui reste de parti et Roger Frey devient secrétaire général, deux amis proches. Soustelle est l'orateur vedette du groupe, « *sans doute le meilleur orateur parlementaire de la IVe République, si l'on juge cette qualité à l'emprise sur une assemblée et sur ses votes*[128] ». Son talent, il va l'exploiter en menant une bataille systématique contre les présidents du Conseil qui vont se succéder, jusqu'à la chute du « système » tant souhaitée. Seul Guy Mollet trouvera grâce à ses yeux. Plus tard, il confirmera avoir travaillé avec lui en dehors de tout esprit partisan. « *Les contacts que j'ai eus avec Guy Mollet n'ont fait que renforcer mon estime pour son caractère et sa lucidité*[129] ».

Quelques mois avant le 13 mai 1958, ses assauts parlementaires ressemblent fort à la politique du pire, semblant appeler la crise de ses vœux. Il sait qu'elle est imparable, il connaît les fiévreux préparatifs des petits complots qui se multiplient et il a bien conscience que le régime est impuissant à trouver la parade. Alors, il faut accélérer la venue au pouvoir du général de Gaulle, seul susceptible d'éviter le pire. C'est l'obsession de Soustelle qui n'est décidément pas un homme d'aventure, encore moins un homme de pronunciamento. Il inscrit son combat dans une longue histoire parlementaire. Sa loyauté vis-à-vis du général ne fut d'ailleurs jamais prise en défaut durant les journées qui suivirent le 13 mai. Dès son arrivée à Alger, le 17 mai, devant les acclamations de la foule réunie au Forum, il savoure certainement

---

[128] Louis Terrenoire. « De Gaulle et l'Algérie ». Op. cit.
[129] Jacques Soustelle. "Vingt-huit ans de gaullisme". Op. cit.

son triomphe, mais il le fait avec une remarquable discrétion, en prenant bien soin de rester en arrière-plan. Les observateurs en prennent bonne note : « *On attendait un tribun révolutionnaire, c'est un homme d'Etat qui prend la parole et déclare n'avoir d'autre ambition que de refaire l'unité nationale entre les deux bords de la Méditerranée*[130] ».

En 1956, revenu au Palais Bourbon, Jacques Soustelle constate que les grands vainqueurs du scrutin du 2 janvier ne sont pas les élus du « front républicain » qui constituent pourtant la nouvelle majorité, une majorité relative surveillée étroitement par plus de cent cinquante députés communistes. Non, les vainqueurs ce sont les « poujadistes », dont les élus se sont rassemblés dans le groupe UFF (Union pour la fraternité française), version parlementaire de l'UDCA (Union de défense des commerçants et artisans) créée par Pierre Poujade, le papetier de Saint-Céré[131], pour protester contre les contrôles fiscaux et les « polyvalents », qualifiés de « gestapo » fiscale. Hier encore inexistant, le mouvement de Poujade a réussi à rassembler 200 000 personnes à la porte de Versailles, à Paris, fin janvier 1956, après avoir enlevé cinquante-deux sièges. Plusieurs élus seront invalidés par la suite[132] mais cela ne change rien au choc ressenti dans ce qu'il est convenu d'appeler aujourd'hui la « classe politique », horrifiée de l'arrivée en masse de petits boutiquiers en délicatesse avec le fisc, surpris plus que les autres par leur victoire. Parmi les nouveaux entrants, on distingue un jeune

---

[130] Merry et Serge Bromberger. « Les 13 complots du 13 mai ». Librairie Arthème Fayard. 1959.
[131] Pierre Poujade a fait ses classes au sein des jeunesses du PPF, parti fasciste créé par Doriot, ancien dirigeant du PCF.
[132] La plupart des députés invalidés le furent sur la seule décision de l'Assemblée nationale, sans possibilité de recours. C'est cette même assemblée qui désigna les remplaçants, sans que les électeurs aient à se prononcer. Précisons que le scrutin n'était pas uninominal.

homme au verbe haut, habitué des bagarres de la « corpo » de la faculté de droit, située près du Panthéon à Paris, mais aussi officier de réserve, Jean-Marie Le Pen. Les « poujadistes », puisque c'est ainsi que l'on va les nommer, vont suffisamment marquer leur époque pour réussir à introduire un nouveau nom commun dans le vocabulaire politique français, synonyme de corporatisme. Elus sur le rejet des impôts et des taxes de toutes natures, ils se laisseront rattraper par une actualité bien plus brûlante et se rangeront très vite aux côtés des ultras d'Alger menés, notamment, par leur camarade de parti, le cafetier Joseph Ortiz. A l'Assemblée nationale, ils siégeront à l'extrême droite aux côtés du vieux pétainiste Tixier-Vignancour, ancien secrétaire d'Etat à l'information de Vichy avant de rejoindre Tunis, ou de l'avocat du maréchal Pétain, maître Isorni, personnage assez complexe[133] et qui sera l'avocat du patron de l'Echo d'Alger, Alain de Sérigny, après la « semaine des barricades ». Pierre Poujade a commis l'erreur de ne pas siéger au Parlement, laissant ses hommes dans le plus grand désarroi, incapables de la moindre proposition et encore moins de déposer un projet de loi. Petit à petit, ils se détacheront de lui pour s'évanouir au fil de la législature.

Trois ans plus tard, le 30 novembre 1958, après les élections législatives qui suivront l'arrivée du général de Gaulle à la présidence du Conseil de la IVe République, le poujadisme ne sera plus qu'un souvenir, une cicatrice mal fermée. Isolés, perdus, les militants s'éloigneront de la politique active pour revenir, parfois, au syndicalisme corporatiste. Ceux qui avaient choisi le drapeau de Pierre Poujade pour être élus rejoindront le CNI (Centre national des indépendants) et

---

[133] Maître Isorni dit être entré en « collaboration » en 1945, avec la défense du maréchal Pétain et de beaucoup d'autres collaborateurs. Durant l'occupation, il a défendu avec courage des résistants communistes devant les sections spéciales de Vichy.

siégeront dans la nouvelle assemblée sous cette étiquette, comme le fera Le Pen. Plus tard, quelques poujadistes rejoindront les rangs de l'OAS (organisation de l'armée secrète). Le parti inventé par Pierre Poujade n'a pas vécu très longtemps mais le « populisme », en cette année 1956, a fait une entrée fracassante sur la scène politique française et, d'une certaine manière, n'en est jamais sorti.

Le 9 mars 1956 s'ouvre, à la Chambre des députés, la discussion du projet de loi « autorisant le gouvernement à mettre en œuvre, en Algérie, un programme d'expansion économique, de progrès social et de réformes administratives et l'habilitant à prendre toutes mesures exceptionnelles en vue du rétablissement de l'ordre, de la protection des personnes et des biens et de la sauvegarde du territoire ». Intitulé bien long pour ce qui n'est qu'une reprise du « plan Soustelle », jamais discuté par la précédente législature. Mais l'essentiel, ce que l'Histoire retiendra de cette loi adoptée grâce à un vote de confiance massif, c'est le vote des « pouvoirs spéciaux » demandé par le tout nouveau gouvernement de Guy Mollet.

Le premier orateur de ce débat qui allait s'étendre sur plusieurs jours, c'est Jacques Soustelle. Applaudi par une bonne partie de l'hémicycle, à droite comme à gauche, ses propos ne sont pas ceux, convenus, du porte-parole d'un groupe politique mais ceux de l'ancien gouverneur général de l'Algérie. A la tribune de l'Assemblée, il s'exprime librement, longuement, persuadé que la représentation nationale saura soutenir, dans un sursaut d'unité nationale, le projet du gouvernement Mollet. D'emblée, il déclare : « *le gouvernement, par le projet de loi qui nous est soumis, demande des pouvoirs spéciaux de manière à mettre en œuvre, en Algérie, une politique que je connais bien. Je reconnais, en effet, dans l'énumération des mesures proposées nombre de points sur lesquels je me suis penché et à propos desquels j'ai fait des propositions. Bref, les grands traits de ce que l'on avait appelé " un plan ", parfois décoré de mon nom*[134] ». Après avoir rappelé les grandes lignes de son plan et rendu un hommage appuyé aux centres sociaux créés par Germaine Tillion, ainsi qu'aux SAS, il en vient à l'article 5 du projet de loi qui demande des pouvoirs très étendus afin de prendre des mesures exceptionnelles en vue du rétablissement de l'ordre. Pour lui, « *tous les habitants, citoyens français d'Algérie, musulmans comme Européens, ont droit à la sécurité. C'est là le premier droit de l'homme et du citoyen*[135] ». Il approuve donc la requête faite par le gouvernement de Guy Mollet mais, concernant l'article 6 qui dispose que les pouvoirs ainsi demandés prendront fin à l'expiration des fonctions du gouvernement, il manifeste sa totale opposition à cette disposition. « *Ce n'est pas à tel ou tel gouvernement que nous devons donner les pouvoirs nécessaires ! Ou bien ils sont nécessaires, ou bien ils ne le sont pas. S'ils ne le sont pas, ne les donnons pas, s'ils le sont, donnons-les au gouvernement de la République. Ce gouvernement, quel qu'il soit, aura été investi régulièrement et ce sera le gouvernement de la France*[136] ». Au moment des explications de vote, Guy Mollet s'opposera à cette requête de Jacques Soustelle sans que cela remette en question le soutien de ce dernier à l'ensemble du projet. Au moment de conclure, l'ancien gouverneur général de l'Algérie réaffirme sa position « *Doit-on différer la mise en train des réformes économiques, sociales et même politiques tant que l'ordre n'est pas rétabli ? J'ai toujours répondu à cette question, et je réponds, aujourd'hui encore, non*[137] ».

Assis au banc du gouvernement, Guy Mollet approuve à haute voix l'orateur. Il ne semble pas se souvenir qu'au len-

---

[134] Journal Officiel de la République française. Débats parlementaires. Samedi 10 mars 1956. N°26 AN.
[135] JO N°26 AN. Op. cit.
[136] JO N°26 AN. Op. cit.
[137] JO N°26 AN. Op. cit.

demain de la publication du « plan Soustelle » il avait déclaré que « *tous les projets économiques, sociaux et administratifs étaient dépassés*[138] » ni qu'il aurait parlé de guerre imbécile et inutile à propos du conflit algérien.

Viennent ensuite les représentants des différents partis et groupes représentés à l'Assemblée nationale. Pour l'extrême-droite, qu'elle ait le visage de Tixier-Vignancour ou d'Isorni, celui des « néo-poujadistes » Le Pen ou Demarquet, ou bien encore celui du groupe poujadiste en son entier, la réponse est non ! Guy Mollet n'aura rien à attendre, ni soutien, ni approbation de leur part. Ce dont il se félicite grandement du haut de la tribune. Ce n'est pas avec des demi-mesures, disent-ils, que l'on pourra sauver l'Algérie française en train de sombrer. Pour Marcel Bouyer, porte-parole des poujadistes, « *le jour est proche où un gouvernement de salut public apportera les garanties nécessaires que vous n'êtes pas à même de nous apporter. Ce jour-là, il nous trouvera à ses côtés pour le meilleur ou pour le pire*[139] ». Gouvernement de salut public ! C'est sans doute la première fois que cette expression est employée du haut de la tribune du Palais Bourbon, du moins sous la IVe République. Ce ne sera pas la dernière, mais Guy Mollet a déjà eu la primeur de cette expression. Dans la nuit du 6 février, alors qu'il venait d'être conspué par les Algérois, un « comité algérien de salut public » lançait un ultimatum sans lendemain au Premier ministre. Il s'en souvient sans doute et comprend d'où vient la menace.

Tous les autres orateurs, Edouard Bonnefous, Georges Bidault, Paul Reynaud, Edouard Daladier… soutiennent, avec des éclairages différents mais complémentaires, le projet de loi… Reste le Parti communiste ! Avec une science con-

---

[138] Guy.perville.free.fr/ Communication au colloque « Guy Mollet, un camarade en politique » 1987.
[139] Journal Officiel de la République française. Débats parlementaires. N°27 AN. Mardi 13 mars 1956.

sommée de l'équilibre, ou de la dialectique, Jacques Duclos annonce que son groupe soutiendra le projet de loi, mais combien de détours pour parvenir, enfin, à cette position. Premier temps : « *Il faut que soit reconnu au plus tôt le fait national algérien. Le gouvernement doit engager des discussions avec ceux contre qui on se bat pour aboutir à un cessez-le-feu négocié et à l'arrêt de la répression* ». Deuxième temps : « *Il est naturel que les hommes du fascisme siégeant dans notre assemblée combattent le projet gouvernemental. Leur objectif est de remplacer l'actuel gouvernement à direction socialiste par un gouvernement à leur solde* ». Troisième temps : « *Il est indispensable de préserver et de consolider toutes les possibilités de développement de l'unité d'action entre socialistes et communistes* ». Et de conclure : « *Les pouvoirs spéciaux sont demandés pour aboutir à la paix*[140] ». Une formule que l'on pourrait rapprocher de la formule romaine : « *si tu veux la paix, prépare la guerre* », que beaucoup traduisent par « si tu veux la paix *ici*, prépare la guerre *là-bas* ». Une recette de la « pax romana » remise à l'honneur par le Parti communiste.

Le oui communiste aux pouvoirs spéciaux sera longtemps occulté par le parti. Des années plus tard, il sera encore nié par de nombreux militants avec la plus parfaite mauvaise foi. C'est Marie-Georges Buffet, en 2004, alors secrétaire générale du PCF, qui reconnaîtra « l'erreur » commise en 1956, il y a presque cinquante ans. Finalement, la confiance est massivement accordée au gouvernement, valant ainsi approbation du projet de loi. Il est adopté par 455 voix contre 76. Trente-cinq députés se sont abstenus ou n'ont pas pris part au vote. Le vote est massif et ne laisse dans l'opposition que l'extrême-droite (Demarquet, Dides, Hersant, Le Pen, Frédéric-Dupont, Pesquet, Tixier-Vignacour, Isorni…).

---

[140] JO N°27 AN. Op. cit.

Soustelle l'Algérien

Le grand homme de ce débat, c'est incontestablement Jacques Soustelle. Sa connaissance du dossier, son engagement personnel et le poids de ses arguments forcent l'attention. Il devient, aux quatre coins de la France, le porte-étendard de l'Algérie française. Il multiplie les conférences et les déclarations à la presse. Avant même le débat du 9 mars, à l'Assemblée nationale, il ouvre au théâtre des ambassadeurs un cycle de conférences où il pose très nettement la question : « *la France peut-elle encore offrir à l'Algérie un espoir*[141] » ? Ce soir-là il émet une idée qu'il avait encore peu développée : « *garder l'Algérie dans le giron de la France ne pourra se faire sans un grand effort financier. Une formule consisterait à créer, comme on l'a fait dans le « mezzogiorno » italien, une caisse spéciale de développement de l'Algérie qui serait alimentée par un grand emprunt* ».

Le 17 mars, il est à l'Alhambra de Bordeaux puis dans toutes les grandes villes de France. Partout, il délivre le même message, celui du refus de toute négociation : quelle utilité pourrait-elle avoir sinon mettre en discussion la souveraineté de la France ? C'est exclu. Il dénonce les appuis offerts aux rebelles depuis le Caire, la Lybie ou le Maroc. Il parle de l'ingérence de l'ONU, de la menace communiste en Afrique… Partout, il fait salle comble. Ce qui ne l'empêche pas, durant toute la durée de son mandat, d'approuver la politique algérienne menée par Guy Mollet. Il ne se privera pas, pour autant, de pointer du doigt les erreurs qui, selon lui, ont été commises. La dissolution de l'Assemblée algérienne, par exemple. Cette décision, estime-t-il, ne fait

---

[141] Jacques Soustelle. « La vérité sur l'Algérie ». Compte rendu de la conférence tenue au théâtre des ambassadeurs. Collection « Les conférences des ambassadeurs français et étrangers » dirigée par André Davis. Paris, 1956.

qu'officialiser, voire légitimer, l'action des « 61 » qui ont déserté l'assemblée. Désormais, il n'existe plus rien entre Paris et Alger pour tenter de renouer les fils, sauf l'administration que l'on sait particulièrement absente. Autre erreur, toujours selon lui, l'envoi du contingent qui ne remplacera jamais des professionnels aguerris. Plus grave encore, l'envoi massif de jeunes Français confirme aux musulmans que la France tout entière est là pour leur faire la guerre. Dernière critique, l'échec de l'expédition de Suez. C'est un peu sévère, voire injuste, de juger le bien-fondé d'une expédition à son résultat, surtout quand le résultat n'est pas de votre fait mais de celui de la double pression des Etats-Unis et de l'Union soviétique. Le reproche porte sur le fait que le gouvernement se soit incliné devant l'oukase international, renforçant ainsi le colonel Nasser dans sa croisade panarabe et son soutien au FLN.

C'est à l'occasion de cette expédition éclair qu'Israël conquiert le Sinaï et un petit territoire nommé… Gaza qui, depuis le partage de la Palestine mandataire, était administré par l'Egypte, comme la Cisjordanie l'était par la Jordanie jusqu'en 1967. Le président américain Einsenhower multiplie les pressions pour qu'Israël rende Gaza aux Egyptiens, sans être entendu par Ben Gourion. De Gaulle est d'un avis contraire. Soixante ans plus tard, qu'en pensent Israël et l'Egypte ? Les effets « boule de billard » de l'histoire sont toujours imprévisibles, on le sait, on devrait donc s'en méfier davantage.

L'engagement de Soustelle pour l'Algérie française ne se limite pas à sa tournée de conférences. En mars 1956, il fonde l'USRAF (Union pour le salut et le renouveau de l'Algérie française). Il le fait avec Georges Bidault, démocrate-chrétien, Roger Duchet, indépendant et paysan et André Morice, radical. Certains y voient l'esquisse d'une future équipe gouvernementale, la « bande des quatre » avant l'heure. D'autres politiques les rejoignent, Antoine Pinay, André Marie ou Henri Queuille, le modèle du futur Jacques Chirac. Quatre anciens gouverneurs de l'Algérie se joignent à eux : son prédécesseur Roger Léonard, Georges Le Beau qui quitta l'Algérie en 1940, Maurice Violette, l'homme du statut Blum-Violette au temps du Front populaire et Marcel-Edmond Naeglen. Des hommes de droite, des hommes de gauche. A côté des « politiques » on retrouve des universitaires comme le recteur Jean Sarrailh, l'ancien président de la fédération de la presse, Albert Bayet, des anciens de la DGSS à Alger, René Dumont ou René Paillole, l'archevêque de Toulouse, le cardinal Saliège, le président du conseil économique, Emile Roche, Georges Duhamel de l'académie française, André Lafond, secrétaire confédéral de FO, le professeur Vallery-Radot… A côté de tous ces personnages connus, on trouve aussi des militants de la Ligue des droits de l'homme (LDH)[142] comme le vieux maître de Jacques Soustelle, Paul Rivet, fondateur du Musée de l'Homme et ancien président du comité de vigilance antifasciste. Il adhère à l'USRAF au nom de la « *mission civilisatrice de la France* », position qu'il avait adoptée au congrès de la LDH en 1952. Un choix partagé par l'ethnologue Albert Bayet, compagnon de route du PCF, qui affirme que « *l'œuvre civilisatrice de la France, qui a implanté en Algérie le progrès, la laïcité, les droits de l'homme, doit se prolonger pour ne pas abandonner la popu-*

---

[142] Revue Arkheia. « Les liaisons dangereuses de la LDH ». L'auteur de cet article, Max Lagarrigue, montre, pour le regretter, comment la LDH fut autrefois fréquentée par des hommes qui se souciaient bien peu de repentance coloniale. Désormais la LDH a rompu avec ce passé et suit un cours nouveau, exprimé notamment par Gilles Manceron, son vice-président. Ce dernier met colonialisme et barbarie nazie sur le même plan, autant dire « Hitler et Jules Ferry même combat », et pour qui le colonialisme devrait être jugé pour crime contre l'humanité, crime contre la culture et crime contre les droits de l'homme. Voir son livre « Marianne et les colonies », Ed. La Découverte. 2005.

lation algérienne à un islam réactionnaire, clérical et rétrograde ». Emile Kahn, président de la LDH de 1953 à 1958, qui incarne une ligne favorable à « *un colonialisme de progrès* » fait le même choix. Tous signeront un appel pour « *que l'Algérie ait toute sa place dans la République... Qui veut nous chasser sinon les instruments d'un impérialisme théocratique, fanatique et raciste ?... Soyons clairs, en Algérie nous avons proclamé les principes mêmes de la République. Jamais nous n'avons pratiqué la discrimination ni la conversion forcée des « infidèles »... C'est à un élan de salut public, dans la légalité républicaine, que nous vous convions tous*[143] ». La notion de « salut public », on le voit, fait son chemin.

En novembre 1958, de Gaulle revenu au pouvoir, l'USRAF ira se fondre au sein d'un comité de coordination des mouvements gaullistes (CCMG). Il est à noter que peu de gaullistes accompagnent Soustelle dans cette aventure de l'USRAF, même si beaucoup partagent son point de vue... déjà la prudence ? Alain de Sérigny[144] prétend pourtant que Michel Debré en aurait été, ainsi que, très discrètement, Georges Pompidou. L'explication de cette prudence est peut-être à chercher du côté du silence du Général. De Gaulle se tait, il distille de petites confidences à chacun de ses interlocuteurs, qui se croit ainsi dépositaire d'un secret d'Etat, mais n'en authentifie aucune, laissant ses « compagnons » s'exprimer librement.

Cette même année 1956, Soustelle écrit « Aimée et souffrante Algérie ». Ce livre n'est nullement un brûlot politique comme peuvent encore le dire, ici ou là, ceux qui ne l'ont pas lu. Ce n'est pas non plus un livre d'autojustification comme le croit Benjamin Stora. En 1956, le temps n'est pas

---

[143] Le Monde du 21 avril 1956.
[144] Alain de Sérigny. « L'abandon. Echos d'Alger T2 ». Presses de la Cité. 1974.

encore venu de se justifier. Dans cet ouvrage, rien n'est dissimulé, ni les doutes, ni les échecs. Sa naïveté est parfois exprimée sans fard comme son amour pour l'Algérie et l'ensemble de ses habitants. Cet amour court tout au long du livre comme un fil rouge. Il retrouve dans cet ouvrage l'inspiration de ses livres sur les indiens du Mexique... Alors, oui, des brûlots il en écrira, et même des sévères, mais il faudra attendre que la déception et l'amertume l'aient gagné et que les événements à venir l'aient radicalisé. Nous n'en sommes pas là.

Son travail est remarqué et, très vite, il reçoit une lettre de félicitation de la part du général de Gaulle. Le compliment est ambigu, comme le personnage. « *On ne peut contredire sérieusement ce que vous avancez, ni blâmer de bonne foi ce que vous avez fait... Le résultat final est une autre affaire qui n'était pas de votre ressort. Une action française en Algérie exigeait une très grande politique*[145] ». Bref, vous avez fait ce que vous avez pu, mais vous ne pouviez pas faire grand-chose car ceux qui vous ont envoyé là-bas étaient impuissants. « *Je crains donc, poursuit de Gaulle, que la cause ne soit entendue* ». A moins que le régime ne cède sa place ! Les efforts de Soustelle ont donc été vains puisqu'ils s'inscrivaient dans le cadre d'un régime qu'il convenait de balayer. Ce que le gouverneur général en place à Alger n'a pas pu faire ou pas voulu faire, semble sous-entendre de Gaulle.

Comme hommage, on a vu plus chaleureux ou plus direct. Soustelle s'en contente. Mieux, il le transforme en approbation totale de son action, rappelant qu'il avait toujours milité pour un changement profond du système politique. Il n'a pas à forcer le trait car il se souvient des dégâts provoqués par l'impuissance politique de cette frivole IVe République, plus occupée d'elle-même et des incessants

---

[145] Jacques Soustelle. « Vingt-huit ans de gaullisme ». Op. cit.

changements de ministère que de projets ambitieux. Alors oui au changement ! Et pour y parvenir, réveillons le crédo du RPF, repris par les « républicains sociaux ». Il va en faire la démonstration, à de multiples reprises, à la tribune du Palais Bourbon.

Un autre homme n'a pas oublié les fondamentaux gaullistes, le changement des institutions, la restauration de l'autorité de l'Etat et le retour du Général. Cet homme, c'est Michel Debré, une sorte de « double » inversé de Jacques Soustelle dont le modèle serait à chercher du côté de Robespierre ou de Saint Just alors que l'on verrait bien Soustelle parmi les Girondins. Du haut de la tribune du Sénat, lui aussi donne de la voix. Il harangue ses collègues en parlant de Nation et de République. Il leur parle aussi de l'Algérie et, là encore, il se montre intraitable. Le journal qu'il anime, « le courrier de la colère » est une arme toujours braquée contre ceux qu'il soupçonne de vouloir brader l'Algérie[146]. Dans le numéro du 20 décembre 1957, alors que se multiplient les conciliabules qui déboucheront sur le 13 mai, il écrit : « *le combat pour l'Algérie française est un combat légal. L'insurrection pour l'Algérie française est une insurrection légale*[147] ». Leur combat est certes le même mais l'exaltation de l'un ne ressemble en rien au calme de l'autre, soucieux avant tout de légalité. Plus tard, c'est à front renversé qu'ils s'opposeront. Les faux jumeaux ne se sont véritablement

---

[146] Dans l'affaire dite du « bazooka », le nom de Michel Debré a été évoqué comme pouvant être l'un des inspirateurs possibles de l'attentat contre le général Salan. Certains ajoutent que Soustelle aurait fait partie de la conjuration. Affirmations qui n'ont jamais reçu le moindre début de preuve, ni pour l'un, ni pour l'autre. Salan, lui, était convaincu de leur responsabilité. Ce qui explique la fraîcheur de l'accueil qu'il réserva à Soustelle, à Alger, au moment du 13 mai.

[147] Cité par Louis Terrenoire dans son ouvrage « De Gaulle et l'Algérie ». Editions Fayard. 1964.

rencontrés qu'au retour du Général à Paris, en 1944, au temps du gouvernement provisoire. Quand, en 1945, les nouveaux députés gaullistes sont obligés de choisir un groupe parlementaire parce qu'il n'existe aucun groupe politique les représentant, Debré et Soustelle choisissent l'UDSR de François Mitterrand. Ils rejoindront le RPF à sa création, en 1947. Ils s'opposeront à la Communauté européenne de défense (CED) et seront, dans les dernières années de la IVe République, d'ardents défenseurs de l'Algérie française. Pourtant, ce sera cette même Algérie qui, étrangement, scellera leur rupture. Plus exactement, ce sera deux conceptions de la fidélité qui s'affronteront durement. Fidélité à un homme, même si l'on doit renoncer à ce que l'on croit, ou fidélité à soi-même et à ceux qui, Arabes, Européens, Juifs, croient encore au destin français de leur pays. L'Académie française les réunira à l'heure où la sagesse est censée être venue...

Et que font ces deux immortels quand ils se croisent ? Ils s'ignorent et ne s'adressent jamais la parole. On pourrait en sourire, mais il y a quelque chose d'émouvant dans la raideur de ces deux vieux messieurs, quelque chose qui ressemble à la sincérité et à l'honnêteté, à la fidélité. Leur fidélité.

En 1956, les gaullistes se sont réduits comme peau de chagrin mais ils parviennent à exister et à faire entendre leur voix. Il serait plus juste de dire leurs voix car celle-ci est plurielle. A côté des « républicains sociaux », forts de leurs parlementaires, gravitent de petites associations, de petits regroupements informels et même des personnalités isolées. Ils se cherchent, orphelins de la parole du « chef ». Sur la question algérienne, la seule vraie question politique du moment, et qui va le rester pour bon nombre d'années, les gaullistes n'ont pas de position unique. Leurs opinions, quand ils l'expriment, se situent parfois aux antipodes les unes des autres. André Malraux, par exemple, rêve d'une nouvelle gauche, néogaulliste. L'idée séduit des hommes comme René Capitant, Louis Vallon, Léo Hamon. Ces trois-là formeront, après le retour du Général au pouvoir, l'Union démocratique du travail (UDT) qui se fondera dans la nouvelle UNR mais conservera longtemps une certaine autonomie. L'avantage est manifeste quand il s'agit de se partager des circonscriptions ou des postes en respectant « les équilibres internes ».

Chez les « républicains sociaux », noyau dur du gaullisme, les nuances existent aussi mais, globalement, ce sont les idées de Soustelle qui l'emportent. C'est le cas au congrès de Bordeaux qui se tient à l'automne 1956, en l'absence de Jacques Soustelle retenu à New York. Dans la salle de l'Alhambra, Jacques Chaban-Delmas et Roger Frey apportent un soutien massif aux thèses de l'ancien gouverneur de l'Algérie. Ce soutien sera renouvelé en juin 1957, au congrès de Levallois-Perret, où la motion finale déclare « *vouloir maintenir l'Algérie française, en la reconstruisant dans la justice et l'égalité* ». Cette motion s'achève « *par la demande de constitution d'un gouvernement de salut public, réunissant les hommes de toutes tendances sous la présidence d'une personnalité dont le prestige et l'autorité sont reconnus de tous les Français*[148] » ... Suivez mon regard ! Preuve est faite que ce sont bien les idées de Soustelle qui l'emportent. La « nouvelle gauche » gaulliste, et d'autres avec elle, attendent des jours meilleurs, rassurés peut-être par les confidences qu'ils ont reçues de première ou de deuxième main.

En mission à l'ONU avec les socialistes

Avant de s'immerger totalement, en France, dans la bataille de « l'Algérie française », avant de tenter de convaincre

---

[148] Jacques Soustelle. « Vingt-huit ans de gaullisme ». Op. cit.

ses compagnons et, peut-être, d'unir la famille gaulliste, Jacques Soustelle accepte une dernière mission officielle. L'ONU se prépare à voter une résolution en assemblée générale qui condamnerait la politique que conduit la France en Algérie. Guy Mollet demande à Soustelle d'accepter de se joindre à la délégation française à l'ONU, délégation conduite par Christian Pineau, un compagnon des années sombres et, aujourd'hui, ministre socialiste des Affaires étrangères. Il est loin le temps où, d'Oran, Jacques Soustelle s'indignait contre l'intrusion de l'ONU dans les affaires intérieures françaises. Aujourd'hui, il a découvert la guerre des images et la guerre de la communication. Il n'est donc plus question d'être absent de ce terrain-là.

Avant de s'envoler pour New York, Christian Pineau a demandé à rencontrer le général de Gaulle. La rencontre a lieu et, à la surprise totale du ministre, il entend le Général lui dire que l'indépendance algérienne était, à plus ou moins brève échéance, une affaire inéluctable. « *Mais, mon général, parvient-il à lui répondre, dites-le, cela clarifiera la situation* ». « *Trop tôt, lui répond-il, pas avant que je n'aie les moyens d'action*[149] ». C'est dans cette ambiance que la petite délégation française part rejoindre le siège de l'ONU pour y affronter de redoutables adversaires.

La mission des délégués français est d'empêcher que ne soit votée une résolution condamnant la politique algérienne de la France. Pour qu'il y ait condamnation, il faut réunir les deux tiers des voix de l'assemblée sur le vote d'une motion unique. C'est un objectif réalisable car les délégations arabes et asiatiques, l'Union soviétique et ses satellites, la Chine, les « non-alignés », certains pays d'Afrique ou d'Amérique latine dépassent, mis bout à bout, les deux tiers fatidiques. Tenter de convaincre chaque délégation, une par une, de ne pas

---

[149] Jean Lacouture. « De Gaulle T2 ». Op. cit.

voter la motion soumise aux voix ressemble à une mission impossible. Mieux vaut tenter de réunir un tiers de voix amies, ou supposées telles, pour former ce que les Anglo-Saxons appellent un « blocking third » et, ainsi, interdire toute possibilité d'un vote de condamnation. C'est le choix que va faire Jacques Soustelle. Pour y parvenir, son choix tactique est simple : il faut que la motion adverse, celle qui veut condamner la France, soit la plus dure possible, la plus violente, la plus inacceptable pour certaines délégations hésitantes, notamment parmi les Latino-Américains, les mettant ainsi dans l'impossibilité de la voter.

Soutenu par la délégation française, Soustelle présente la position de notre pays sans adoucir les angles ni avancer une quelconque concession. « *Nous cherchions, dira-t-il plus tard, à exaspérer l'adversaire et le pousser à durcir sa propre position*[150] ». La tactique est efficace car les représentants arabes s'entêtent à soumettre à l'assemblée une motion que beaucoup jugent inacceptable. C'est le cas des délégués péruviens et cubains qui se rangèrent tout de suite aux côtés de la France. Pour finaliser cet accord, et en vérifier la validité auprès des autorités gouvernementales, Soustelle fait un rapide aller-retour à La Havane. Une manière de pèlerinage car, il y a quinze ans, délégué par le général de Gaulle, il avait fait le voyage à La Havane pour, déjà, plaider le dossier de la France.

De son côté, Christian Pineau, responsable de la délégation française, est dubitatif. Il mesure le risque pris. Après tout, il suffirait qu'il manque une voix pour échouer. Il aurait préféré diviser les voix adverses en suscitant une deuxième motion, plus modérée, qui certes condamnerait la France mais sans donner satisfaction aux délégués arabes et à leurs amis. Cette position paraît très dangereuse à Jacques

---

[150] Jacques Soustelle. « Vingt-huit ans de gaullisme ». Op. cit.

Soustelle qui sait qu'une condamnation, même édulcorée, sera exploitée a fond, sur le terrain, par le FLN.

Mais avant de se lancer dans la bataille, la délégation française a eu à convaincre ses diplomates, en poste à l'ONU, d'abandonner leur pudeur. Ils les obligent à sortir des placards, où ils étaient entreposés, les documents préparés par Robert Lacoste, ministre résident en Algérie, réunis sous la forme d'un « livre blanc » et montrant les atrocités commises par le FLN. Les membres du FLN présents à New York, camouflés dans les délégations égyptiennes, syriennes ou irakiennes, n'avaient pas les mêmes états d'âme ni les mêmes pudeurs. Ils inondaient l'ONU de documents terrifiants sur les crimes de guerre qu'aurait commis l'armée française.

Un homme, le chef de la délégation indienne, Krishna Menon, a parfaitement compris l'hésitation qui a saisi, à un moment donné, la délégation française. C'est un diplomate chevronné, un habitué de la maison de verre de la troisième avenue. Il est parvenu, en son temps, alors que cela n'avait rien d'évident, à faire accepter par le Conseil de sécurité l'annexion du Cachemire décidée par Nehru.

Désirant avant tout faire condamner la France, il suit un raisonnement inverse à celui de Christian Pineau. Si ce dernier craint de ne pas atteindre le tiers des voix, lui mesure au contraire le risque d'un échec d'une motion de condamnation, repoussée de quelques voix. Dans les jours qui précèdent le scrutin, il va faire le siège de Christian Pineau jugé comme étant le « maillon faible ». La rumeur d'entretiens secrets réunissant les deux hommes, à l'exclusion de tout autre, enfle dans les couloirs de l'ONU. On parle d'une résolution « moyenne » en cours d'élaboration et à laquelle ne ferait pas obstacle la France. Fallait-il, se demande Soustelle, accepter le médiocre et écarter le mieux pour éviter le pire ? Il ne se posera pas longtemps la question. Alerté par les autres membres de la délégation, en particulier par le toujours vigilant secrétaire d'Etat à l'intérieur, le socialiste Marcel Champeix, Guy Mollet trancha. Les pourparlers avec Krisna Menon furent interrompus sans espoir de « revoyure ».

Chaban-Delmas, tenu informé des débats onusiens, et en plein congrès de Bordeaux des « républicains sociaux », prend son téléphone et déclare à Soustelle : « *Je voudrais vous exprimer l'amitié, la confiance et l'affection de tous nos compagnons. Chacun de nous a mesuré que le travail que vous accomplissez actuellement est décisif. Vous là-bas, nous sommes tranquilles, nous les gaullistes*[151] ».

Le message de Jacques Chaban-Delmas ne sera pas le seul que recevra Jacques Soustelle. Revenu à Paris, le pire évité, mais de justesse, Guy Mollet lui adresse un court billet où il laisse percer son émotion : « *La vie nous a plusieurs fois, à notre insu, réunis dans la lutte pour la liberté, au comité de vigilance des intellectuels antifascistes, dans la résistance... mais aussi souvent séparés et opposés dans la lutte politique. C'est pourquoi je préfère ne pas attendre les séparations possibles de demain et vous dire aujourd'hui combien j'ai apprécié votre action aux Nations unies... Avec l'assurance de ma plus grande estime*[152] ». Des courriers ou des appels de ce type, il n'en recevra plus guère durant les années qui viennent. Les positions des uns et des autres vont se durcir, la guerre en Algérie va continuer à dérouler ses horreurs et tétaniser les dirigeants de la IVe République. La voie est ouverte pour autre chose. Le pire ou le meilleur.

---

[151] Jacques Soustelle. « Vingt-huit ans de gaullisme ». Op. cit.
[152] Jacques Soustelle. « Vingt-huit ans de gaullisme ». Op. cit.

Trois voix du gaullisme, trois voix discordantes : Aron, Soustelle et Michelet

Si les dirigeants de la IVe République semblent tétanisés, de grandes voix vont s'exprimer tout au long de cette année 1957. Des voix discordantes, certes, mais qui se situent dans le cercle de la raison, où la haine et la frustration sont absentes. Ce n'est pas le cas de ceux qui, décidément en manque d'une révolution boudée par les travailleurs français, ont fait du FLN le porte-drapeau des nouveaux « damnés de la terre ». Le tiers-mondisme est né. Ils ignorent encore la somme des désillusions qu'il allait engendrer. Il en demeure quelques-uns, aujourd'hui encore, qui continuent d'épouser le pire au nom d'une étrange haine de soi et de la France. Ils défilent aux côtés du drapeau noir de l'» Etat islamique ».

Raymond Aron n'est pas de ce combat. Ancien résistant, arrivé très tôt à Londres où il garde ses distances avec le Général, il adhère cependant, en 1947, au RPF que vient de créer de Gaulle. Il s'en éloignera sans fracas. Successivement journaliste à « Combat », marqué à gauche, puis au « Figaro », marqué à droite, il publie, en 1957, dans la collection « Tribune libre » lancée par les éditions Plon, un petit livre intitulé « la tragédie algérienne ». Pour la première fois, un intellectuel libéral, journaliste au Figaro de surcroît, prend la parole. Et c'est un pavé dans la mare que désavoue discrètement son employeur. La « tragédie algérienne » est la reprise d'un texte écrit en avril 1956, et destiné à Guy Mollet, augmenté d'un second texte écrit pour l'occasion.

Que dit Raymond Aron[153] ? « *Les révolutionnaires français avaient bonne conscience quand ils multiplièrent les exactions*

---

[153] L'ensemble des citations qui vont suivre est tiré des textes publiés en 1957, dans la collection « tribune libre » des éditions Plon. Le premier est signé de Raymond Aron : « La tragédie algérienne », le second est signé Jacques Soustelle : « Le drame algérien et la décadence française » et le

dans une Europe conquise au nom de la liberté... Aujourd'hui, nous n'avons plus bonne conscience quand nous usons de la force en Afrique du Nord alors que, pourtant, nous y investissons chaque année des dizaines, parfois des centaines, de milliards de francs ». Et de conclure qu'il faudra bien envisager « *l'héroïsme de l'abandon* ». Le ton est donné. Il ne s'agit pas, pour Raymond Aron, de dispenser des leçons de morale mais de placer le débat sur le terrain économique. Pour lui, l'affaire est entendue, une partie importante de l'opinion publique française refuse les rigueurs et les servitudes de la domination impériale. En clair, ils sont fatigués de payer pour ce qui leur paraît bien lointain. Raymond Aron le dit d'ailleurs sans détour : « *L'Algérie est devenue une charge trop lourde, une charge qui irait en s'accroissant si, sous prétexte d'intégration, nous nous efforcions de réduire les disparités entre les niveaux de vie français et algérien* ». Tant pis pour les hommes et les femmes qui rêvaient d'une vie meilleure dans un cadre français.

Puis vient l'argument démographique : « *L'intégration, quelque sens que l'on donne à ce mot, n'est plus praticable. Une représentation algérienne à l'Assemblée nationale, proportionnelle à la population, est le moyen le plus sûr d'achever la ruine du régime... Dire que l'Algérie n'est pas la France, reconnaître la personnalité politique algérienne, c'est au fond avouer qu'il y aura, demain, un Etat algérien* ».

Intégration ou indépendance, le débat est ainsi posé et ne sera pas escamoté par ceux qui vont lui répondre. Seuls les dirigeants de la IVe République se tairont. Vingt-cinq ans plus tard, Aron se demandera avec malice si, « *mis à part Soustelle, Bidault, Debré et peut-être Chaban-Delmas, dont*

---

troisième d'Edmond Michelet : « Contre la guerre civile ». Ces trois textes se répondent et reflètent parfaitement ce qu'était le débat algérien durant cette année 1957, avant le retour du général de Gaulle.

leur sincérité ne prête à aucun doute, un seul ténor politique croyait encore à l'Algérie française[154] ? »

Le pamphlet d'Aron reçoit un accueil mitigé. On l'accuse, ici ou là, de défaitisme économique ou de résignation historique mais il revenait à Jacques Soustelle, directement mis en cause au travers de l'intégration, d'apporter la réponse la plus charpentée. Il le fit dans « Le drame algérien et la décadence française » publié dans la même collection que le texte de Raymond Aron. Avant d'avancer sur le fond des arguments, Soustelle remarque que « *le conflit algérien est à 80% une guerre psychologique, où l'adversaire trouve son arsenal chez nous. C'est notre intelligentsia qui leur offre arguments, slogans et thèmes de propagande* ». Certes, reconnaît-il, Raymond Aron n'est pas de ceux qui s'acharnent depuis des années à rompre les amarres entre la France et l'Algérie, « *mais, cette fois, il y participe pleinement* ». Jacques Soustelle, qui « *ne prétend pas à l'héroïsme de l'abandon* », dénonce la « *stupéfiante aubaine donnée au clan défaitiste* ». D'autant plus qu'il reconnaît à Raymond Aron le mérite d'avoir asséné quelques vérités sévères aux intellectuels tombés sous le charme du FLN.

Ce que Jacques Soustelle reproche surtout à celui qui a partagé son exil londonien, c'est sa vision réductrice de la France, bientôt réduite à l'hexagone, avec pour seul horizon l'Europe. Il lui reproche son fatalisme : « *C'est cette fatalité qui aurait voulu qu'après 1945 l'Occident entier devienne communiste. Dix ans plus tôt, le même fatalisme offrait au IIIe Reich mille ans de domination* ». Mais il va plus loin, car pour lui le fatalisme n'est que prétexte : « *La vérité, c'est que monsieur Aron n'aime pas les Algériens. Il n'aime pas les Européens et il n'aime pas davantage les Musulmans. Les premiers se permettent de vouloir demeurer dans ce pays qui est le leur et*

---

[154] Raymond Aron. « Mémoires. 50 ans de réflexion politique ». Editions Julliard. 1983.

d'avoir des sentiments ! Quant aux seconds, ils sont pauvres, pis encore, ils ne sont pas rentables ».

Cet argument, qui consiste à prétendre que l'Algérie est une charge, vise assez trivialement les Français au portefeuille, mais il se retourne contre son auteur, dit Jacques Soustelle, grâce au développement de la nouvelle réalité saharienne. « *Ce qui, aujourd'hui, coûterait le plus cher, ce serait à coup sûr l'abandon de l'Algérie, ce qui signifierait l'abandon du Sahara* ».

Après avoir rappelé le tableau décrit par Germaine Tillion, celui de la « clochardisation » d'une grande partie de la société musulmane algérienne, Soustelle poursuit en dénonçant « *la honte insoutenable que signifierait pour notre pays l'abandon des musulmans d'Algérie parce qu'ils nous coûtent trop cher ! Ils auraient, pour le coup, le droit de nous haïr* ».

Edmond Michelet est une autre voix du gaullisme. Militant chrétien, engagé dans la résistance dès 1940 puis porté à la tête du réseau « combat » dans le Limousin, il fut arrêté par les nazis et déporté à Dachau en 1943.

Il ferme ce triptyque d'éloquence inauguré par Aron, suivi par Soustelle. Il publie, en novembre 1957, toujours dans la collection « tribune libre », un ouvrage au titre-programme : « contre la guerre civile ». Il porte un premier coup de griffe à Raymond Aron, lui reprochant d'avoir ignoré les Européens d'Algérie et souligne que « *Le départ des Algériens européens d'Afrique du Nord est inconcevable sans soulèvement de leur part - un soulèvement qui s'achèverait en un carnage auquel il vaut mieux ne pas penser. On s'étonne qu'un homme lucide comme le veut être Raymond Aron n'ait pas songé plus sérieusement à cette éventualité* ». Comme pour enfoncer le clou, il donne un coup de chapeau à Jacques Soustelle en le citant : « *A une situation génératrice de guerre civile, les Français peuvent inventer un dénouement équitable et original. Ils peuvent maintenir dans un ensemble français, avec le con-*

sentement de tous les Algériens, cette Algérie aujourd'hui « aimée et souffrante », demain fière, rétablie, et non moins aimée ».

Mais le risque est là. La guerre civile tant redoutée pourrait opposer la majorité des Français de métropole à la majorité des Français d'Algérie et, du coup, opposerait les Français de métropole entre eux. Guy Pervillé note que cette menace « *fut évitée en mai-juin 1958 par l'arbitrage du Général, mais elle finit par éclater à partir de 1960-1961. A ce moment-là, Charles de Gaulle comme Edmond Michelet choisirent sans hésitation leur camp*[155] ».

Peut-être en mal d'image, Michelet compare cette menace de guerre civile avec la guerre de sécession, aux Etats-Unis. Une comparaison qui tombe un peu à plat, même s'il parle de « nordistes » et de « sudistes » mais en effaçant curieusement les Afro-Américains de ce drame. Peut-être est-ce pour cela, par souci de symétrie, qu'il efface également de son sujet les musulmans qui se livrent, pourtant, d'ores et déjà, à une cruelle guerre civile. Michelet croit aux vertus du dialogue, il refuse de toutes ses forces de croire que la discussion puisse ainsi se terminer sans qu'une solution n'ait été esquissée. Mais il n'hésite pas à prononcer les mots tabous d'indépendance et de négociation tout en suppliant que, « *avant de nous entendre avec les Algériens rebelles, car il va de soi que c'est bien avec eux qu'il faudra enterrer la hache de guerre, il faudrait peut-être commencer par s'entendre entre nous* ». L'ouvrage d'Edmond Michelet est sans aucun doute nourri, sinon inspiré, par les confidences qu'il a reçues du Général, mais en publiant cette tribune libre, il montre que la position de Jacques Soustelle n'est pas la seule position « gaulliste » sur l'Algérie. Il est d'ailleurs sans doute le seul,

---

[155] Guy Pervillé. « Edmond Michelet, de l'Algérie française à l'Algérie des deux peuples. 1955-1958 ». Communication présentée lors du colloque : « Edmond Michelet dans la vie politique » des 10 et 11 décembre 2010. Consultable sur le site guy.perville.free.fr

pense-t-il, et peut-être a-t-il raison, à pouvoir exprimer sa pensée. Comme pour le conforter dans sa conviction, souligne Guy Pervillé, il reçut, datée du 20 décembre 1957, une lettre du Général lui disant : « *Vous êtes, à ma connaissance, le premier qui ayez mis dans une aussi claire et cruelle lumière le point essentiel de l'affaire franco-algérienne, c'est-à-dire le déchirement qu'elle provoque dans les deux peuples en même temps qu'entre eux deux*[156] ».

Reste à définir comment mettre fin à ce « déchirement » et ce qu'en pense réellement le Général en cet hiver 1957, à quelques jours du printemps 1958 et de son joli mois de mai.

La première victime de ce déchirement algérien est déjà désignée, c'est la IVe République elle-même. Guy Mollet est renversé, le 22 mai 1957, par le trente-quatrième vote de confiance ayant eu lieu sous sa mandature. Il est vrai que celle-ci a été particulièrement longue… Plus d'une année ! La chute a été provoquée par les « indépendants et paysans » qui exigent, du gouvernement, une pause sociale. Extraordinaire témoignage de la « hauteur » de vue des conservateurs qui, délibérément, tournent le dos aux exigences impérieuses du moment au nom d'intérêts particuliers et clientélistes, en l'occurrence les bouilleurs de cru. La médiocrité de la IVe République est tout entière résumée dans ce vote.

Après la chute du front républicain, ou de ce qu'il en restait, était-il possible d'imaginer un sursaut, inventer une nouvelle formule gouvernementale qui saurait dépasser les clivages de la politique française et serait en capacité de penser l'avenir ? Un gouvernement d'union nationale, voire de salut public, une expression qui court déjà dans les partis et les salles de rédaction, on l'a vu, et qui connaîtra bientôt son

---

[156] Lettre communiquée par Guy Pervillé à l'occasion du colloque déjà cité en référence.

heure de gloire. C'est la question que pose Alain de Sérigny, non sans arrière-pensée, dans son éditorial de l'Echo d'Alger daté du 23 mai 1957. La question restera évidemment sans réponse et les petits jeux politiciens pourront reprendre de plus belle, à deux pas du gouffre que leur aveuglement ne pouvait discerner.

LE TEMPS DES COMPLOTS

Le gouffre est là, pourtant, béant. Le compte des morts militaires et civils n'en finit pas, le nombre des victimes de la répression, des attentats ou des massacres grandit sans cesse. En 1957, le massacre le plus atroce est celui qui frappe le douar des Beni Ilman que l'histoire retiendra comme celui de Melouza. Trois cent quinze hommes, femmes et enfants sont massacrés, égorgés et mutilés parce que soupçonnés d'aider le MNA de Messali Hadj. Pire qu'à Philippeville, un an plus tôt. La propagande du FLN tente de porter ces massacres au débit de l'armée française. Propagande reprise au Caire et à Damas, en passant par Bagdad, Rabat, Tunis et … Paris. Certains messalistes, horrifiés, vont se rallier à la France et s'engager aux côtés de l'armée française, c'est le cas à Paris et dans quelques grandes villes où le MNA subit durement la « bataille de France » menée par le FLN contre lui. Quelques jours plus tard, c'est à Aïn Manaa, près de Wagram, que sont assassinés trente-cinq messalistes, hommes et femmes confondus. Si la guerre d'Algérie est bien une guerre coloniale, elle est aussi, et surtout, une guerre civile. Dans sa lettre à Edmond Michelet, de Gaulle avait vu juste.

Chacun sait, chacun sent, qu'il n'est plus possible de continuer à mener une politique algérienne « à la petite semaine ». Le triptyque de Guy Mollet « cessez-le-feu, élections, négociations » ne marche pas. Le FLN n'en veut pas et répond par un choix binaire qui a le mérite de la clarté :

« l'indépendance ou la guerre ». Le choix du gouvernement fonctionne d'autant moins que le même Mollet, sur le terrain, se montre incohérent. Il négocie au Caire avec des représentants du FLN, et avec l'approbation de Nasser, alors qu'il prépare l'expédition de Suez. Il mène l'impitoyable bataille d'Alger contre les rebelles alors qu'il est incapable d'inscrire dans la durée la moindre politique en direction des Algériens, les poussant ainsi, à force de déceptions sans cesse répétées, dans les bras du FLN que l'on pourchasse par ailleurs. L'éphémère gouvernement de Bourgès-Maunoury, investi après la chute de Mollet, retient la leçon et se souvient des promesses non tenues depuis plus de deux ans, notamment celle d'instituer le collège unique en Algérie. Il tente alors, à marche forcée, de faire adopter une loi-cadre. Que dit ce projet[157] ? Il institue le collège unique, il crée de nouveaux territoires dotés d'un parlement et d'un exécutif autonomes et prévoit la fédération de ces parlements au sein d'une assemblée fédérative, future interlocutrice de l'Assemblée nationale. Sous la pression des élus européens d'Algérie, qui auraient aimé voir disparaître tout le projet, Bourgès renonce à l'assemblée fédérative mais maintient le collège unique. Le gouvernement est battu sur cette proposition par une large coalition. Soustelle porte-t-il, avec son groupe des républicains-sociaux, la responsabilité principale de cet échec ? La responsabilité principale, non, la faiblesse de son groupe l'interdit mais la coresponsabilité, oui, car les vingt et un députés républicains sociaux ont bel et bien voté contre, avec 279 autres parlementaires. Mauvaise manière faite à son ami Bourgès-Maunoury car Soustelle n'avait exprimé qu'une seule réticence : « *En créant des pouvoirs autonomes locaux dans les différentes régions, le projet d'inspiration fédéraliste n'était pas*

---

[157] Le projet de loi-cadre présenté par Bourgès-Maunoury a été préparé par plusieurs juristes et constitutionnalistes de renom, notamment les professeurs François Luchaire et Georges Vedel.

pour me déplaire. Mais il omettait cependant de prévoir des contrepoids afin d'éviter des mesures discriminatoires[158] ». Il a donc voté contre après avoir vainement demandé, ce qui lui a été refusé, la création d'une « assemblée des communautés », sorte de Chambre Haute qui aurait tempéré la stricte loi du nombre.

Bourgès-Maunoury, battu, s'en va. Les conciliabules se succèdent, les tours de piste devant le Président de la République aussi. La machine tourne à vide. Arrive Félix Gaillard à la tête d'un gouvernement qui ressemble aux autres, même Chaban-Delmas en est, contre l'avis des républicains sociaux. Notons tout de même que le projet de loi-cadre, refusé à Bourgès-Maunoury il y a peu de temps, est finalement adopté dans les mêmes termes, et par une assemblée identique, le 1er février 1958. Le collège unique, dont on parle depuis 1947 est enfin adopté. Les parlementaires gaullistes vont voter contre, comme par reflexe contre la IVe République. Mais, déjà, ils n'ont plus la tête à ça. Face à la déconcertante impression de vide, s'impose l'idée relancée il y a quelques mois par Alain de Sérigny, celle d'un gouvernement de salut public. La peur d'un « Diên Biên Phu diplomatique » en Algérie, pour reprendre l'expression de Robert Lacoste, maintenu ministre résident, est nourrie par l'intervention conjointe des USA et du Royaume-Uni dans les affaires algériennes, intervention gentiment nommée « bons offices » mais dont on craint qu'elle impose une solution anglo-saxonne, certes diplomatique, mais défavorable à la France. Ces « bons offices » avaient été refusés par Bourgès mais ils sont finalement acceptés par Félix Gaillard.

L'inquiétude montant de toutes parts, les gaullistes se reprennent à espérer. L'heure de l'ermite de Colombey semble avoir sonné en dépit du pessimisme qu'affiche le Général qui se

---

[158] Jacques Soustelle. « Vingt-huit ans de gaullisme ». Op. cit.

plaît à répéter à tous ses interlocuteurs que le « système » ne voudra jamais de lui. Soustelle participe à la vaste campagne menée par les gaullistes dans tout le pays. Il sillonne la France avec ses compagnons, multiplie les discours mais ses priorités semblent en léger décalage. Il place l'Algérie au cœur de ses interventions, toutes les autres questions s'ordonnant autour de cette priorité. Le pouvoir pour lui-même, serait-il accompagné d'une promesse de refonte des institutions et du retour de l'homme providentiel, ne l'intéresse pas. Ce retour n'a de sens que s'il s'inscrit dans la promesse de l'intégration de l'Algérie à la France. Il n'est pas certain que tous ses chers compagnons partagent ce point de vue.

Soustelle veut forcer le destin, il joue le pire à la tribune de l'Assemblée nationale, rencontre des gens engagés dans divers complots (treize diront Merry et Serge Bromberger), complots qui ne sont secrets pour personne ! Il n'est d'ailleurs pas le seul homme politique gaulliste à fréquenter ces salons où on fait et défait le monde, notamment celui de l'avocat Biaggi où, selon les frères Bromberger, on peut croiser Christian de la Malène, Jacques Foccart, Michel Debré, Léon Delbecque, Olivier Guichard, Roger Frey... Le « haut du panier » gaulliste. Comme eux, il veut hâter le retour du Général, il veut une nouvelle République pour la France, une République capable de tenir ses promesses et son rang mais lui veut, surtout, garder l'Algérie française.

Dans ces salons, il joue l'ordre contre le désordre promis par certains comploteurs compulsifs. Selon Jean-Raymond Tournoux[159], Soustelle s'oppose formellement à toutes ces divagations. Si un mouvement doit naître à Alger, il est persuadé que le régime s'effondrera de lui-même sans avoir recours à des méthodes qui, d'ailleurs, ne seraient pas acceptées par les Français.

---

[159] J.R Tournoux. « L'Histoire secrète ». Editions Plon. 1962.

Le temps presse, Soustelle sent le vent mauvais qui pourrait entourer ce que sera, demain, le 13 mai. Il faut que les gaullistes reprennent la main. La campagne de pétitions et de meetings qu'ils organisent à travers tout le pays doit déboucher sur un appel au Général, prononcé du haut de la tribune de l'Assemblée nationale. Pour préparer ce moment, lui donner plus de force, Soustelle reprend l'idée du gouvernement de salut public. Il constitue ce que les Anglais nomment un « cabinet fantôme » avec le démocrate-chrétien Georges Bidault, le radical André Morice et l'indépendant Roger Duchet, tous membres de l'USRAF. Le moment venu, ce cabinet demandera au Général de prendre sa tête.

Mais acceptera-t-il ? Interrogé par Soustelle, de Gaulle répond qu'il voit les choses de loin, en historien ou en philosophe… Pas en politique. Il se dit exclu de l'action réelle et il ne veut donc pas en parler. Ce qui ne l'empêche pas de se tenir étroitement au courant de ce qui se trame dans les salons ou les officines.

Félix Gaillard tombe après quelques mois d'exercice des responsabilités et la crise ministérielle devient crise de régime. Le président Coty ne parvient plus à lui trouver un successeur, il fait la sourde oreille à ceux qui lui demandent d'appeler de Gaulle, il tourne le dos aux « quatre » qui forment l'ossature d'un éventuel gouvernement de salut public, effrayé par les conséquences que cela pourrait avoir. Pleven est appelé mais ne parvient pas à former une équipe ministérielle, ni à la première tentative, ni à la seconde.

En dépit des appels venant d'Alger, le suppliant de prendre la tête du mouvement qui se prépare là-bas, Soustelle refuse. La bataille parlementaire doit être menée jusqu'au bout pour éviter l'explosion révolutionnaire, pour montrer aux Français qu'une seule voie est possible, celle du recours au général de Gaulle. Devant cette évidence, c'est la République elle-même qui fera appel au Général. Cette attitude a le don d'énerver les ultras d'Alger qui, tout à coup, se souviennent des griefs qu'ils portaient contre le gouverneur général nommé par Mendès-France. Preuve est faite, pensent-ils, qu'il est bien un homme du système à qui il faudra donc forcer la main.

Mais il est difficile de forcer la main de celui qui fut pendant les années de guerre le chef des services secrets, d'un intellectuel dont le métier est de réfléchir, d'un homme politique qui ne s'est jamais confondu avec un homme d'aventure. En réalité, celui qui se serait bien vu mener ce rôle de chef de guerre, ce Saint Just de la révolution gaulliste comme le surnomment les frères Bromberger, c'est Michel Debré. Il a son journal, le « courrier de la colère », mais il lui manque l'affection que portent les pieds-noirs à Soustelle.

Finalement, le regard des Algérois se porte sur Robert Lacoste. Félix Gaillard parti, son mandat de ministre résident en Algérie est terminé. Est-il possible de le pousser à dire qu'il resterait en Algérie tant qu'un gouvernement de salut public n'a pas été nommé ? Lacoste ne dit pas non, il déclare à ceux qui font le siège de son bureau : « *Le sort de l'Algérie dépend d'une trêve des partis qui permette de constituer, non pas un gouvernement de salut public, je n'emploierai pas ce terme, mais un gouvernement d'union nationale*[160] ». Finalement, il ne bougera que si de Gaulle lui donne son aval. Ce qu'il ne fera pas. Robert Lacoste quitte donc l'Algérie pour ne pas être otage de ce qu'il pressent être une insurrection.

C'est le choix de Pierre Pflimlin pour succéder à Félix Gaillard qui va jouer le rôle de l'étincelle. Les militaires sortent de l'ombre et les généraux Salan, Jouhaud, Allard et Massu écrivent à René Coty, face à la menace d'abandon que représente Pflimlin, une lettre en forme d'ultimatum.

---

[160] Merry et Serge Bromberger. « Les 13 complots du 13 mai ». Op. cit.

Une grande manifestation est prévue le 13 mai, jour de l'investiture du président du Conseil pressenti. Persuadé que Pflimlin ne sera pas investi, Soustelle aurait préféré retarder cette manifestation de vingt-quatre heures, donnant ainsi toute légitimité à un appel au général de Gaulle. Le 12 mai, Alain de Sérigny titre son éditorial de l'Echo d'Alger d'un « Parlez mon Général » en caractères gras. Seul le silence lui répond. Les amis de Soustelle, Débré, Chaban, Guichard… le pressent de partir à Alger prendre la tête politique de ce qui va se passer. Mais Soustelle, comme Lacoste, comme de Sérigny, attend l'approbation du Général qui ne vient pas. Alors, il reste à Paris et envoie à Alger Léon Delbecque qui a déjà constitué, dans la capitale algérienne, sous la houlette de Jacques Chaban-Delmas, tous les réseaux indispensables.

Le 13 mai, Alger se rassemble massivement devant le monument aux morts. La ville blanche attend Jacques Soustelle et le dit bruyamment. Le soir venu, dirigée par Pierre Lagaillarde, la foule donne l'assaut au siège du gouvernement général, le « GG ». C'est l'insurrection. Les quelques Français qui ont la télévision voient, en noir et blanc, l'immense palais où l'on déverse à toutes les fenêtres tous les papiers disponibles : lettres, dossiers, notes. Ils virevoltent doucement dans le soir algérois. La foule est en bas des marches et les parachutistes se mêlent à elle, au coude à coude.

Paris, pris de panique par la révolte d'Alger, se protège derrière les CRS appelés d'urgence. Alger, elle, se donne un comité de salut public dont le général Massu prend la tête. Deux capitales se regardent, deux pouvoirs s'affrontent.

V.

Mai 1958 – Février 1960
Soustelle-de Gaulle : la déchirure

> « *Au moment où la vie publique est dominée par l'Algérie, je redoute l'incertitude d'intention du général de Gaulle à son égard, incertitude qui autorise Jacques Soustelle et François Mauriac à se réclamer de lui* »
>
> Jacques Isorni

LE PLÉBISCITE DE TOUS LES JOURS

Mai 1958. Alger réclame Soustelle mais, à Paris, la police le tient sous haute surveillance. Le laisser se précipiter dans la « marmite » algéroise, au moment où se prépare fiévreusement la manifestation du 13 mai, est hors de question.

Soustelle sait qu'il est attendu. Trop, peut-être, au goût du général Salan, général républicain, tout comme lui, mais qui n'est pas loin de le considérer comme étant l'otage des factieux. Ce n'est pas l'avis du général Petit, chef-adjoint de l'état-major des armées, gaulliste convaincu, qui constate que la pétaudière d'Alger aurait besoin d'un civil raisonnable, et ce civil ne peut être que Soustelle. Ses compagnons, Chaban, Frey, Guichard… le pressent de partir au plus vite. Ce sont les mêmes qui, à peine un an plus tard, lui tourneront le dos en lui reprochant son

« activisme » sur l'affaire algérienne. Mais Soustelle veut rester à Paris, il veut faire la démonstration que la démocratie peut rester la plus forte, surtout quand la tempête se lève. Le garant de la démocratie, c'est de Gaulle, et son retour passe par l'échec de Pflimlin devant l'Assemblée, échec d'ailleurs largement anticipé par tous les observateurs.

Mais, contre toute attente, Pierre Pflimlin est investi au soir de ce 13 mai ! C'est qu'entretemps le GG a été pris d'assaut et l'image fait forte impression. A Paris, les téléscripteurs crachent la nouvelle. L'écho s'amplifie dans les couloirs du Palais Bourbon et la menace d'une guerre civile imminente commence à prendre corps. Affolés, les députés votent alors largement pour l'investiture du président du Conseil pressenti dans ce qui ressemble à un geste de « défense républicaine ». Soustelle est fou de rage, cette initiative intempestive de Pierre Lagaillarde, jeune avocat aux allures d'étudiant, risque de faire échouer ce qui avait été préparé si soigneusement.

L'investiture tout à fait régulière de Pflimlin, obtenue dans une atmosphère de sursaut républicain, largement surjoué par certains, rend plus délicat l'appel à de Gaulle. Il risque fort d'être assimilé à la « sédition » algéroise. Désormais, il faut que l'appel vienne d'Alger, mais vienne des autorités ayant mandat de maintenir la légalité. Or, l'autorité, à Alger, c'est Salan, délégué général du gouvernement et cumulant pouvoirs militaires et civils.

Pierre Pflimlin, sitôt investi, confirme les pouvoirs du général Salan. Il demeure, jusqu'à nouvel avis, habilité à prendre toutes mesures pour le maintien de l'ordre. Ce que ce dernier traduit, en forçant un peu le trait, par l'annonce « *qu'il prend provisoirement en main les destinées de l'Algérie française*[161] ».

---

[161] Communiqué lu à la foule réunie au Forum, à trois heures du matin, dans la nuit du 13 au 14 mai. Cité par Alain de Sérigny dans « Abandon. Echos d'Alger ». Op. cit.

Le tout nouveau comité de salut public, satisfait de cette annonce, dit vouloir assurer la liaison entre la population et l'armée « *qui assume le pouvoir jusqu'à la victoire finale*[162] ». Le comité de salut public conclut ce premier communiqué en demandant au général de Gaulle « de bien vouloir rompre le silence ».

L'agitation et la confusion sont à leur comble. Soustelle craint que les événements récents ne viennent contrarier le plan initial qui se résume à un objectif unique, faire revenir de Gaulle au pouvoir. Il craint également qu'une certaine dynamique ne les entraîne tous vers d'autres voies, non désirées. C'est au cours de cette nuit agitée que Soustelle prend donc la décision de partir pour Alger, à condition de se débarrasser de ses « anges gardiens » et d'avoir l'accord, au moins tacite, du Général. Il partira, persuadé que cette condition est acquise. La veille, en effet, écrira-t-il plus tard, « *Guichard était allé à Colombey demander au général si je devais aller à Alger. Le général, me rapporta Guichard, n'aurait dit ni oui, ni non. Depuis, j'ai su qu'il avait dit non*[163] ». Première méprise d'une liste qui sera longue et qui, déjà, contient en germe tous les éléments du drame qui va se jouer : méfiance du Général vis-à-vis de Soustelle, instrumentalisation du même Soustelle par les barons du gaullisme et disgrâce finale, le 5 février 1960, quand il sera chassé du gouvernement.

Mais nous n'en sommes pas là et, pour l'instant, l'avion amenant Jacques Soustelle à Alger n'a toujours pas atterri à Maison-Blanche. Il ne pourra le faire que le 17 mai, à une heure de l'après-midi, après une première tentative avortée. La seconde conduira d'abord le fugitif en Suisse, dissimulé à

---

[162] Communiqué N°1 du comité de salut public lu à la foule par le général Massu, son président, au petit matin du 14 mai.
[163] Jacques Soustelle. « L'espérance trahie ». Op. cit.

l'arrière d'une voiture. Il pourra, alors, s'envoler depuis l'aéroport de Genève-Cointrain vers sa destination finale. Son vieux compagnon, Pierre de Bénouville, qui l'a grandement aidé dans cette entreprise, l'accompagnera jusqu'à Alger où ils seront reçus par un général Salan sur la réserve et que Soustelle devra rassurer.

Quatre jours, seulement, se sont passés depuis le 13 mai. Mais, en quatre jours, les événements se sont précipités. Le tout nouveau CSP (comité de salut public) tient désormais ses réunions dans les murs du GG et prend la place d'un pouvoir civil absent. Le 15 mai au matin, le général Salan a envoyé à Pierre Pflimlin un message l'adjurant de se retirer pour que naisse un gouvernement de salut public. L'après midi, devant une foule immense réunie sur le Forum, il conclut son discours en criant « Vive de Gaulle ». Le Rubicon est franchi, Salan vient de prendre la tête de l'insurrection algéroise. Il le fait après avoir parlé à son état-major qui, unanimement, l'approuve. Soustelle, occupé à échapper à ses surveillants, peut être rassuré. Salan, représentant légal de la France sur le territoire algérien, a fait ce qu'il espérait : appeler de Gaulle, l'homme du 18 juin, lavé a priori de tout soupçon putschiste ou totalitaire[164]. Mais Soustelle ignore peut-être deux choses. La première, c'est que les pouvoirs de Salan ont été rognés et se limitent, désormais, à la seule ville d'Alger menacée, par ailleurs, de blocus. La seconde, c'est que de Gaulle, enfin, a publié un communiqué qui déclare : « *Aujourd'hui, devant les épreuves qui montent de nouveau vers le pays, qu'il sache que je me tiens prêt à assumer les pouvoirs de la République*[165] ».

---

[164] Quelques jours plus tard, le 19 mai, lors d'une conférence de presse, le général s'amusera de ce soupçon en demandant aux journalistes venus l'entendre : « Est-ce à 67 ans que l'on entame une carrière de dictateur ?
[165] Charles de Gaulle. « Mémoires d'espoir. Le renouveau 1958-1962 ». Librairie Plon. 1970. Soustelle s'est réjoui de ce communiqué mais avait-

Soustelle a-t-il gagné avant même d'atterrir à Alger ? Non, car le président du Conseil s'accroche à ses exigences. Il exige notamment la dissolution du comité de salut public et le retour à Paris de Léon Delbecque et de Lucien Neuwirth, deux « agitateurs » gaullistes qui déploient tous leurs talents au service de leur chef. Exigences qui ne seront pas satisfaites. Après la publication de son communiqué, de Gaulle attend et observe les réactions des hommes du « système ».

Le lendemain, 16 mai, l'Assemblée nationale affolée vote, à une large majorité, l'état d'urgence. Pire, la censure, d'exécrable mémoire, est instaurée et les informations venues d'Alger n'arrivent plus. Dos au mur, sachant ses jours comptés, la IVe République défend sa coupable légèreté. A Alger, comme pour lui répondre, des dizaines, des centaines de milliers d'hommes et de femmes déferlent sur la ville. La manifestation est plus imposante que celle du 13 mai et mêle musulmans et Européens. Ils viennent de la casbah, d'Hussein-Dey mais aussi de Bab-el-Oued et de tout Alger. Les musulmans sont acclamés par les Européens qui, tout à coup, intuitivement, comprennent que l'intégration n'est pas qu'un slogan, qu'elle aurait pu exister bien avant et, qu'aujourd'hui, sa réussite est la clé pour rester en Algérie. Eux, qui avaient protesté contre la loi-cadre instituant le collège unique, acclament ce même « collège unique » qui prend forme devant eux, concrètement, sur cette place et dans les rues d'Alger. Des femmes arrachent leur voile, embrassent des Européennes. Une chaîne de l'amitié se noue spontanément, les drapeaux tricolores claquent au vent et la « Marseillaise » submerge tout, entraînant les anciens combattants de toutes les communautés, et bien au-delà, jeunes

---

il noté que, deux lignes plus haut, le général évoquant « la dégradation de l'Etat » parlait de « l'éloignement des peuples associés » ? L'association, déjà, qui sera son leitmotiv contre l'intégration.

et vieux. Ces scènes de « fraternisation », comme on les a appelées à ce moment-là, se multiplient dans toutes les villes d'Algérie. Elles ne sont troublées par aucun attentat, pas de grenades jetées sur la foule, pas de bombe déposée sur la voie publique, pas un seul mitraillage. Le FLN est tétanisé et désorienté, les exécutants ébranlés ou, tout à coup, conquis. Qui sait ? Ce qui est certain, c'est que les armes se sont tues et ont laissé un espace à l'espoir. Quelque chose a bougé ! Des esprits chagrins ont raconté, plus tard, au moment où il fallait bien justifier l'injustifiable, que tout cela n'était que mise en scène, voire le produit de menaces. Cette légende a été contredite par de nombreux observateurs, même parmi les moins bien disposés à l'égard de ce qui se passait à Alger et sur tout le territoire algérien. Certains ont parlé d'une sorte de « miracle », cet instant où l'histoire s'arrête et montre aux hommes et aux femmes qu'il est possible de se hisser plus haut que soi. Il est 13 heures, le 17 mai, quand Soustelle atterrit à Alger. Aussitôt reçu dans le salon d'honneur par les généraux Salan, Massu, Jouhaud, Allard et bien d'autres officiers supérieurs, ceux-ci tentent de faire comprendre au nouvel arrivé que sa présence risque de pousser Pflimlin à durcir encore sa détermination à rester en place. D'abord surpris, Soustelle croit que les militaires, venus si nombreux l'accueillir, ne sont là, en réalité, que pour le mettre à l'écart. Mais, fin politique, il comprend les arguments qui lui sont opposés. Il rassure les militaires et décide donc de taire sa présence à Alger afin de ne pas offrir à Pflimlin un prétexte à son obstination.

Mais comment est-il possible de taire une information à Alger ? Surtout si Léon Delbecque « vend la mèche ». Soustelle n'est pas sorti de l'aéroport que, déjà, les premiers Algérois arrivent à Maison-Blanche. Les autres se hâtent de rejoindre le Forum, les cris de « vive Soustelle » et de « vive l'Algérie française » se mêlent. Salan téléphone à Pflimlin et lui annonce l'arrivée de l'ancien gouverneur général. Il se fait dire, sèchement, de le renvoyer à Paris... Ce qu'il ne fera pas, bien évidemment.

Soustelle s'installe à Alger, dans la villa des oliviers, occupée successivement, durant la dernière guerre, par le représentant de Pétain, le général Weygand, puis par de Gaulle. En accord avec Salan, sans titre ni fonction, pas même celui de président du CSP qu'il décline, il devient le « premier civil d'Algérie », un drôle de titre inventé pour lui et qui va l'occuper à plein temps. Il va tout d'abord s'employer à consolider le terrain en multipliant les comités de salut public sur l'ensemble du territoire, lui qui s'était tant battu, en 1944, pour faire disparaître les comités de libération mis en place par les FTP. Il les coordonne entre eux et les place sous la responsabilité d'un comité de salut public de l'Algérie et du Sahara qui sera co-présidé par le général Massu et le docteur Sid Cara, ancien ministre. A Alger, Oran, Bône, Constantine, Mostaganem ou Tizi-Ouzou, il préside des rassemblements immenses qui se transforment en fête de la fraternité et où l'on entend des discours prononcés en français, en arabe ou en kabyle par des inconnus, hommes ou femmes, européens ou musulmans.

Mais son activité ne se limite pas à l'immersion dans la chaleur des rassemblements. Il faut, bien évidemment, rester en contact étroit avec les militaires et tenter de ne pas perdre, en dépit des difficultés techniques, des écoutes indiscrètes et du blocus mis en œuvre par Matignon, les liens noués avec la métropole, avec le Président de la République, tout d'abord, avec le général de Gaulle et les « compagnons » restés à Paris, avec les amis présents dans tous les partis, sauf le PCF... Il faut aussi s'adresser à tous les habitants d'Algérie, leur expliquer ce qui va se passer, leur dire pourquoi il faut espérer. Le 22 mai, il renoue avec ses vieilles habitudes de gouverneur général et se rend dans les studios de Radio-Alger où il déclare, avec les accents d'Ernest Renan[166], que « *tous les jours, c'est la France qui est plébiscitée. C'est un immense référendum spontané qui, de ce côté de la Méditerranée, répond à tous les doutes et dissipe toutes les incertitudes. Ceux qui doutaient se voient rassurés et se lève ainsi le poids écrasant de la terreur*[167] ».

« RÉSURRECTION », LE JEU DE DUPES

A Paris, pendant ce temps-là, le général de Gaulle invite le 19 mai les journalistes à le rencontrer au Palais d'Orsay, à deux pas de ses locaux de la rue de Solferino. Aussi brillant soit-il dans cet exercice, le général joue là une partie importante. Les Français l'attendent de nouveau[168] mais ils sont inquiets, il doit donc rassurer tout en resserrant les liens avec les insurgés d'Alger qui, là-bas, se battent pour son retour. L'exercice est compliqué : « *En Algérie, il y a une population qui, depuis des années, est dans la guerre, les meurtres, les attentats. Cette population voit les crises succéder aux crises, l'impuissance à l'impuissance... Comment veut-on, qu'à la longue, cette population ne se soulève pas ? Comment n'irait-elle pas chercher ailleurs un recours à ses malheurs ? C'est, fatalement, ce qui s'est produit. Dans ces conditions, l'Armée, qui constatait cette immense émotion populaire, a jugé de son devoir d'empêcher que le désordre s'établisse. Elle l'a fait et elle a bien fait*[169] ». Il demeure prudent et n'avance aucune solution. Il

---

[166] Ernest Renan. « Qu'est-ce qu'une nation ? ». Editions Mille et une nuits. Arthème Fayard. 1997. Ernest Renan y affirme notamment que « l'existence d'une nation est un plébiscite de tous les jours ».
[167] Allocution sur Radio-Alger. 22 mai 1958. Texte cité dans « jacquessoustelle.blogspot.com ».
[168] Ce sont les événements qui ont conduit au 13 mai qui mirent fin à la « traversée du désert » du général de Gaulle. Avant cela, ils étaient peu nombreux à espérer ou à prévoir son retour. Même Chaban-Delmas disait à qui voulait bien l'entendre qu'il n'y croyait plus.
[169] www.charles-de-gaulle.org. Site de la Fondation Charles de Gaulle.

se contente de redire sa disponibilité. Il déclare, tout simplement, attendre l'appel de René Coty « dans son village » qu'il va rejoindre immédiatement, dès la fin de cette conférence de presse.

Portrait rassurant d'un démocrate inquiet de la situation que vit son pays, portrait d'un homme seul qui souhaite se mettre à son service, comme il l'a déjà fait dans un passé pas si lointain. Bien sûr, tout le monde devine que des tractations ont lieu en coulisse, des rendez-vous discrets sont pris, comme celui de Saint-Cloud entre le général et Pierre Pflimlin ou bien encore avec des dirigeants socialistes, des coups de téléphone sont passés… mais que font les entourages, que se disent-ils ? Quels sont les arguments échangés et censés emporter l'adhésion ? Quels sont les moyens de pression mis en avant, s'ils existent ? Il en est un, au moins, qui aurait dû bénéficier de la plus grande discrétion mais qui semble être largement connu. Les imprudences ont-elles été volontaires ? Font-elles partie du plan ? Il s'agit, puisque plan il y a, de l'opération « Résurrection ». Malicieusement, au cours de sa conférence de presse, de Gaulle y fait allusion de manière subliminale : « *Ce qui se passe en ce moment en Algérie peut conduire à une crise nationale extrêmement grave. Mais aussi, ce peut être le début d'une sorte de résurrection*[170] ».

De quoi s'agit-il ? L'état-major militaire, dirigé par Salan, a imaginé une opération, baptisée « résurrection », qui prévoit l'intervention de parachutistes sur la région parisienne. Tenu au courant, comme bon nombre de dirigeants gaullistes, Soustelle croit que « *convenablement menée, cette opération pouvait aboutir sans tirer un seul coup de feu*[171] ». Sachant fort bien que le risque zéro n'existe pas, les initiateurs de ce putsch, puisqu'il faut bien appeler les choses par

---

[170] www.charles-de-gaulle.org. Site de la Fondation Charles de Gaulle.
[171] Jacques Soustelle. « L'espérance trahie ». Op. cit.

leur nom, ont convenu que le « top-départ » ne serait donné que si toutes les autres solutions échouaient. Mais un militaire prévoit tout : les plans sont prêts et l'itinéraire repéré. Massu sera de la première vague, Salan de la seconde, et les avions fournis par le général Jouhaud ont reçu leur plein de carburant[172]. Les généraux présents en métropole sont avertis et le commandant des CRS assure que ses troupes se rallieront.

Il y a donc complot ! Les initiés sont au courant, d'Alger à Paris, mais ce complot c'est un peu la maison du père où chacun, en dépit de ses différences, se retrouve. Il y a les activistes de toujours, en mal de révolution et de coup d'Etat, à l'image de Lagaillarde qui visite, en éclaireur, les locaux du Palais Bourbon. Il y a les anciens résistants pris de nostalgie à la seule évocation du nom du général de Gaulle, mais aussi les politiques... ceux pour qui c'est du sérieux et les autres, qui n'en parlent que pour ne pas avoir à s'en servir. A l'occasion du congrès du MRP, réuni à Saint-Malo le 15 mai, Georges Bidault fait semblant de s'interroger pour protéger de Gaulle : « *Il y a complot, c'est sans doute vrai puisque le président du Conseil nous le dit (Il s'agit de Pflimlin, membre du MRP) mais imaginer de Gaulle tremper dans une telle aventure, rien n'autorise à le croire*[173] ».

Quelques jours plus tard, le 24 mai, les parachutistes débarquent en Corse. Pas un coup de feu n'est tiré, sauf les salves tirées en l'air pour célébrer l'événement. Les CRS, envoyés par Jules Moch, ministre de l'Intérieur, se rallient comme un seul homme aux parachutistes et le préfet laisse volontiers sa place au comité de salut public créé pour

---

[172] Le général Jouhaud confirmera plus tard la coordination qui existait entre « ses aviateurs » et certains collaborateurs du général de Gaulle à Paris. Cité par Jean Lacouture dans un article de l'Encyclopoedia universalis.
[173] Forces nouvelles, organe du MRP, daté du 24 mai 1958.

l'occasion. Tout est réglé en quelques heures dans l'allégresse générale.

Doit-on considérer ce débarquement comme une « répétition générale » d'un événement planifié pour la nuit du 28 au 29 mai ou comme une accentuation de la pression exercée sur les tenants du système ? La deuxième solution semble la plus vraisemblable mais, pourtant, rien ne bouge à Paris et les conciliabules se poursuivent en secret. « *Ecœurés de ces atermoiements, les Parisiens commençaient à lever la tête vers le ciel, comme si des avions chargés de parachutistes survolaient déjà la capitale*[174] » avoue Louis Terrenoire.

La rumeur se précise et les annonce, ces parachutistes, pour le 29. Ce « coup d'État » sera, disent Merry et Serge Bromberger, « *un brumaire sans Bonaparte car de Gaulle refusera de venir dans les fourgons du putsch. Une entreprise boulangiste sans Boulanger*[175] ». Rien ne permet de l'affirmer puisqu'il n'y a eu ni putsch, ni fourgons.

On peut d'autant moins l'affirmer que le 28, (J-1), à Colombey, devant le général Dulac envoyé par Salan, de Gaulle apparemment regagné par le pessimisme, déclare en parlant de lui à la troisième personne : « *Ils ne veulent pas du général de Gaulle... Alors, faites le nécessaire*[176] ». Ces propos sont rapportés à Salan et à Soustelle le soir même, à Alger, devant bien d'autres témoins. Pour eux, l'affaire est entendue, de Gaulle donne le feu vert. Aurait-on oublié que le général, bien souvent, se confiant à ses interlocuteurs, dit ce que ces derniers veulent entendre ?

Alors ! Résurrection ou pas résurrection, avec ou sans de Gaulle ? Une chose semble certaine, le général, qui connaît dans les moindres détails l'opération « résurrection », l'a

---

[174] Louis Terrenoire. « De Gaulle et l'Algérie ». Op. cit.
[175] Merry et Serge Bromberger. « Les 13 complots du 13 mai ». Op. cit.
[176] Cité par Jacques Soustelle, « L'espérance trahie » et Alain de Sérigny, « L'abandon. Echos d'Alger ». Op. cit.

laissé se développer comme un outil de dissuasion, laissant tout un chacun dans le flou sur ses intentions réelles, la tactique favorite du Général. Il a un discours pour tout le monde, pour ses interlocuteurs politiques à qui il fait peur, pour les militaires qu'il rassure et pour ses amis qu'il tient à disposition.

Le jour prévu du parachutage, le 29, René Coty annonce à ses collaborateurs, à 10h 30, qu'il adresse immédiatement un message aux présidents des deux Chambres, l'Assemblée nationale et le Sénat, pour leur faire part de sa décision : A la suite de la démission de Pierre Pflimlin, la veille, 28 mai, il vient de choisir le général de Gaulle comme devant être le prochain président du Conseil. Magnifique jeu de passe-passe qui voit un président du Conseil légitimement élu, parlementaire depuis 1945, ministre de multiples fois, se retirant pour permettre à un ancien président du Conseil, démissionnaire depuis douze ans et qui n'a jamais été élu, de le remplacer.

L'opération « Résurrection » n'a plus lieu d'être. Elle a parfaitement réussi ! On laisse croire qu'elle pourrait, éventuellement, reprendre en cas d'appel du Général, s'il y a échec de sa tentative ou menace communiste. La peur des centurions, érigée en arme de dissuasion, est décidemment redoutable.

Le 31 mai, tout est dit. L'assemblée accepte que de Gaulle devienne président du Conseil par 329 voix contre 224. François Mitterrand, parlant au nom de ceux qui ont voté « non » et qui ne sont pas communistes (83 sur les 224) déclare : « *Alors que le plus illustre des Français se présente à nos suffrages, je ne puis oublier qu'il est présenté et appuyé d'abord par une armée indisciplinée. En droit il tiendra son pouvoir de la représentation nationale. En fait, il le détient déjà du coup de force*[177] ».

---

[177] www.assemblée-nationale.fr

Le général de Gaulle, investi par les parlementaires, met le Parlement en congé après s'être fait accorder les pleins pouvoirs. Il a gagné et n'a donc plus besoin des comploteurs, ni même de Soustelle qui a fait le travail à Alger, qui a su mener la révolte vers lui mais qui bénéficie d'une popularité qui l'agace. C'est en partie pour cela que de Gaulle se méfie de l'ancien gouverneur général. Il connaît sa passion « algérienne » et sa conviction du bien-fondé de l'intégration, conviction qu'il ne partage pas du tout. Il ne veut donc pas se laisser entraîner là où il ne veut pas aller... même s'il ne sait pas encore véritablement où il veut aller.

Quand il choisit ses ministres, le 1er juin, il écarte Soustelle et s'entoure des anciens de la IVe République : Mollet, Pinay, Pflimlin, Lejeune... bien encadrés par ceux qui oublieront leurs convictions par fidélité au chef. C'est d'ailleurs entouré de Lejeune, de Jacquinot et de Guillaumat, dont aucun n'a pris part au retour du général, qu'il débarque à Alger le 4 juin 1958, acclamé par la foule qui crie « Algérie française ». « *Sait-il, s'interroge Guy Pervillé, qu'en moins de quatre ans, il conduirait l'Algérie à l'indépendance et l'abandonnerait au pouvoir du FLN ? A-t-il déjà changé d'avis et va-t-il délibérément tromper ses auditeurs*[178] ? » Oui pour les uns, qui brandissent les preuves de ses mauvaises intentions, non pour les autres. Et il y a ceux qui estiment que le général de Gaulle a constamment improvisé sa politique algérienne, sans savoir où il allait. Une confidence faite à Edgar Faure, durant l'été 1958, pourrait leur donner raison : « *L'erreur la plus commune, pour tous les hommes d'Etat, c'est de croire qu'il existe à chaque moment une solution pour chaque problème. Il y a pendant certaines périodes des problèmes qui n'ont pas de so-*

---

[178] Guy Pervillé. « De Gaulle et le problème algérien autour de 1958 ». Revue d'histoire « Outre-mers », N°358-359. 1er septembre 2008.

lution. C'est actuellement le cas de l'Algérie[179] ». Un an plus tard, le 16 septembre 1959, de Gaulle pensera avoir la solution et l'exprimera clairement aux Français. Mais la solution évoluera encore pour aboutir au « lâcher tout » des accords d'Evian.

Les Algérois massés sur le Forum, ce 4 juin, n'en ont cure. Ils crient, ils chantent, ils sont heureux. Leur joie redouble quand ils entendent le célèbre « *Je vous ai compris, je sais ce qui s'est passé ici…* ». Cette formule, qui débute le discours que va prononcer le général de Gaulle, vient d'entrer dans l'histoire et, depuis, chacun a l'impression curieuse qu'il l'a entendue.

Si une phrase marque de telle façon son temps, c'est qu'elle était attendue par le pays tout entier mais aussi, et surtout, par les millions d'Algériens, Français et musulmans, qui depuis trois semaines emplissent les rues de toutes les villes d'Algérie. C'est grâce au talent de Delbecque, de Massu, de Petit, de Soustelle ou bien encore de Neuwirth ou de Frey que la « solution de Gaulle » a été adoptée par le comité de salut public et par l'armée, puis s'est imposée à la foule présente ce jour-là au rendez-vous de l'histoire.

Aujourd'hui, de Gaulle est là, dans son uniforme de général décoré de la seule croix de Lorraine, symbole de la résistance. La liesse est immense. Les cris « d'Algérie française » se mêlent à ceux de « vive de Gaulle » et de « vive Soustelle », l'éternel fiancé de la brûlante Algérie.

« Je vous ai compris », lance-t-il à la foule massée sur le Forum, musulmans et Européens confondus. Mais a-t-il compris l'envie folle de cette foule d'être rassurée ? A-t-il compris leur passion commune pour cette terre où ils sont nés ? Pas sûr. Ce qu'il a compris, avant tout, c'est qu'il est impératif de revenir à une situation normale et à l'autorité retrouvée de

---

[179] Edgar Faure. « Mémoires. T2 » Editions Plon. 1984.

l'Etat. Le FLN, même rendu muet, n'est pas mort, et les activistes dissimulés dans les comités de salut public répandus dans toute l'Algérie, éventuelles structures d'un pouvoir parallèle, peuvent représenter un danger potentiel. C'est à Oran, d'ailleurs, au cours de ce premier périple algérien, qu'il dira en petit comité que le rôle des CSP est terminé. La loi de la République devra donc s'imposer à tous, et notamment aux « *dix millions de citoyens à part entière* » qu'il est venu visiter. Précision importante qui confirme que, désormais, l'Algérie ne connaît plus que des citoyens français, soumis à la même règle républicaine. La promesse a été entendue. Depuis Chirac, nous savons qu'elle n'engage que ceux qui l'entendent.

Ce voyage semble se dérouler dans les meilleures conditions, la liesse est la même du premier au dernier jour, mais, pourtant, un malaise s'installe entre Soustelle et le général. A vrai dire, il y a longtemps qu'une distance s'est installée entre les deux hommes, même si elle ne s'est jamais exprimée ouvertement. La fêlure s'est aggravée avec l'affaire algérienne et ici, dans cette chaleur qui annonce l'été, elle devient palpable, physique. La popularité de Soustelle ne fait qu'aggraver les choses. Pendant chaque discours et le long du cortège qui transporte de Gaulle, ce sont les mêmes cris de « vive Soustelle » aussi nombreux, sinon plus, que les « vive de Gaulle ». Mais, après tout, les rivalités d'ego demeurent secondaires quand il y a accord sur le fond. Or, ici, le doute s'installe. Pourquoi, à Alger, à Oran ou à Constantine, les mots « Algérie française », tant attendus, ne sont-ils pas prononcés ? Il faudra attendre le 6 juin, et le discours de Mostaganem, le dernier, pour qu'enfin il prononce les mots magiques en conclusion de son discours. Cette date du 6 juin devra être marquée d'une pierre blanche car, jamais, il ne prononcera une nouvelle fois ces mots qui, selon une indiscrétion rapportée par Jean Lacouture dans son « De Gaulle », lui auraient échappé. Difficile de croire à l'étourderie du Général.

A la suite de sa visite à Mostaganem, de Gaulle quitte l'Algérie le 7 juin. Soustelle y reste pour quelques jours encore, jusqu'au 14 juin, comme s'il hésitait à revenir sachant que rien ne l'attend… Sauf Roger Frey qui sera là, à Villacoublay, à sa descente de l'avion. C'est un homme tourmenté qu'il a devant lui, un homme qui sent qu'on lui reproche d'avoir rejoint Soustelle à Alger et qui sait que rien n'est prévu pour ce dernier. Le malaise né durant le voyage du général de Gaulle ne s'efface pas. Il va même grandir et Roger Frey, bientôt, tournera le dos à son ami Soustelle.

Revenu dans la capitale, après un mois d'absence, il n'est plus le bienvenu. Il n'est plus qu'un parlementaire d'une Assemblée mise en congé forcé. Son sort est bien incertain mais il demeure, aux yeux des observateurs, le « premier civil d'Algérie ». Peut-être pour forcer le destin, il réunit la presse, le 20 juin, à l'hôtel Lutétia, et déclare aux journalistes qu'il est à la disposition du Général. Il en profite, une nouvelle fois, pour répéter ses convictions sur l'Algérie et dire ce qui s'est passé à Alger, le 13 mai. Il ne fait rien, en somme, pour faciliter son retour en grâce.

Sa nomination, comme ministre de l'Information, ne viendra que le 6 juillet, un peu par surprise, au moment où il fait ses valises pour partir en Amérique latine à l'invitation d'un congrès d'ethnologues. Il est sans doute heureux de la signature de ce décret le nommant, le jour même, ministre de la République, mais subsiste un fond de déception. Il savait qu'il ne pourrait pas être titulaire d'un grand ministère de l'Algérie, de Gaulle l'avait dit, à lui et à quelques convives, au cours d'un déjeuner à Alger : « *L'Algérie, c'est moi ! Jacques Soustelle, qui est mon ami, recevra bientôt, soyez-en sûrs, une mission conforme à ses mérites*[180] ». Peut-être espérait-il quand même quelque chose qui le rapprocherait de « son » dossier.

---

[180] Jacques Soustelle. « L'espérance trahie ». Op. cit.

L'Intérieur, par exemple, mais ce serait ignorer la volonté du général de Gaulle qui, après l'avoir fait attendre, le nomme à un poste secondaire. Le ministère de l'Information n'est-il donc qu'un lot de consolation ? Ceux qui l'approchent le sentent amer. Ce n'est pas la première fois que cette amertume l'envahit, et il sait comment y résister, en se mettant à la tâche avec détermination. Le travail ne manque pas : préparer, à son poste ministériel, la campagne du référendum demandant aux Français d'adopter, ou de rejeter, la constitution de la future Ve République et, dans la foulée, préparer les prochaines élections législatives. Comme militant, il souhaite également peser autant que possible sur la création du futur parti présidentiel, l'UNR (Union pour la nouvelle République) et il pressent que la bataille sera compliquée.

LE CANCER DU DOUTE

En cet automne 1958, Soustelle ne se montre-t-il pas trop méfiant ? Ne prête-t-il pas trop d'importance à sa susceptibilité et à son ego blessé ? Après tout, officiellement, rien ne montre que le général de Gaulle ait l'intention de contredire ce qu'il a proclamé en Algérie, en juin dernier, devant des centaines de milliers de personnes. Rien ne laisse présager un changement de pas dans la conduite de sa politique algérienne. Le petit moment d'émotion partagé avec le général Jouhaud, venu l'accompagner à l'aéroport d'Oran, et qui le pousse à lui demander : « *Alors Jouhaud, on ne va pas partir d'ici quand même*[181] ? » n'est-il pas l'exact reflet de sa pensée ?

Faute de pouvoir lire dans cette dernière, demeurent les faits et les gestes concrets et ils devraient rassurer Jacques Soustelle. L'administration de l'Algérie demeure aux mains

---

[181] Michèle Cointet. « *De Gaulle et l'Algérie française* ». Editions Perrin. 1995.

des militaires. Salan est confirmé dans sa responsabilité de délégué général du gouvernement en Algérie et conserve le commandement en chef des armées, Massu est nommé préfet d'Alger, d'autres officiers généraux occuperont des postes semblables à Oran ou Constantine et les comités de salut public ne sont pas dissous. Par ailleurs, le plan de Constantine est annoncé. C'est un plan ambitieux qui prévoit une politique économique et sociale encore inédite à ce jour et qui, s'étalant sur cinq ans, ne laisse en aucun cas craindre un départ précipité. Même son offre de pardon faite aux rebelles, le 3 octobre 1958, ne saurait inquiéter. Quoi de plus normal, pour un chef de gouvernement, que d'en appeler à la cessation des combats au nom d'un avenir de paix rendu possible par de nouvelles perspectives de développement économique, de progrès social et de promotion individuelle, toutes contenues dans le plan de Constantine ? Cette année 1958 est décidément prometteuse. Elle se termine d'ailleurs en apothéose avec l'adoption de la constitution de la Ve République et l'élection d'une Assemblée nationale où les partisans de l'Algérie française sont majoritaires. La sagesse aurait commandé de se souvenir que plus la victoire est grande, moins les promesses engagent ceux qui les formulent.

Le référendum du 28 septembre avait un sens particulier en Algérie. De Gaulle, de passage à Alger le 29 août, l'exprime clairement sur les ondes de Radio-Alger : « *Répondre oui, cela veut dire vouloir se comporter comme un Français à part entière*[182] ». Ce à quoi répond le FLN, le même jour, dans son émission « la voix de l'Algérie combattante » diffusée par Radio-Maroc : « *Voter pour la nouvelle constitution française, comme s'il s'agissait de leur propre constitution, prouverait que l'intégration serait devenue un fait avec*

---

[182] Charles de Gaulle. « Discours et messages ». Editions Plon. 1970.

le propre consentement des Algériens[183] ». Les deux protagonistes disent la même chose, et en tirent la même conclusion : le « oui » est la clé d'entrée à la citoyenneté française. C'est pourquoi le FLN engage toutes ses forces contre le « référendum français », pour un bien piètre résultat. Les inscriptions sont nombreuses, notamment parmi les femmes qui montrent le chemin. L'intérêt des Algériens pour ce scrutin est évident, au grand désespoir de certains milieux intellectuels français qui expliquent, contre toute évidence, qu'il est le produit du « chantage », de la « violence », voire de la « terreur » dont seraient victimes les Algériens. Il n'y eut rien de tout cela. Les Algériens s'inscrivirent en masse, votèrent en masse et votèrent oui en masse. Autant dire un triple non adressé au FLN et au tout nouveau GPRA (gouvernement provisoire de la république algérienne) créé en septembre 1958. Au soir du dépouillement, on constate que 75% des électeurs algériens inscrits se sont déplacés et, parmi eux, 96% ont voté oui[184].

Le résultat du référendum est capital, il est la traduction politique la plus claire de l'immense mobilisation du mois de mai où, en masse, musulmans et Européens ont manifesté, ensemble, leur espoir de voir naître une autre Algérie. Ce moment historique démontre que l'intégration n'est pas une idée vide, abstraite. Il prouve que de très nombreux habitants de l'Algérie, toutes communautés confondues, y sont prêts, bousculant les appels à la haine du FLN et l'aveuglement des dirigeants politiques européens.

Une trentaine d'années plus tôt, déjà, une telle occasion était évoquée. En 1930, à l'occasion des fêtes commémorant le centenaire de la « conquête » de l'Algérie, le gouverneur

---

[183] Cité par Jacques Soustelle dans « L'espérance trahie ». Op. cit.
[184] Les listes électorales du territoire algérien comptaient 4,5 millions d'électeurs. 3,35 millions dirent oui et 118 600 dirent non.

général d'alors, le libéral Maurice Viollette, avait exprimé le souhait que « *l'on ne parle plus de conquête. Il faut organiser ce centenaire, poursuit-il, de manière qu'Européens et indigènes puissent fraternellement s'unir dans la pensée d'une grande espérance* ». Et de lancer cet avertissement : « *Ces hommes vous disent nous n'avons pas de patrie, nous voulons une patrie française, nous vous la demandons. Et bien, donnez-la-leur, sinon ils en demanderont une autre*[185] ». Le gouverneur pense-t-il tout particulièrement à Ferhat Abbas, futur président du GPRA, qui, dans ces années-là, à la tête de la fédération des élus musulmans, se bat pour l'assimilation et l'égalité des droits ?

1930, 1958, deux moments « *où le péché de la conquête pouvait être pardonné et même effacé* » comme le dira Jean Daniel[186]. Peut-être était-ce trop tôt en 1930, comme pouvaient le penser à tort tous ceux pour qui la réforme est toujours prématurée, mais ce n'est certainement pas le cas en 1958 où il y a urgence, celle de la dernière chance. Et pourtant l'occasion sera gâchée par celui-là même qui fut appelé au secours de l'Algérie française. Hostile à l'intégration et plein de mépris pour ceux qui veulent « l'entraîner » sur ce terrain, il n'aura de cesse de vider de tout son sens le scrutin du 28 septembre, jusqu'à le nier.

Les législatives des 23 et 30 novembre sont de nature différente. La Ve république est acquise, il s'agit maintenant que le futur président, dont tout procède dans la nouvelle République, dispose d'une majorité solide. Comment faire ? Deux écoles se disputent. L'une préconise l'application d'un scrutin uninominal à deux tours, l'autre vante les mérites du

---

[185] Maurice Viollette. « L'Algérie survivra-t-elle ? ». Editions Félix Alcan. 1931. Cité par José-Alain Fralon dans son ouvrage : « Jacques Chevallier, l'homme qui voulait empêcher la guerre d'Algérie. Librairie Arthème Fayard. 2012.
[186] Jean Daniel. « Le temps qui reste ». Editions Stock. 1973. Cité par José-Alain Fralon (op. cit.).

scrutin de liste départemental[187]. Finalement, après arbitrage du général de Gaulle, le premier sera appliqué en métropole et le second en Algérie. On pouvait rêver plus simple…

Le choix algérien s'explique pourtant assez facilement, il s'agit avant tout d'éviter de voir des amis secrets du FLN se présenter devant les électeurs d'une circonscription et, une fois élus, servir les desseins du Front. La candidature d'Abderrahmane Farès, figure de la troisième force au tournant des années 55-56, et agent d'influence du FLN depuis lors, aurait été envisagée un moment, avec l'aval de Ferhat Abbas. Le FLN renoncera à cette tactique. Non seulement elle est contradictoire avec la logique développée au moment de sa campagne sur le « référendum français », mais elle devient difficile à mettre en œuvre, sinon impossible, avec le choix du scrutin de liste. Plus logiquement, Ferhat Abbas déclarera : « *le peuple algérien déclare nulles et non avenues les élections imposées par de Gaulle à l'Algérie*[188] ».

Le choix métropolitain, par contre, est plus surprenant car il favorise essentiellement les partis implantés localement, principalement les socialistes et les indépendants, et marginalise ceux qui ne disposent que d'un parti tout neuf. C'est le cas de l'UNR. Jacques Soustelle, plus tard, une fois la rupture consommée, soupçonnera de Gaulle d'avoir voulu marginaliser ceux qui avaient fait le 13 mai et, peut-être, d'avoir voulu mettre Guy Mollet à la tête du premier gouvernement de la Ve République. Pourquoi pas ? On a vu des combinaisons politiques plus compliquées mais celle-ci reste improbable, même si une partie de l'entourage, déjà décidée

---

[187] Le scrutin uninominal à deux tours est celui qui existe de nos jours pour les élections législatives. Ce scrutin favorise les partis implantés localement. Le scrutin de liste à deux tours est celui encore en vigueur pour les élections municipales. Il permet de construire des alliances entre les deux tours.
[188] Déclaration faite à l'agence « Chine nouvelle » le 17 octobre 1958.

à « tourner la page », a très bien pu suggérer cette idée. C'est l'exemple même de fausse bonne idée. Mesure-t-on combien Michel Debré, ancien zélateur de l'Algérie française, a été utile pour « faire passer » la politique du Général ? Guy Mollet n'aurait pas pu jouer ce rôle, les tomates de 1956 étaient encore fraîches dans les mémoires.

Dans l'immédiat, en tout cas, les craintes de Soustelle se révèlent infondées. Le souffle du 13 mai est encore vivace et l'UNR, en dépit de ses difficultés à trouver des candidats, est non seulement perçue comme le dépositaire de « l'esprit du 13 mai » mais aussi comme le parti du Général, l'homme du redressement espéré. Le succès est au rendez-vous, comme l'est l'échec de tous ceux qui se déclarèrent hostiles à l'Algérie française et, surtout, au retour du général de Gaulle. Pierre Mendès-France, François Mitterrand, Edouard Depreux, Charles Hernu, Claude Bourdet, Gaston Defferre et bien d'autres sont battus. Politiciens d'expérience, pour la plupart anciens ministres, ils ne résistent pas à la vague. Au sein même de l'UNR, ceux qui s'affirment le plus haut en faveur de l'Algérie française obtiennent de meilleurs résultats que ceux qui s'y opposent ou qui se montrent réservés. La leçon du scrutin peut paraître évidente, c'est un oui à de Gaulle et un oui à l'Algérie française[189].

En Algérie, où l'on vote au scrutin de liste, le constat est le même. Partout, les listes « Algérie française » l'emportent haut la main, comme celles, par exemple, de Pierre Lagaillarde ou de Nafissa Sid Cara, dans la région d'Alger. Avec soixante-six députés, elles passent largement devant les listes estampillées UNR ou gaullistes, à l'exception d'Oran. A

---

[189] Résultats globaux du scrutin des 23 et 30 novembre 1958 : UNR : 189 sièges, Indépendants (CNI) : 132, Divers droite (groupe « algérien ») : 81, MRP : 57, SFIO : 40, Radicaux : 35 et PCF : 10. L'extrême droite, poujadiste notamment, est laminée : 0 siège. Le Pen sera néanmoins réélu avec l'étiquette CNI.

l'Assemblée nationale, ils formeront un groupe spécifique où l'on pourra compter quarante-cinq députés musulmans. Certains s'empresseront de les délégitimer, les qualifiant de « béni-oui-oui[190] ». D'autres, comme Louis Terrenoire, quelques années plus tard, accuseront la « fraude de masse » mise en œuvre en Algérie. Une fraude nullement dénoncée par le Général qui, pourtant, se serait déclaré déçu par le résultat. Et en métropole, est-ce la fraude qui explique le raz-de-marée de l'UNR et la défaite de tous les leaders de l'opposition ? Pauvres prétextes pour masquer la réalité de l'histoire.

L'attitude du général de Gaulle sera plus habile, et plus politique. Il niera purement et simplement la signification profonde de ces deux consultations, qu'elle soit politique ou sociologique. Les députés algériens, élus par les Algériens eux-mêmes, convaincus qu'ils vivaient un moment important, attendront en vain la moindre sollicitation de la part du chef du gouvernement, puis du chef de l'Etat. Jamais il ne les rencontrera. Envolée la belle promesse d'Alger, celle de faire l'Algérie nouvelle avec les élus qui sortiraient de ce premier scrutin réalisé sous la règle du collège unique.

Si l'année 1958 s'achève sur de bonnes nouvelles, une impression de gêne n'en demeure pas moins. Les non-dits du Général y contribuent beaucoup. Son obstination à ne jamais prononcer le mot intégration, par exemple. Dans le meilleur des cas, elle est interprétée comme une hésitation, mais elle pourrait tout aussi bien être le signe de son hostilité résolue, l'aveu qu'il voulait autre chose. Mais quoi ? Certains signaux sèment le doute, comme l'ordre donné aux militaires de se retirer des comités de salut public. Tout en comprenant

---

[190] Maurice Duverger. Le Monde du 8 novembre 1958. Ce même mépris sera repris en 2008 par Bernard Droz dans la revue « outre-mers », N°358-359 du 1er septembre 2008.

qu'en temps normal les militaires doivent être tenus à l'écart de la politique, Jacques Soustelle pense que cette décision est une erreur au moment où est menée, en Algérie, une guerre subversive donc par essence politique. C'est la séparation de l'armée et du peuple qui, selon Soustelle, « *a été à la base des événements du 24 janvier 1960 (semaine des barricades) et du 22 avril 1961 (putsch des généraux). Si cette décision n'avait pas été prise en 1958, l'OAS n'existerait pas en 1961*[191] ». Ce n'est qu'en 1959 que Soustelle, et d'autres, comprendront qu'il y a rupture dans la conduite des opérations militaires en Algérie et qu'ils feront le lien avec le retrait des militaires des CSP. Avec le « plan Challe », c'en est fini, du moins théoriquement, de la politique de quadrillage serré du pays, « *visant, lentement, à naturaliser et digérer l'Algérie, comme cela avait été fait en Vendée*[192] », finis les SAS qui apportent l'éducation, la santé et l'aide nécessaire au travail de la terre, finis les groupes d'autodéfense et les harkas. Place à la guerre de mouvement qui va balayer d'Est en Ouest l'Algérie. Si l'on suit Clauzewitz, pour qui « *la guerre n'est que la continuation de la politique par d'autres moyens*[193] », ce changement de doctrine militaire n'est pas neutre. Il recouvre une profonde divergence politique sur la nature du conflit algérien : est-il guerre civile ou guerre étrangère, conquête des âmes ou conquête du terrain ? Cette double question en amène une autre, celle de la nature même de l'Algérie : est-elle terre française et dans ce cas le devoir impose de n'abandonner aucun habitant, « Français à part entière » selon la définition lancée par de Gaulle, ou est-elle terre étrangère sur laquelle l'armée française livre combat à une autre armée ? Le Général

---

[191] Jacques Soustelle. « L'espérance trahie ». Op. cit.
[192] Jean Lacouture. « De Gaulle-Le souverain » T3. Op. cit.
[193] Carl Von Clausewitz. « De la guerre ». Il existe de nombreuses traductions de cette œuvre publiée par de non moins nombreuses maisons d'édition.

va choisir en balayant du revers de la main le concept de « guerre subversive » pour ne retenir que la guerre traditionnelle que l'on fait à un ennemi traditionnel et avec qui l'on traitera nécessairement par le biais de son gouvernement. Cela tombe bien, le GPRA vient d'être créé. De Gaulle, qui partage avec Clauzewitz l'idée que le chef militaire est avant tout un politique, a choisi. C'est un choix politique dont peu ont mesuré la portée en ce début d'année 1959 mais qui annonce l'enchaînement des revirements gaullistes.

Le 6 janvier de cette année 1959, le général de Gaulle s'installe à l'Elysée. Soustelle vient d'accepter le poste de ministre délégué auprès du Premier ministre, chargé du Sahara, des territoires d'outre-mer et de l'énergie. Longtemps réservé, il a finalement accepté d'entrer dans le premier gouvernement de la Ve République grâce à la pression « amicale » d'Alain de Sérigny, venu tout spécialement d'Alger à la demande de Roger Frey, et aussi en raison de l'insistance de Michel Debré qui, pourtant, aurait reçu du nouveau chef de l'Etat le conseil de ne pas prendre Soustelle dans son gouvernement, lui assurant qu'il n'est plus avec eux et qu'il causera des ennuis.

Le gouvernement n'a pas encore été présenté à la presse lorsqu'il apprend la libération de Ben Bella et de ses compagnons, et leur placement en résidence surveillée sur l'île d'Aix. Stupeur de Soustelle qui, aussitôt, prévient Debré qu'il retire son accord. Nouveaux conciliabules, nouvelles pressions. Rassuré par Michel Debré, qui affirme qu'il n'est pas question d'entamer des négociations avec le FLN, Jacques Soustelle revient sur son refus et intègre le gouvernement.

Etrange attelage que ce gouvernement : Debré tente de freiner l'abandon de l'Algérie, avant de se convaincre du bien-fondé de la politique gaulliste, Soustelle campe sur ses positions favorables à l'Algérie française et Michelet prépare la négociation. Trois politiques, trois hommes qui, en fonction des aléas, peuvent se révéler utiles. Devenus inutiles, ils seront appelés à s'éclipser discrètement. Ce sera le cas de Soustelle, la discrétion en moins, puis de Debré. En politique, il paraît que le cynisme est une qualité.

Michel Debré, Premier ministre, lit la déclaration de politique générale du gouvernement à l'Assemblée nationale. Jacques Soustelle, ministre délégué auprès du Premier ministre, en fait lecture à la tribune du Sénat. Au cours du débat qui suit, le docteur Sid Cara, député d'Oran, fait observer qu'il y a des mots que l'on n'a pas prononcés sur le banc du gouvernement, celui d'intégration par exemple : « *vous parlez d'association, mais une association peut être dissoute* ». Le député d'Oran met le doigt sur un point sensible, celui de la conviction profonde du général de Gaulle qu'il se garde bien d'évoquer, sauf en laissant filtrer quelques « indiscrétions ». En 1955, déjà, il confiait à Louis Terrenoire *« qu'il faut créer, en Algérie, les conditions d'une nouvelle association*[194] ». Il a fait part de son pessimisme à Edmond Michelet, venu le visiter, on l'a vu plus haut. Lors d'une conférence de presse tenue le 30 juin 1955, il définit ce que doit être l'association : « *elle doit être définie soit comme un lien de nature fédérale entre Etats, soit comme l'intégration dans une communauté plus large que la France, ce qui pourrait être le cas de l'Algérie*[195] ». Cette communauté, quasiment mort-née, verra le jour avec l'adoption de la constitution de la Ve République et disparaîtra dès 1960, ayant fait la preuve de son inutilité.

Ali Mallem, député de Batna et membre du comité central de l'UNR, intervient derrière son collègue Sid Cara. Lui

---

[194] Louis Terrenoire. « De Gaulle et l'Algérie ». Op. cit.
[195] Conférence de presse du général de Gaulle, le 30 juin 1955. Ce sera la dernière qu'il tiendra avant le 19 mai 1958, signant ainsi son retour en politique.

aussi relève les ambiguïtés et s'attarde sur ce qui fait mal : « *Dites ouvertement que la France a opté pour l'intégration. Rendez-nous notre courage, à nous qui sommes tous des morts en sursis. Ne découragez pas les Algériens, offrez-leur la nationalité française*[196] ». Curieusement, en parlant de morts en sursis, Ali Mallem reprend les mots qu'Abane Ramdane avait glissés à Ferhat Abbas, pour l'impressionner, en 1955. Peut-être s'agit-il d'un hasard, mais la coïncidence est troublante.

16 SEPTEMBRE 59, LE BASCULEMENT

De janvier à septembre, de non-dits en indiscrétions, le doute se fait pesant avant de devenir certitude. L'angoisse pointe derrière le malaise installé depuis longtemps, que ce soit en métropole ou en Algérie.

Là-bas, de l'autre côté de la Méditerranée, les succès remportés par le « plan Challe », qu'ils s'appellent « couronne », « turquoise », « jumelles » ou « pierres précieuses », n'atténuent pas le ressentiment des cadres de l'armée. Ils constatent que le FLN subit des coups très durs, et s'en félicitent, mais ils craignent que ces opérations soient avant tout conçues pour préparer, dans un rapport de force favorable, d'éventuelles négociations avec le GPRA. A Paris, en effet, un petit nombre de personnes échafaudent des plans qui, tous, conduisent à la négociation. Michel Debré dément toutes les rumeurs qui en font état, sans doute sincèrement, mais il est des projets qu'il vaut mieux taire, au Premier ministre comme au général Challe car, dans leur grande majorité, les militaires restent hostiles à l'idée de négociation[197]. Leur travail, sur le terrain, est irremplaçable et ils

---

[196] Cité par Jacques Soustelle dans « L'espérance trahie ». Op. cit.
[197] Dans son ouvrage « Un espion dans le siècle » (Plon 1994), Constantin Melnik reconnaît que l'effort de guerre sans précédent mené en Algérie avait pour seul but l'ouverture de négociations et, ainsi,

prennent au sérieux leur engagement à ne pas quitter des populations qui, en toute confiance, se sont totalement engagées avec eux. Ils vivent mal d'être assimilés, par le chef de l'Etat, à des protecteurs de l'ordre colonial. Leur objectif, mille fois réaffirmé, est clair : il s'agit de lutter tout à la fois contre l'ordre ancien, colonial, et contre le FLN. « *Ils veulent, avant tout, une refonte sociale au bénéfice des masses musulmanes* » reconnaît Jean Lacouture[198]. Ils sont ulcérés par le mot du Général les incitant à renoncer « *à jouer les bonnes d'enfants*[199] ».

C'est pour prendre le pouls des militaires, qu'il sait perturbés, et pour tester le discours qu'il s'apprête à prononcer, le 16 septembre prochain, que le Président de la République se rend en Algérie, du 27 au 30 août, pour effectuer ce que l'on retiendra comme sa première « tournée des popotes ». Dès son arrivée à Orléansville il évoque en termes vagues, avec le général Massu venu l'accueillir, trois « hypothèses » de travail qu'il dévoilera aux Français une quinzaine de jours plus tard : francisation, sécession ou association. Pour Massu, il est évident que la décision du général de Gaulle est déjà arrêtée. Il s'en inquiétera mais se rassurera[200]. Il se dit que la partie est « jouable » si l'on fait porter tout l'effort sur la première solution, celle de la francisation. C'est le raisonnement que tiendra, quelques semaines plus tard, Jacques Soustelle, sous-estimant la force de la machine gaulliste qui vient de se mettre en marche. Le Général vient de choisir et il disposera, contrairement à Soustelle, des moyens de sa politique. Le chef de l'Etat rencontre ensuite Bigeard à Saïda

---

permettre au peuple algérien de choisir « librement »... six mois plus tôt, au moment du référendum, qu'avait-il fait ?
[198] Jean Lacouture. « De Gaulle-Le souverain ». T3. Op. cit.
[199] Paul-Marie de la Gorce. « De Gaulle entre deux mondes ». Editions Fayard. 1964.
[200] Jacques Massu. « Le torrent et la digue ». Editions Plon. 1972.

puis Challe en Kabylie. Il réunit, enfin, tous les officiers supérieurs et leur déclare[201] que « *l'heure de l'administration indirecte des autochtones par l'intermédiaire des Européens est révolue* ». Il insiste également sur la conjoncture internationale « *où nous ne pouvons faire fi de l'opinion du monde* ». Bref, dit-il, le monde change et le rôle de l'armée va devoir changer. De Gaulle demande donc à ses militaires de le suivre. La discipline étant, comme chacun le sait, la force principale des armées, la tournée qui s'annonçait délicate se termine calmement. La « grande muette » a fait honneur à son surnom. Comme tous les Français, elle va attendre ce que dira le général quelques jours plus tard. Derrière le masque de silence qu'elle s'impose, l'armée n'en pense pas moins et sent l'inquiétude monter dans ses rangs.

Et à Paris, durant cette année 1959, que se passe-t-il ? Les petits mots, les petites phrases du Général, sont rapportées avec gourmandise par ceux à qui une confidence d'un moment, dûment répétée, peut donner l'impression d'être importants. Ces confidences, réelles ou arrangés, toutes hostiles à l'intégration et au destin français de l'Algérie, finissent par créer une ambiance détestable. Des questions se posent : « A-t-il joué double jeu depuis le début ? », « Est-il contraint par les circonstances, notamment internationales ? », « Sait-il où il va ? »… Si l'on s'en tient à la seule lecture de quelques déclarations officielles, ou à ses rares entretiens publiés dans la presse, il n'y a pas de raison de s'alarmer outre mesure. Quand il déclare, le 29 avril, « *l'intégration, quelle est la signification politique de ce terme ? Que l'Algérie est française ? Mais est-il utile de le dire puisque cela est* », il rassure, mais en ajoutant dans la foulée « *ceux qui crient aujourd'hui le plus fort en*

---

[201] Benjamin Stora. « De Gaulle et la guerre d'Algérie ». Editions Robert Laffont. 2009. L'auteur fait référence à des notes prises par le cabinet militaire du général de Gaulle et diffusées en quelques exemplaires sous l'estampille 46/CM/TS.

faveur de l'intégration sont ceux-là mêmes qui veulent qu'on leur rende l'Algérie de papa[202] », il déstabilise. Ce bon mot, censé viser les ultras, tombe à plat en dépit du succès qu'il va connaître, car ces derniers sont, pour l'essentiel, hostiles à l'intégration. Mais il est de « bonne » politique de faire l'amalgame et, en un seul bon mot, délégitimer ceux qui veulent l'intégration en les faisant passer pour autre chose que ce qu'ils sont.

Ce qui inquiète peut-être davantage, c'est la distance qui s'installe entre les discours prononcés par Michel Debré et ceux prononcés par le Général. Une sorte de « bicéphalisme », largement mis en avant par la presse, semble s'être installé à la tête de l'Etat… « *Mais l'une des têtes était postiche*[203] » souligne cruellement Jacques Soustelle.

Cette situation ne va pas sans troubler l'UNR et la divisera ensuite profondément. Ce mouvement politique né du 13 mai, qui demeure marqué par cette histoire récente, ne peut rester insensible à l'incertitude qui se dévoile peu à peu. La plupart des militants, au premier rang desquels il faut compter les parlementaires, se sont prononcés pour l'Algérie française et font confiance à de Gaulle pour réaliser cet objectif. Cette confiance n'est pas réciproque, c'est le moins que l'on puisse dire. Au cours d'une conversation privée avec Alain Peyrefitte, jeune parlementaire européen, que de Gaulle interroge sur l'état d'esprit « du groupe », il déclare que la plupart des députés « *se sont crus autorisés à militer pour l'Algérie française et l'intégration, et maintenant ils voudraient m'imposer de tenir les engagements qu'ils ont eu la légèreté de prendre… de toutes façons, ceux qui préconisent l'intégration sont des jean-foutre* ». Pour être bien compris, il poursuit en affirmant que ceux qui prônent l'intégration « *ont une cervelle de colibri, même s'ils*

---

[202] Interview recueillie par l'Echo d'Oran, publiée le 29 avril 1959.
[203] Jacques Soustelle. « L'espérance trahie ». Op. cit.

sont très savants... Si nous faisions l'intégration, mon village ne s'appellerait plus Colombey-les-Deux-Eglises mais Colombey-les-Deux-Mosquées[204] ».

Ce n'est qu'une confidence, certes, donc sujette à caution, mais combien révélatrice. Le premier craquement « visible » viendra du sommet du mouvement. Il surgit à la suite de mauvais résultats électoraux enregistrés par l'UNR et qu'il faut bien expliquer aux militants. Les « municipales » du printemps 1959 ont été très décevantes et Albin Chalandon, secrétaire général depuis peu, en rend responsable « *la poursuite de la guerre d'Algérie*[205] ». Le fait même que ce banquier, issu de l'inspection générale des finances, ait été nommé à la tête de l'UNR indique bien que, pour les « parrains » du nouveau secrétaire général, la priorité n'est plus l'Algérie, devenue l'exemple même du « combat archaïque », mais la modernisation économique de « l'Hexagone » et son ouverture européenne. Albin Chalandon est tellement sûr du soutien de l'Elysée qu'il sert d'éclaireur au Général. En déplacement à Alger, au moment de la campagne municipale, il parle de la maturité politique de l'Algérie qui lui permettra de choisir son destin, oubliant les résultats du récent référendum qui, pourtant, semblaient avoir exprimé le choix favorable des Algériens pour la France et de Gaulle. Ce n'est pas encore l'autodétermination, juste un ballon d'essai, lâché d'ailleurs assez loin de Paris. Soustelle, Delbecque et ceux que l'on appelle les « soustelliens » mesurent ce qui est en train de se passer et vont tenter de s'opposer au cours nouveau du parti gaulliste. Ils seront battus au comité central du 17 juin 1959 grâce à l'ancien ami Roger Frey et à Edmond Michelet. Les méthodes mises en œuvre pour écarter les gê-

---

[204] Alain Peyrefitte. « C'était de Gaulle ». Editions Fayard. 1994.
[205] François Audigier. « Les gaullistes face au discours gaullien sur l'autodétermination de l'Algérie ». Histoire@Politique. N°12, septembre 2010.

neurs n'ont rien à envier à celles employées dans certains partis, les partis communistes par exemple. Et comme chez les communistes, beaucoup d'opposants, écœurés, impuissants devant l'appareil, vont « voter avec leurs pieds » et s'éloigner. Pour la direction du parti, pour le chef de l'Etat surtout, il y a nécessité impérative de remettre l'UNR au pas pour que, au lendemain du 16 septembre, elle soit aux ordres et prête à affronter les autres étapes.

Avant ce rendez-vous tant attendu, un conseil des ministres est convoqué le 26 août. L'ordre du jour prévoit que chaque ministre aura à donner son opinion sur la question algérienne. Aucun débat n'est prévu à l'issue de ce tour de table. Après avoir entendu le Premier ministre et chaque membre de son gouvernement, le Président de la République conclut la réunion en se gardant bien de faire connaître son point de vue. Il dit, cependant, avec l'art de la formule qu'on lui connaît : « *Messieurs, je vous remercie. Dans cet ordre d'affaires, il faut marcher ou mourir. Je choisis de marcher mais cela n'empêche pas qu'on peut aussi mourir*[206] ».

Prévenu quinze jours à l'avance, comme tous ses collègues, Soustelle a minutieusement préparé cette occasion qui lui est offerte. La veille, détestant l'improvisation et en bon universitaire qu'il est toujours resté, il a rédigé les deux notes qu'il va commenter en conseil avant de les faire remettre au général, en fin de réunion. La première note répète sa position bien connue sur la question algérienne mais, de façon un peu prémonitoire, il affirme que « *toute solution qui ne tiendrait pas compte de la nécessité absolue d'empêcher l'oppression d'une communauté sur une autre ne pourrait conduire qu'à une guerre civile*[207] ». La seconde note aborde l'aspect international du problème. Il met en garde, à la veille

---

[206] Soustelle. « L'espérance trahie ». Op. cit.
[207] Soustelle. « L'espérance trahie ». Op. cit.

d'une rencontre entre Khrouchtchev et Eisenhower, contre le risque d'un nouveau « Yalta » dont la France ne pourrait que faire les frais. Il a en tête, également, la prochaine rencontre, qui doit avoir lieu à Paris, entre le président des Etats-Unis et le Président de la République.

Jacques Soustelle parle dans un silence de cathédrale. Numéro « deux » du gouvernement, il est assis à la droite de Michel Debré et de l'autre côté se tient, raide, Maurice Couve de Murville. Face à lui, le Président est assis entre André Malraux et Louis Jacquinot. En bout de table se trouve le benjamin du gouvernement, Valéry Giscard d'Estaing. La séance est levée et, dès le lendemain, le Général s'envole pour l'Algérie.

Soustelle reste avec ses inquiétudes et s'en ouvre à Michel Debré. Loin de le rassurer, le Premier ministre, apparemment transformé par la décision d'agir prise par le Général, s'étonne des craintes de son ministre alors qu'il a le sentiment que tous leurs collègues ont accepté, par anticipation, les initiatives que sera amené à prendre le Président. Finalement, ce qu'il retient du dernier Conseil, c'est le « feu vert » qui aurait été donné au Général, quoi qu'il arrive. Michel Debré se trompe ou s'arrange avec la réalité. Le Conseil n'a donné aucun « feu vert », il n'a d'ailleurs pas été sollicité, et il n'a pas parlé d'une seule voix. Globalement, on a retrouvé autour de la table toutes les nuances de la « famille » gaulliste, et elles sont encore nombreuses dans cette première année d'exercice du pouvoir. Il a raison, cependant, quand il parie sur la fidélité des ministres à la personne du Général. Ils seront bien peu nombreux ceux qui se souviendront de leurs engagements passés.

Le 11 septembre, à l'occasion d'une cérémonie à l'Elysée, de Gaulle, sans doute mis au courant par Debré des états d'âme de plus en plus envahissants de Soustelle, le prend à part et lui demande de ne pas être inquiet. Il faut, lui dit-il en substance, faire confiance aux Algériens et à leur volonté de rester Français. C'est en tout cas dans ce sens qu'il faut s'orienter... Bref échange qui ressemble fort à une petite séance de « calinothérapie ».

L'enregistrement de l'allocution radiodiffusée du Général est prévu à douze heures trente, ce mercredi 16 septembre 1959[208]. Mais cette longue journée a commencé à neuf heures précises, par la tenue d'un Conseil des ministres ordinaire. Après quelques questions d'importance, comme celle des bouilleurs de crus, le Président dévoile à ses ministres les grandes lignes du discours que les Français découvriront le soir même. Le Premier ministre, Michel Debré, a été tenu au courant dès la veille au soir. Personne ne prend la parole, personne n'y est d'ailleurs invité, et le Conseil se lève. Il est temps, pour le Général, de rejoindre le studio d'enregistrement.

En civil, pleinement dans son rôle de Président de la République, il est prêt pour la première prise et, bien sûr, il n'y en aura qu'une seule. Calme, son discours posé devant lui, les mains posées de chaque côté du texte, il ne lit pas, il parle ! Et les mots se suivent : « *le droit de disposer de soi-même* », « *le recours à l'autodétermination* », « *la consultation de tous les Algériens pour savoir ce qu'ils veulent être* », « *la consultation des Français pour entériner ce choix* ». Et, en matière de choix, il en offre trois : la francisation, qui remplace l'intégration et qui, présentée comme il va le faire, est à peu près inacceptable pour tout le monde, la sécession également inacceptable avec ses conséquences inévitables que seront le chaos et la clochardisation, ou l'association dont on voit bien qu'elle a toutes ses faveurs. Mais cette dernière option va beaucoup évoluer au fil des mois, passant de l'association de

---

[208] Benjamin Stora consacre l'essentiel de son « De Gaulle et la guerre d'Algérie » (op. cit.) au discours du 16 septembre, le jour où le président tourna la page. La chronologie de cette journée provient de son ouvrage.

type fédéral à l'Algérie algérienne, puis de l'Algérie algérienne à la République algérienne. Cette évolution sera le produit des circonstances, dira Debré. Elle ne sera que la déclinaison programmée de l'abandon, dira Soustelle.

A vingt heures, accompagné de quelques collaborateurs, le ministre du Sahara, des territoires d'outre-mer et de l'énergie regarde, sur l'unique chaîne de la « Télévision française », le Président prononcer son discours. Il entend, comme tous les Français, le Général déclarer : « *Je considère comme nécessaire que le recours à l'autodétermination soit, dès aujourd'hui, proclamé* », avant de décliner les trois options proposées. En allant éteindre la télévision, Jacques Soustelle repousse le découragement qui guette et se laisse gagner, comme malgré lui, par un semblant d'espoir. Rien n'est perdu, pense-t-il. Si la politique définie ce soir ne varie pas, si elle n'est entamée par aucune concession, alors la partie peut être jouée. Il a conscience que cela va devenir plus difficile en Algérie mais ce sera plus facile sur le plan international. Pour lever les doutes et les craintes qui vont se manifester en Algérie il faut, sans perdre une heure, déclencher une campagne en faveur de l'une des trois solutions proposées en faisant semblant de croire que le choix proposé n'est pas un jeu de dupes. Malgré sa « répugnance » pour le mot francisation qui, au fond, est le contraire même de l'intégration, c'est ce choix qu'il faut faire parce qu'il évite le pire et que c'est la « solution la plus française », une formule en forme de slogan dont il va beaucoup se servir. Il rédige immédiatement une note de quelques lignes destinée aux membres du comité central de l'UNR : « *Puisque, écrit-il, trois options sont ouvertes, il serait inconcevable que l'UNR ne fît pas son choix sans délai et ne consacrât pas toutes ses forces à faire prévaloir la solution la plus française*[209] ». En signant ce papier, Soustelle prolonge la mé-

---

[209] Jacques Soustelle. « L'espérance trahie ». Op. cit.

prise née le 13 mai à Alger, il fait comme si rien n'avait changé depuis un an, comme si l'harmonie qui semblait régner entre lui et de Gaulle, sur le balcon du forum, était toujours de mise et qu'il fallait conclure, maintenant, les engagements pris à ce moment-là. Il est conscient de l'ambiguïté de sa position mais, pour lui, l'heure de la rupture n'a pas sonné. Ce qui le pousse à aller de l'avant, dans ce qui ressemble fort à un pari, c'est sa certitude qu'il est encore possible d'infléchir l'action. Son volontarisme demeure intact et la résignation n'est pas dans ses habitudes. Il veut gagner la bataille de l'intégration, une bataille qu'il juge essentielle pour l'avenir de la France qu'il a du mal à imaginer réduite aux seules frontières de l'Hexagone. Il sait que pour y parvenir il ne doit pas s'isoler. Rompre aujourd'hui, c'est à coup sûr se condamner à l'isolement, donc à l'impuissance. Alors il reste.

LA NORMALISATION PRÉCÈDE LA RUPTURE

Deux heures après avoir griffonné sur un coin de table sa note pour l'UNR, Soustelle s'envole en mission ministérielle pour le Pacifique : Nouvelle-Calédonie, Tahiti... Ce n'est que le 15 octobre, un mois plus tard, qu'il regagnera enfin Paris. Un mois, c'est long, surtout après le changement brusque que vient d'imposer le général de Gaulle. Les réactions sont nombreuses et immédiates. Le journal « Le Monde », organe de référence, réagit tout de suite et salue de Gaulle « *qui a rendu à la France son ancien prestige de grande nation libérale*[210] ». A la suite du quotidien de la rue des Italiens, la gauche française approuve la démarche présidentielle. Seul le PCF fait un temps cavalier seul, dénonçant l'autodétermination comme une manœuvre politique. Il faudra la remontrance de Moscou, préparant le

---

[210] Benjamin Stora. « De Gaulle et la guerre d'Algérie ». Op. cit.

voyage à Paris de Nikita Khrouchtchev, pour que Maurice Thorez impose un tournant à cent quatre-vingts degrés et admette qu'il y avait eu bévue. Désormais, le « parti » soutiendra la démarche engagée par le Général. Si les centristes du MRP s'alignent derrière la gauche et le Président, la droite accuse sérieusement le coup. Certains partisans déclarés de l'Algérie française fondent, dès le 19 septembre, le RAF (Rassemblement pour l'Algérie française) où l'on retrouve Georges Bidault et Roger Duchet mais aussi quelques membres de l'UNR qui se mettent, ainsi, « d'eux-mêmes hors du parti » puisque la double appartenance sera désormais interdite dès le 21 septembre. Les soustelliens ne valident pas la création du RAF, jugé trop activiste, et sacrifient ces quelques « têtes brûlées » pour pouvoir répliquer à l'offensive qui va se déclencher au sein de l'UNR. Elle va être brutale.

Soustelle s'est à peine envolé pour Nouméa que la direction du parti gaulliste classe sa note dans la première corbeille disponible. Mieux vaut le silence, pense-t-elle, qu'une relance de la discussion sur l'Algérie dont elle n'est pas sûre de sortir victorieuse. Pour imposer le silence dans les rangs, on inventera, pour la circonstance, la notion de « domaine réservé » nullement prévue dans le texte de la constitution. Et l'Algérie, c'est le domaine réservé du Général par excellence. Ne l'a-t-il pas dit, dès le 4 juin à Alger, en s'adressant à Soustelle : « l'Algérie, c'est moi ».

La première offensive a lieu, à la mi-octobre, au sein du groupe parlementaire réuni à l'Assemblée pour y préparer le débat sur l'Algérie, prévu à l'ordre du jour. D'emblée, Albin Chalandon demande aux députés de bien vouloir taire leurs problèmes de conscience et se mobiliser derrière de Gaulle. Les députés acceptent mais, n'y voyant pas malice, se prononcent pour la « francisation ». C'est un coup dur pour la direction qui sait que le Général ne veut pas entendre parler de cette solution qui n'est, finalement, qu'un leurre. Louis

Terrenoire sort la direction de l'embarras et trouve la solution : « *le groupe n'est pas réuni pour discuter du fond des choses mais pour désigner ceux qui interviendront en son nom*[211] ». Et puis, comme on n'est jamais si bien servi que par soi-même, Terrenoire se désigne pour être le porte-parole du groupe. Face à ce mini coup de force, neuf députés démissionnent, dont Léon Delbecque, l'artisan du 13 mai. Là encore, Soustelle est hostile à ces démissions qui, finalement, l'affaiblissent. Il dénoncera d'ailleurs, à cette occasion, l'activisme comme une des plaies de l'Algérie.

Un mois plus tard, à Bordeaux où les gaullistes ont leurs habitudes, se tiennent les assises de l'UNR du 13 au 15 novembre. La consigne est la même, celle de s'abstenir de toute prise de position particulière sur l'Algérie. Un incident, raconté par Soustelle, va pourtant gâcher cet unanimisme soigneusement préparé. A la tribune, le député Ali Mallem lit un rapport, signé par lui et déjà distribué à la presse et aux congressistes, favorable à l'ouverture de négociations. Soudain, à la stupeur générale, il abandonne son texte écrit et dit le contraire de ce que les gens ont entre les mains. Il revient aux thèmes du 13 mai, à l'intégration et à l'Algérie française. Ovation de la salle, mine déconfite des auteurs de la manœuvre. L'accueil du congrès est le même quand Soustelle intervient : « *Autodétermination, oui, s'il s'agit de confirmer de façon éclatante que l'Algérie veut être française. Cela suppose que le parti prenne position*[212] ». Il n'en est pas question ! Les amis de Soustelle vont donc se trouver écartés de la nouvelle direction qui va ainsi passer, selon le mot d'Alain Peyrefitte, « *de l'intégration à l'impérieuse nécessité de la désintégration*[213] ». La liste des « heureux élus[214] » sera ac-

---

[211] Louis Terrenoire. « De Gaulle et l'Algérie ». Op. cit.
[212] Jacques Soustelle. « L'espérance trahie ». Op. cit.
[213] Alain Peyrefitte. « C'était de Gaulle ». Op. cit.

cueillie par une bordée d'injures et de sifflets. Ce sera la dernière manifestation spontanée de ce genre. L'appareil ne se laissera plus surprendre.

Ainsi s'achève l'année 1959. Reprises en main politiques à Paris, nouveaux complots à Alger où les ultras se font entendre et choisissent comme porte-parole le cafetier poujadiste Ortiz, fondateur du FNF (Front national français). Le député Pierre Lagaillarde, Martel, Perez, les activistes de toujours, le rejoignent dans la détestation commune du général de Gaulle, devenu la figure du bradeur de l'Algérie et l'homme à abattre. Ils formeront, ensemble, un comité d'entente des mouvements nationaux. La fédération des amicales d'Unités Territoriales (les UT, où l'ensemble des pieds-noirs est d'astreinte un ou deux soirs par semaine) participera à ce cercle de la colère. Si de Gaulle est l'objet principal de leur vindicte, les ultras n'oublient pas d'y joindre Jacques Soustelle contre qui ils mènent une campagne incessante, l'accusant tour à tour d'être un agent communiste, un franc-maçon, un représentant des banques juives. Bref, d'être bien le Ben Soussan déjà dénoncé en 1955. Cette hargne fascisante et antisémite le poursuivra bien après l'indépendance algérienne, son amitié pour Israël étant un prétexte tout trouvé. Les Européens, dans leur ensemble, tout en partageant l'inquiétude manifestée par les ultras, envahis eux aussi par la déception, se tiennent pourtant à distance des conciliabules et des rodomontades. Ils acceptent, un peu sceptiques, l'optimisme affiché de Soustelle ou de Massu mais ils demeurent conscients de la fragilité de la situation. Un rien suffirait à mettre le feu aux poudres... et le rien arrive ! Piégé par un journaliste alle-

---

[214] Comme au parti communiste, les congressistes de l'UNR ont voté sur une liste bloquée fabriquée par l'appareil. Le noyau dur de l'appareil coopte les futurs dirigeants.

mand, Massu se laisse aller à des confidences imprudentes pour un général en fonction. Il est rappelé à Paris, le 22 janvier 1960, le jour même où de nombreux préfets et des officiers supérieurs, réunis dans la capitale sous la présidence du général, décrivent en termes alarmants la dégradation de la situation en Algérie. Ils ne sont pas entendus. Soustelle, de retour le 20 janvier du Niger et du Sahara, sa dernière tournée ministérielle, est aussitôt prévenu du rappel possible de Massu. Il mesure immédiatement le danger et avertit Michel Debré pour le mettre en garde : « *la situation est déjà très tendue, si Massu est rappelé elle deviendra explosive et le sang coulera*[215] ». Il ne sait rien des projets des activistes algérois, pourquoi aurait-il été mis au courant par ceux qui le détestent, mais il est clairvoyant et, hélas, il ne se trompe pas. Le 24, au soir d'un dimanche d'hiver, le sang va couler dans les rues d'Alger. Tout semblait calme, pourtant. Le rassemblement prévu sur le Plateau des Glières, encadré par les UT du colonel Sapin-Lignières se déroule pacifiquement quand, soudain, des coups de feu sont tirés d'un balcon ou des toits. Qui a tiré, pourquoi ? On n'en sait rien. En réponse à ces coups de feu, les gardes mobiles tirent à leur tour puis c'est une charge féroce. Les manifestants s'enferment alors dans une sorte de réduit fermé par des barricades de fortune. Vingt morts jonchent le sol, six civils et quatorze gendarmes. Cette manifestation aurait pu être une des manifestations habituelles d'Alger. Déjà, les gens commençaient à se disperser pour aller boire, en famille, l'anisette. Il en a été autrement. S'agit-il d'une provocation délibérée ? Raymond Tournoux, dans un article paru dans le « progrès de Lyon », évoque l'hypothèse d'un « deux décembre » destiné à museler l'Assemblée. Reprenant cette hypothèse du complot bonapartiste, le journal « Juvenal » va plus loin et, dans son

---

[215] Jacques Soustelle. « L'espérance trahie ». Op. cit.

édition du 15 janvier, évoque une manipulation d'Ortiz chargé de créer à Alger un climat insurrectionnel qui justifierait l'application immédiate de l'article 16[216]. Simple hypothèse, rumeur malveillante, nul n'en a jamais rien su et rien n'a jamais pu être établi.

Loin de ces bruits de couloir, Challe accuse formellement les manifestants. A vingt-deux heures trente, Paul Delouvrier, délégué général du gouvernement en Algérie (il n'y a plus de gouverneur général), publie un communiqué qui se veut apaisant : *« Certains s'obstinent à vouloir leur insurrection, ce que n'ont jamais voulu les leaders de la manifestation. Que tous comprennent l'inutilité d'un tel égarement, que tous s'emploient à ramener à la raison les désespérés*[217] ».

En urgence, le Conseil des ministres se réunit le lendemain, à quinze heures. Soustelle ignore tout de l'affaire, il n'a reçu aucun appel téléphonique du Premier ministre. Il sait ce qu'en dit la presse. Autour de la table, l'atmosphère est extrêmement tendue. Le président, « d'une pâleur de marbre » dit Soustelle, contient mal sa colère. Pendant la nuit, il a prononcé à la radio un message très dur contre l'insurrection en cours à Alger et, fait inhabituel, il laisse ses ministres s'exprimer. Les uns, Malraux notamment, demandent une répression immédiate et brutale, d'autres s'y opposent comme Soustelle et Cornut-Gentille, d'autres, enfin, font confiance au Premier ministre qui doit partir pour Alger dès la fin de ce Conseil. L'échange est parfois vif. A Malraux qui demande l'intervention des blindés pour « dégager » le réduit, Soustelle lui demande pourquoi ne pas faire exploser la bombe atomique, qui est prête à l'emploi,

---

[216] Claude Paillat, dans son « Dossier secret de l'Algérie » (Op. cit.) évoque cette hypothèse sans se prononcer plus avant. Il fait simplement remarquer qu'Ortiz a pu se glisser entre les mailles du filet au moment de la reddition des réduits d'Alger.

[217] Alain de Sérigny. « L'Abandon. Echos d'Alger ». Op. cit.

sur ce réduit plutôt qu'à Reggane[218]. Plus sérieusement, Jacques Soustelle tente d'expliquer l'explosion de colère algéroise. « *L'autodétermination, dit-il, impliquait qu'au moins on laissât la porte ouverte sur l'Algérie française, ce n'est pas le cas. Il y a deux poids, deux mesures : tout ce qui était favorable à la francisation pourtant proclamée comme une des options possibles, le 16 septembre dernier, a été combattu, censuré, ridiculisé*[219] ». De retour dans son bureau, rue Oudinot, Soustelle rédige sa lettre de démission qu'il veut remettre à Debré à son retour d'Alger.

Le 29 janvier, le Général prend la parole à la télévision, en uniforme. Il rassure les pieds-noirs en appelant de ses vœux que soit choisie « la solution la plus française », reprenant à dessein la formule inventée par Soustelle. Il dit à l'armée que sa mission est de combattre le FLN. De Gaulle, magicien du verbe, atteint son but. Il fait le vide autour de ceux qui sont demeurés derrière les barricades dans deux réduits distincts, l'un sous le contrôle d'Ortiz, l'autre, près des facultés, sous celui de Lagaillarde. Le calme revient à Alger et, le 1er février, se tient un nouveau Conseil des ministres. Le président annonce que tous les coupables seront châtiés, si haut qu'ils se trouvent, et la répression, en effet, va s'abattre lourdement. Des députés n'ayant pas participé aux événements sont arrêtés en dépit de leur immunité parlementaire (Biaggi, Mourad Kaouah), le président des anciens combattants est également jeté en prison, le colonel Gardes est arrêté comme le sera le colonel Sapin-Lignères, le patron des Unités territoriales, ou encore Alain de Sérigny, le patron de l'Echo d'Alger. Son journal devra fermer.

---

[218] La bombe atomique française explosera à Reggane quelques semaines plus tard, en février. L'événement est fêté en grandes pompes à Matignon mais on oubliera d'y inviter Soustelle, pourtant en charge du dossier il y a quelques jours encore. Avoir « tort » politiquement peut vous faire sortir de l'histoire, à l'UNR comme au PCF.
[219] Jacques Soustelle. « L'espérance trahie ». Op. cit.

Le 5 février, au matin, Soustelle reçoit un appel téléphonique lui demandant de se rendre immédiatement à l'Elysée. Reçu par le Général de Gaulle, celui-ci lui demande, sans préambule, de quitter le gouvernement. Ce à quoi Soustelle lui répond qu'il regrette que le président n'ait pas attendu le 18 juin pour le limoger, « *cela aurait fait vingt ans depuis le jour où j'ai répondu à votre appel*[220] ». Il rappelle au général qu'il a appris par la radio les événements du 24 janvier et qu'il n'y a été mêlé ni de près ni de loin. De Gaulle lui en donne acte. Les deux hommes se lèvent, le Général raccompagne son ancien ministre et lui dit « *les situations peuvent changer et alors, qui sait si nous ne nous retrouverons pas* ». La porte se ferme, l'entretien aura duré moins de trois minutes. Trois minutes pour détruire un compagnonnage de vingt ans, l'aventure des « Français libres », la libération, le RPF et la traversée du désert du Général. L'Algérie a tout emporté.

---

[220] Extraits du Verbatim rédigé par Jacques Soustelle de son dernier entretien avec le général de Gaulle. Cf « L'espérance trahie ». Op. cit.

VI.

Février 1960 – Avril 1961
L'homme de l'intégration s'en va

> « *L'Algérie devient le "quenamitlan" des anciens Mexicains, le "pays du comment ?", la terre du doute, ce qui était un des noms de l'enfer* ».
>
> Jacques Soustelle

Il Duce ha sempre ragione

« *Mon exclusion n'a d'autre motif que mon attachement à l'Algérie française. Sur ce point, rien ni personne ne fera fléchir ma conviction*[221] ». En rédigeant son communiqué, l'après-midi même du jour où il vient d'être chassé du gouvernement, Jacques Soustelle veut rétablir la vérité. A peine avait-il quitté le bureau du général de Gaulle que l'Elysée publiait quelques lignes laconiques : « *Sur proposition du Premier ministre, le Général a donné son approbation au départ de Jacques Soustelle*[222]… » suivies de la liste d'un mini-remaniement. Terrenoire, devenu un de ses plus acharnés opposants, entre au gouvernement à la place qu'occupait Soustelle en 1958,

---
[221] Jacques Soustelle. « L'espérance trahie ». Op. cit.
[222] Bernard Cornut-Gentille fait également partie des ministres démissionnés.

celle de ministre de l'Information. Le nouveau promu est content, il n'entendra plus le « *professeur agrégé d'une science nouvelle, l'intégration*[223] », écraser ses auditeurs du haut de son magister. Louis Terrenoire fait semblant de confondre une conviction politique profonde, alliée à une capacité pédagogique évidente, avec de l'arrogance, mais il ne trompe personne. Le nouveau promu n'a qu'une seule envie, faire taire le « professeur » et, si possible, ternir la popularité dont il jouit encore. Dans un échange de courriers que s'adresseront à ce moment-là Soustelle et Debré, ce dernier le mettra d'ailleurs en garde contre les dangers de la popularité, réelle ou supposée. Le faire taire, le déconsidérer, voilà le mot d'ordre, et la direction de l'UNR va s'y employer sans tarder. Chaban-Delmas portera le premier coup. Lui, l'ami de quinze ans, va publiquement demander à Jacques Soustelle de quitter la vie politique. Il ne le fait pas comme on donne un conseil à un vieil ami soudain mis en difficulté, non, il le fait comme on rédige une sommation d'huissier, sommation qu'il va d'ailleurs faire valider par le comité central du parti. Vingt-trois voix vont l'approuver contre neuf qui refuseront cette ultime humiliation. Quinze vont s'abstenir. Notons que la somme des abstentions et des votes négatifs est arithmétiquement majoritaire, mais cela ne forme pas une majorité politique.

A la suite de cette prise de position de l'UNR, Michel Debré écrit de nouveau à Jacques Soustelle. Il lui dit, en préambule, qu'il s'est trompé en faisant de l'Algérie française la clé du désaccord. Ce qui est en cause, lui écrit-il, c'est la nature de l'UNR qui n'a de sens et de légitimité que dans la mesure où son action épouse totalement les directives du général de Gaulle. Quiconque n'appliquerait pas cette règle s'exclurait de lui-même. La menace est claire et le modèle

---

[223] Louis Terrenoire. « De Gaulle et l'Algérie ». Op. cit.

surprenant. Comme au PCF, un militant de l'UNR peut ainsi s'exclure de lui-même ! Mais ce n'est pourtant pas à Staline, ou à Thorez, que pense Soustelle pour nommer cette menace, c'est à Mussolini… « Il Duce ha sempre ragione ! » Le Chef a toujours raison, murmure-t-il tristement.

Conscient des intentions du parti gaulliste, il part, le 21 mars, pour trois semaines de conférences en Amérique du Nord. Peut-être croit-il pouvoir désamorcer la crise en s'éloignant, mais l'UNR profitera de ce temps pour achever d'instruire son procès. Loin de cette agitation partisane, interrogé sur CBS News pour l'émission « Face the Nation », il anticipe son inévitable exclusion et reconnaît, devant les journalistes américains, qu'il est désormais un homme seul, un intellectuel qui croit à la force des idées. « *C'est la raison, dit-il, pour laquelle j'ai l'intention de mener une action informative, en France, sur les problèmes de l'Algérie*[224] ». Il précise, au cours du même entretien, qu'il ne souhaite pas jouer le rôle de « l'opposant à sa majesté », rôle stérile mais utile faire-valoir à la majesté en question.

Le 25 avril, sans l'entendre, alors qu'il est revenu à Paris, le comité central exclut Jacques Soustelle par trente-deux voix contre treize. Ses amis les plus proches ne sont pas venus assister à cette parodie de démocratie.

Selon Louis Terrenoire, son exclusion fut prononcée avec tristesse, une tristesse provoquée par son reniement d'une allégeance de vingt ans aux idéaux du gaullisme et au reniement de son passé de militant antifasciste. La dérive devenait inévitable et, s'interroge-t-il faussement compatissant, « *ses amis peuvent-ils encore caresser l'espoir d'un possible repentir de l'enfant prodigue*[225] *?* ». Décidément, de reniements en repentirs, nous revivons, grâce à Louis Terrenoire et à ses

---

[224] CBS News. Emission « Face the Nation » du 27 mars 1960.
[225] Louis Terrenoire. « De Gaulle et l'Algérie ». Op. cit.

références mouillées d'eau bénite, la passion du Christ. Soustelle tenant bien évidemment le rôle de Judas. Mais la bassesse, parfois, fait bon ménage avec les bons sentiments affichés. Après avoir éliminé politiquement Soustelle, il fallait le « tuer » socialement. Ce qui fut fait ! Un arrêté signé Louis Joxe, paru au Journal officiel, apprend à Jacques Soustelle qu'il cesse de faire partie du CNRS. Sous la IVe République, tous les gouvernements, même ceux contre qui il s'est battu le plus durement, l'y avaient maintenu. Pas la Ve République qui considérait qu'il ne fallait pas prendre le risque qu'un « dissident » puisse parler de l'organisation sociale des Aztèques à ses étudiants.

Le vote interne de l'UNR, strictement bureaucratique, auquel s'ajoute cette mesure d'interdiction professionnelle, a au moins le mérite de clarifier la situation et de mettre fin à deux années d'ambiguïté. La mise au pas du parti, sa normalisation dira-t-on plus tard, permet maintenant au chef de l'Etat d'avoir les mains libres et d'aller plus loin encore vers son objectif final, tourner la page de l'affaire algérienne. Que de chemin parcouru depuis 1958 et le discours de Mostaganem où il lance son fameux et unique « vive l'Algérie française ». Le 13 juillet, cinq semaines plus tard, il évoque une place de choix pour l'Algérie dans un ensemble fédéral ; le 3 octobre il reconnaît, à Constantine, la personnalité propre de l'Algérie associée à la France. Un an plus tard, le 16 septembre 1959, il déclare que le moment est venu d'appliquer le principe d'autodétermination en Algérie et soutient, sans le dire explicitement, l'option d'association dans la Communauté. Après la mort prématurée de cette dernière, en mars 1960, il lui faut changer de pas et accélérer l'allure. Pour cela, le soutien sans faille de son parti, et de l'ensemble des gaullistes, lui est absolument indispensable. Il sait que bon nombre de « compagnons » sont ébranlés par les arguments de Soustelle. Il fallait donc rompre et mettre au ban le rebelle. C'est fait au mois d'avril 1960, au moins sur le papier.

C'est donc en ayant soigneusement déminé le terrain que, le 14 juin, il opte clairement pour l'Algérie algérienne avant de parler, ce sera en novembre prochain, de République algérienne. Plus tard, il reconnaîtra le FLN comme le seul interlocuteur valable, contrairement à tout ce qu'il avait promis jusqu'alors[226]. C'est la prime aux assassins, à ceux qui ont su faire taire, et par quels moyens, toute opposition. C'est la construction d'un faux historique, bâti en commun avec le FLN, qui fait disparaître de la scène de l'histoire tous ceux qui animaient la vie politique algérienne, et celle-ci était riche. Cette décision pèsera lourdement sur les épaules de la nouvelle Algérie indépendante tout à coup privée de son passé.

Redevenu, et cette fois officiellement, un simple citoyen, Soustelle publie une brochure intitulée « Algérie : le chemin de la paix », un supplément à la revue « Voici Pourquoi » qu'il vient de relancer. La publication de cette brochure est largement commentée car elle met en évidence un curieux tour de passe-passe. Trois solutions politiques avaient été mises en avant par le président de la République lors de son allocution du 16 septembre sur l'autodétermination. Toutes trois : la sécession, l'association et la francisation devaient servir de base à la discussion, puis à la décision. Or, dans un communiqué de l'Elysée daté du 7 mars 1960, émerge brusquement une autre solution, celle du « retour à la domination directe de la métropole sur l'Algérie », faisant disparaître du même coup la francisation.

Cette extraordinaire substitution signifie-t-elle que le retour à la domination directe de la métropole n'est rien

---

[226] Guy Pervillé. « De Gaulle et le problème algérien en 1958 ». Outremers, revue d'histoire. Op. cit.

d'autre que la francisation, présentée avec des mots différents ? C'est impossible car la francisation, en dépit de son caractère ambiguë, déjà dénoncé par Soustelle en son temps, indique avant tout que l'ensemble des Algériens ont vocation à devenir citoyens de la République si ce choix est retenu. Le retour à la domination directe de la métropole ne peut signifier autre chose que le retour à l'ordre colonial et l'abandon de la citoyenneté pour tous. Dans ce cas, les citoyens français promis par la francisation se transformeraient en sujets dominés. C'est plus qu'un glissement sémantique, c'est l'escamotage en bonne et due forme de la solution « la plus française » telle que l'a qualifiée Soustelle le soir même où le Général se prononça pour l'autodétermination.

Dans un article donné au « Journal du Parlement[227] », Jacques Soustelle est catégorique : « *l'intégration, doctrine de l'avenir et non retour en arrière, ne peut pas être une domination de la métropole sur l'Algérie* ». Répondant par avance au Général qui, dans le discours qu'il prononcera le 14 juin, comparera les nostalgiques de l'empire, où il range sans doute Soustelle, aux adorateurs des splendeurs de la marine à voile et de la douceur des lampes à huile, Soustelle redit une fois de plus, dans ce même article, que « *personne ne veut le retour au passé et chacun sait bien qu'il est impossible. L'Algérie de demain ne sera pas celle d'hier. A quoi bon ressusciter ce fantôme* » ?

Finalement, puisque le retour à l'ordre colonial semble surtout destiné à provoquer le rejet, il ne demeure, pour Soustelle, que deux solutions : l'intégration ou l'indépendance, étant entendu que l'association ne pourrait être qu'une brève étape avant l'indépendance. Avis partagé par Ferhat Abbas[228]

---

[227] Journal du Parlement. Article signé Jacques Soustelle dans son édition du 11 mars 1960.
[228] Avis rapporté par Claude Paillat dans son « Dossier secret de l'Algérie ». Op. cit.

alors président du GPRA. C'est d'ailleurs pourquoi le rêve d'une troisième force algérienne, à ce moment de l'histoire, ne peut être qu'un rêve creux. Comment une troisième force pourrait-elle d'ailleurs exister puisqu'il n'y a pas de troisième solution ?

Soustelle, concentré sur ses argumentaires, sur ses articles et conférences, évite bien soigneusement d'appeler ses amis à se séparer de l'UNR ou d'attaquer ses dirigeants. Mais, insensiblement, en dépit de solides amitiés qui lui resteront fidèles jusqu'au bout, l'isolement va se faire plus lourd. Cette situation va le conduire à durcir son discours, dans la forme essentiellement, et non pas sur le fond. Ses positions politiques restent identiques mais il se trouve libéré de la retenue qu'il s'imposait jusqu'alors au sein de son parti. Ce phénomène de radicalisation est somme toute assez classique. C'est, par les mots, la traduction politique de l'humiliation qu'il vient de subir, du chagrin et de la déception aussi, sans oublier la colère. Ce mélange de sentiments ne le conduit pas à rejoindre les diverses petites troupes ou chapelles de l'extrême droite dont il se sent à tout jamais éloigné. S'il comprend la douleur des pieds-noirs qu'il compare volontiers à des lions, tant leur énergie est immense, qu'elle soit énergie du bâtisseur ou énergie du désespoir, il ne se prive pas, pour autant, de comparer leurs chefs à des ânes, eux qui étaient contre le collège unique quand il fallait être pour et qui, parfois, ont initié par inutile vengeance de cruelles « ratonnades ». Il se tient à l'écart de ce monde et va tenter de lutter, à sa manière, contre l'isolement. Il prend bien soin, en particulier, de ne jamais se couper des représentants d'une certaine gauche jacobine, favorable à l'Algérie française, comme le journal de la « gauche patriote », Juvénal, ou bien encore des hommes comme Robert Lacoste ou Max Lejeune.

La « radicalisation » de Soustelle va plutôt le conduire à doubler son combat pour l'Algérie française d'un combat contre le détournement « néo-gaulliste » des institutions de la Ve République. Il décrit cette mutation comme l'émergence d'un système autoritaire et personnel, s'appuyant sur des lois d'exception et sur un parti devenu une simple chambre d'enregistrement, « *une claque semblable à celle des salles de spectacle, prête à huer lundi ce qu'elle applaudissait dimanche pour peu que le maître l'ordonne*[229] ». Le combat politique de Soustelle, contre celui qui avait cessé d'être de Gaulle durant son long exil à Colombey[230], ne prendra pas fin avec la mort de l'Algérie française. La publication de son ouvrage « Vingt-huit ans de gaullisme » l'année même où il revient en France, en 1968, en est la démonstration la plus évidente. C'est d'ailleurs sur ce socle théorique qu'il entamera, dans les rangs des « réformateurs », qui seraient aujourd'hui qualifiés de « centristes », la deuxième partie de sa longue carrière politique.

Mais ne nous y trompons pas, son aimée, souffrante et bientôt martyre Algérie, demeure au cœur du combat de Jacques Soustelle. Dans ses éditoriaux de « Voici Pourquoi », dans ses articles donnés à « Carrefour » ou au « Journal du Parlement », il développe inlassablement les mêmes thèmes.

Avec le recul du temps, quand sera venu le temps de l'abandon, Soustelle se demandera si l'effort qu'il a déployé tout au long de ces deux dernières années aura servi à quelque chose. « *En toute honnêteté, dit-il, je ne me crois pas autorisé à dire oui… notre voix s'est trouvée étouffée par l'orchestration écrasante de la propagande officielle, quand ce n'est pas par la contrainte policière*[231] ». La voix de Soustelle s'est donc bornée à émettre de vains avertissements et à pousser des cris d'alarme. En politique, on n'aime ni le messager

---

[229] Jacques Soustelle. « L'espérance trahie ». Op. cit.
[230] Interview à l'agence américaine UPI (1961). Voir chapitre 1.
[231] Jacques Soustelle. « L'espérance trahie ». Op. cit.

porteur de mauvaises nouvelles ni celui qui dit l'avenir. Cassandre en mourra. Avoir raison trop tôt n'est pas une situation plus enviable. L'amertume devient ainsi le lot quotidien de Soustelle et elle ne fera qu'aller grandissant.

Vingt jours en juin

Les événements qui vont se précipiter tout au long de ce mois de juin ne sont guère de nature à soulager son amertume. En l'espace d'une vingtaine de jours, du 10 au 30 juin, va se jouer une étrange partie qui laissera de lourdes traces.

La nuit est tombée sur Paris, le 10 juin, quand le général de Gaulle reçoit à l'Elysée trois visiteurs, trois musulmans algériens. Ils sont accompagnés de Bernard Tricot, conseiller du président pour les affaires algériennes et du général Nicod, directeur du cabinet militaire du Premier ministre. Les trois visiteurs sont plus habitués à la clandestinité et aux maquis qu'à l'or du palais présidentiel. Ils se figent au garde-à-vous et font le salut militaire au Général. Ces trois hommes, ce sont le colonel Si Salah, le commandant Si Mohammed et le capitaine Lakdar, l'équipe dirigeante de la willaya 4 qui, du sud de la grande Kabylie à l'Oranais, en passant par la plaine de la Mitidja, enserre la ville d'Alger. Les trois hommes sont fatigués par une guerre trop longue. Ils se sentent abandonnés par les armées de l'extérieur et en viennent à penser que la poursuite de la guerre n'est qu'un prétexte pour satisfaire des ambitions personnelles. Déjà, en 1958, à l'occasion d'un séjour à Tunis, Si Salah était revenu démoralisé par les intrigues qui occupaient les représentants du GPRA.

En mars 1960, le cadi de Médéa, Abdelkader Marighi, est contacté. On lui fait porter un message où l'on peut lire : « *des officiers de l'ALN, exprimant les vues d'une grande partie des maquis, veulent étudier les moyens de réaliser l'entente entre ceux qui, dans chaque camp, se battent véritablement pour l'émancipation de l'Algérie*[232] ». Le message est transmis à Paris au ministre de la Justice Edmond Michelet, qui en rend compte à Michel Debré, qui lui-même en rend compte au général de Gaulle. Le Président et son Premier ministre acceptent le principe d'une rencontre et envoient à Médéa le colonel Mathon, représentant de Michel Debré et Bernard Tricot[233]. Paul Delouvrier, le délégué général du gouvernement en Algérie et le général Challe, commandant en chef des forces armées, sont à leur tour informés.

Les 23 et 31 mars, puis enfin le 31 mai, les représentants des autorités françaises et les trois dirigeants de la wilaya 4 mettent au point un projet de cessez-le-feu : dépôt des armes dans les gendarmeries, reclassement des anciens maquisards dans les harkas ou dans des centres de formation, exil pour les auteurs reconnus de crimes de sang. Il est aussi décidé d'étendre le cessez-le-feu aux wilayas 5 (Oranie), 6 (sud algérois) et 3 (Kabylie). « *Pour la première fois, notera plus tard Jacques Soustelle qui, sur le moment, ignore tout de ces tractations, une wilaya entière envisageait de renoncer à la lutte, entraînant sans aucun doute d'autres wilayas tenues au courant des pourparlers. Un résultat qu'il faut porter à l'actif du général Challe qui avait semé le découragement parmi les djounouds*[234] ». Une opportunité importante de démoralisation et de déstabilisation du GPRA.

Le 9 juin, les trois combattants de l'ALN sont exfiltrés vers Paris. La rencontre avec le Général a lieu le lendemain et

---

[232] Guy Pervillé. « De Gaulle et l'Algérie, 1943-1969 ». Actes du colloque organisé les 9 et 10 mars 2012, à Paris, publié par les Editions Armand Colin et le ministère de la Défense. Octobre 2012.

[233] Lire, sur « l'affaire Si Salah, le « Dossier secret de l'Algérie » de Claude Paillat (op. cit.) et « l'affaire Si Salah » de Pierre Montagnon. Editions Pygmalion. 1987.

[234] Jacques Soustelle. « L'espérance trahie ». Op. cit.

le 11 juin, ils sont de retour à Médéa, décidés à poursuivre leur action.

Quelques jours plus tard, le 14 juin, le président de la République, dans un discours radio-télévisé, s'adresse, par-dessus la tête des Français, aux dirigeants du GPRA et du FLN : « *Une fois de plus je me tourne, au nom de la France, vers les dirigeants de l'insurrection. Je leur déclare que nous les attendons ici pour trouver avec eux une fin honorable aux combats qui se traînent encore. Après quoi, tout sera fait pour que le peuple algérien ait la parole. La décision ne sera pas la mienne mais je suis sûr qu'elle prendra celle du bon sens, la transformation de l'Algérie algérienne en un pays moderne et fraternel*[235] ».

Ceux qui écoutent ce soir-là le général de Gaulle ignorent qu'en s'adressant aux dirigeants de l'insurrection, il ruine l'espoir de paix le plus concret qui se soit présenté jusqu'ici. Il s'en remet aux mains d'un gouvernement provisoire miné par ses dissensions internes. Le FLN, et avec lui le GPRA, auraient pu perdre la face à cette occasion. Ils se trouvent tout à coup légitimés et tiennent les clés de l'avenir.

Erreur d'appréciation, machiavélisme hors du commun, qui sait ? Pour Soustelle, l'obstination du Général à vouloir négocier avec le seul GPRA relève d'une chimère, celle de « l'amitié » du monde arabe. « *Il s'imaginait, dira-t-il en 1980, à la tête du tiers-monde et, à cette fin, il devait s'assurer le concours des leaders FLN de Tunis et du Caire, et celui de Nasser qui les protégeait. Sa prise de position, sept ans plus tard, contre Israël, jette une certaine lumière sur ses motifs de 1960*[236] ». Une chose est certaine, le général de Gaulle a tourné la page qu'il avait lui-même ouverte, celle de la « paix des braves ». Du même coup, il transforme les trois émissaires en factieux et les prive de toute autorité. Les

---

[235] Charles de Gaulle. « Discours et messages » T3. Op. cit.
[236] Histoire-Magazine. N°10. Novembre-décembre 1980.

conséquences ne se feront pas attendre. Si Lakdar est exécuté à la suite du retournement très rapide, et opportun, de Si Mohammed, d'autres dirigeants de la wilaya 4 seront à leur tour assassinés. Quant à Si Salah, il fut immédiatement arrêté mais épargné pour aller rendre des comptes à Tunis. Il mourra, le 20 juillet 1961, sous les balles françaises du commando Georges, lors d'une opération. Certains, à cette occasion, parleront d'une exécution menée par les services spéciaux. Le « traître » Si Mohammed sera abattu à son tour, en août de la même année, par le 11e choc. Les visiteurs d'un soir sont tous morts.

C'est le général Challe, lors de son procès pour sa participation au putsch manqué d'avril 1961, qui révéla toute l'affaire. On dit que c'est cette révélation qui lui épargna la peine de mort. L'affaire, rendue publique, fit les grands titres de la presse. Un sénateur interpella le gouvernement pour savoir si tout cela était véridique. Louis Joxe, ministre des Affaires algériennes, lui répondit, qu'en effet, « *au printemps 1960, une possibilité a paru s'offrir d'aboutir à un cessez-le-feu partiel* ». Prenant bonne note de cet aveu tardif, mais singulièrement réducteur, le sénateur républicain-indépendant de la Vendée, ex-RPF, Jacques de Maupeou, répliqua « *qu'à la politique de l'arrêt des combats, le Président de la République a préféré la voix humiliante qui nous a menés de Melun à Evian, tandis que de jeunes Français continuent à mourir en Algérie. Ce choix fait peser sur le gouvernement de terribles responsabilités*[237] ».

Bernard Tricot, bien plus tard, interrogé par Laurent Theis et Phillipe Ratte, ne semble pas regretter cette occasion qui, pourtant, jamais ne se reproduira. « *Nous souhaitions, dit-il, si cette affaire ne marchait pas, ne pas rendre impossible la poursuite du projet principal qui était la négociation avec le*

---

[237] Sénat. Compte rendu analytique de la séance du 17 octobre 1961.

FLN. Si elle marchait, ce pouvait être un adjuvant pour ces négociations[238] ». Si Salah, en somme, n'était que la « cerise sur le gâteau ».

A Alger, pas plus qu'en métropole, on ne connaît rien de l'initiative prise par Si Salah, au nom de nombreux cadres des maquis de l'ALN, et de sa rencontre nocturne à l'Elysée. Ce qui retient l'attention, ce soir du 14 juin, en écoutant le général de Gaulle, c'est la fin annoncée de la francisation, déjà biffée des tablettes de l'Elysée, mais surtout la fin réelle du processus d'autodétermination puisque le seul choix est désormais celui d'une Algérie algérienne devenue « pays moderne et fraternel ». Illusion que dénonce aussitôt Jacques Soustelle : « *L'Algérie algérienne ne peut conduire qu'à la sécession, au chaos, à la ruine de l'Algérie... on ne saurait condamner les populations d'Algérie de culture française à choisir entre le massacre et l'exil*[239] ».

La réaction au discours du Président est immédiate. Dès le lendemain, le 15 juin, jour où la censure sera rétablie en Algérie, est fondé le FAF (Front pour l'Algérie Française). L'heure des petits chefs et des petits groupes d'activistes est dépassée, ils sont en prison ou en fuite. C'est une nouvelle vague d'opposants à la politique algérienne du général de Gaulle qui va se lever et emporter l'adhésion de centaines de milliers de personnes. Fait inhabituel, le mouvement part d'Oran et, très vite, trouve son public et ses chefs. Ce sont bien souvent des conseillers généraux ou des conseillers municipaux peu connus qui vont prendre les choses en main et rompre avec les habitudes algéroises, faites de surenchères et de rivalités internes. Un comité de parrainage, composé de personnalités musulmanes, voit également le jour, et parmi eux on compte de

---

[238] Laurent Theis et Philippe Ratte. « La guerre d'Algérie ou le temps des méprises ». Editions Mame. 1974.
[239] Jacques Soustelle. « Vérités sur l'Algérie et le Sahara ». 16 juin 1960.

nombreux députés. Le comité directeur est présidé par le Bachaga Boualem, vice-président de l'Assemblée nationale.

Pour Jacques Soustelle, c'est une bonne nouvelle : « *pour la première fois, dit-il, par-dessus les querelles de personnes et les divergences de chapelle, un mouvement uni apparaît où se retrouvent au coude à coude Européens et musulmans, juifs et chrétiens, hommes de droite et hommes de gauche*[240] ». Un optimisme que partagent les dirigeants du Front pour l'Algérie française qui souhaitent faire vivre un temps politique nouveau en Algérie : « *Nous étions désunis, des mouvements fractionnaires se constituaient les uns après les autres. Le sentiment même de leur isolement, donc de leur faiblesse, conduisit certains à des gestes de désespoir. Le terrorisme n'est-il pas lui-même une réaction de faiblesse*[241] ? » L'analyse est lucide et, pour une fois, sans concession inutile à certains secteurs activistes. La population entend ce message. A Oran, puis à Alger, Constantine ou Bône, les adhésions vont se multiplier, des queues se forment devant les permanences de fortune du FAF. On comptera, au plus fort de la brève existence de l'organisation, des centaines de milliers d'adhérents européens et des dizaines de milliers de musulmans qui ont également rejoint le Front. Selon le Bachaga Boualem[242], près d'un million d'Européens auraient adhéré au FAF ainsi que 120 000 musulmans. C'est sans doute surévalué, les archives du ministère des Affaires étrangères parlent, quant à elles, de 287 000 Européens et de 65 000 musulmans. Mais quelle importance ? Le FAF est devenu le parti de masse de l'Algérie française, une structure encore inédite sur la scène

---

[240] Jacques Soustelle. « L'espérance trahie ». Op. cit.
[241] Cité par Claude Paillat dans son « Dossier secret de l'Algérie ». Op. cit.
[242] Bachaga Boualem. « Mon pays, la France ». Editions France-Empire. 1962.

politique algérienne pourtant féconde en innovations de tout genre.

La proximité politique de cette nouvelle structure avec le combat que mène Soustelle est évidente : même mise à distance des excès, même détermination, et pourtant Soustelle ne se fait pas le porte-parole du FAF en métropole. Loin d'y être hostile, bien au contraire, il ne croit pas à la pérennité de cette initiative. Il est persuadé que, dans la conjoncture nouvelle créée par l'autoritarisme de la Ve République, il est vain de bâtir un parti antigaulliste qui puisse espérer avoir un quelconque avenir. La suite lui donnera raison. N'importe quel gouvernement démocratique se serait réjoui de voir surgir un mouvement si représentatif d'un segment de la sociologie « algérienne » au moment où, théoriquement, l'avenir de l'Algérie était en débat. Ce n'est pas le choix que fit le pouvoir. Il préféra le brimer, censurer ses journaux rédigés en français et en arabe et, finalement, le dissoudre en lançant des mandats d'arrêt contre ses dirigeants. Le résultat le plus net de cette politique de « gribouille » fut de fournir à la future OAS des cadres et des militants convaincus que, désormais, l'action légale était sans issue.

La réserve de Soustelle, son éloignement plutôt, s'explique aussi par l'énergie qu'il déploie pour que le colloque de Vincennes, qu'il prépare depuis longtemps, soit un succès. Il est d'ailleurs très occupé car, dans le même temps, il fonde le « Comité d'information sur les problèmes de l'Algérie et du Sahara » (CIPAS) et, comme il l'avait fait avec l'USRAF dans les années 56-57, il sillonne l'ensemble du pays. Il fait salle comble et se pose, à ces moments-là, en leader de l'opposition, parfois il parle à de plus modestes auditoires. Dans tous les cas, il se montre convaincant et déterminé. Pourtant, Soustelle est trop intelligent pour ne pas sentir le malaise qui est en train de monter. Les Français peuvent lui sourire, l'écouter, l'approuver même, ils sont las de la guerre et font, malgré tout, confiance à de Gaulle pour que la paix se dessine enfin, sans abandonner l'essentiel. L'incompréhension entre métropolitains et pieds-noirs s'élargit dangereusement, et tout cela au nom d'un réalisme de façade. En moins de deux ans, et par glissements successifs, le gouvernement a réussi à habituer les Français à l'idée de repli alors qu'ils adhéraient encore massivement aux idées du 13 mai au moment des élections législatives et du référendum.

Après avoir annoncé, le 14 juin, la fin de l'autodétermination, devenue un leurre ; après avoir trahi, le même jour, Si Salah et abandonné la « paix des braves » jadis promise ; après avoir vu apparaître une force politique nouvelle sur la scène algérienne dès le lendemain... ne manquait plus, pour clore ce fertile mois de juin, que la réponse du GPRA à l'offre de négociation mise en avant par le général de Gaulle, le 14. Elle arrive le 20 juin.

Depuis Tunis, le GPRA publie un communiqué qui fait part de sa décision d'envoyer une délégation, présidée par Ferhat Abbas, pour rencontrer le général de Gaulle. Pour régler tous les détails de cette rencontre, un responsable ira à Paris « préparer le terrain ». A l'écoute de cette nouvelle, la tension monte immédiatement à Alger. Le délégué général Delouvrier, tente de désamorcer la colère qui couve. Il assure que cette rencontre n'est pas une reconnaissance du GPRA mais un moyen de fixer, et rien de plus, les modalités d'un éventuel cessez-le-feu. Pendant qu'il tente d'apaiser les Algérois, il fait monter sur la ville blanche CRS et gendarmes mobiles en grand nombre. Devant les locaux du FAF, les files d'attente s'allongent. 50 000 adhésions sont enregistrées pour la seule journée du 21 juin.

Pendant qu'Alger se mobilise, l'avocat Ahmed Boumendjel arrive à Fontainebleau, où il séjourne avec sa délégation, avant de rejoindre Melun, lieu désigné des entretiens. Boumendjel est un vieux routier de la politique, ancien instituteur, conseiller municipal d'Alger en 1938, il devient avocat et défend Messali Hadj en 1939. Il est élu à l'Assemblée nationale après guerre. Il rejoint Tunis, avec son ami Ferhat Abbas, en 1956.

L'ébauche de pourparlers tourne court. Il s'est joué, dans cette paisible ville de Seine-et-Marne, un véritable jeu de dupes où aucun des interlocuteurs ne souhaitait aboutir ! L'Elysée ne souhaite pas faire de ce premier contact officiel le début de véritables discussions car le Président veut se donner le temps nécessaire pour convaincre les Français. De son côté, le FLN et le GPRA n'attendent rien de la rencontre de Melun. Ils ont mesuré les « avancées » réalisées par de Gaulle en leur direction et les engrangent soigneusement. Ils en attendent d'autres mais ils savent que ce n'est pas à Melun que l'annonce sera faite. Il suffit d'attendre. Le bruit médiatique de leur venue officielle sur le territoire français est un premier résultat non négligeable. Les pourparlers prennent fin le 30 juin sur un constat d'échec qui arrange tout le monde. Ahmed Boumendjel peut s'en retourner à Tunis satisfait, il sait désormais que la négociation exclusive avec le GPRA n'est plus rejetée par le gouvernement français. Mieux, elle est souhaitée. Or le GPRA n'a rien à négocier. Comme l'a souligné Ferhat Abbas quelques jours plus tôt, au lendemain du discours du Président de la République : « *l'indépendance ne se négocie pas, elle s'arrache*[243] ». Ils n'auront pas trop de difficultés à y parvenir, deux ans plus tard, sur les bords du lac d'Evian.

Pendant que se joue à Melun cette petite mascarade, l'Hôtel de Ville de Vincennes accueille dans sa salle d'honneur le colloque que prépare depuis de nombreuses semaines Jacques Soustelle. Le maire de la ville, Antoine Quinson, député de la Seine et ancien ministre, a prêté sa

---

[243] Cité par Claude Paillat. « Dossier secret de l'Algérie ». Op. cit.

« maison » aux organisateurs. C'est un succès indéniable et de nombreuses personnalités venues d'horizons différents s'y retrouvent. A « droite », on note la présence d'Alfred Coste-Floret, conseiller d'Etat et ancien député, de Georges Bidault, ancien président du Conseil, de François Valentin, député de Meurthe-et-Moselle et président de la commission de la défense nationale, de Marc Lauriol, député d'Alger, d'Azem Ouali, député de Tizi-Ouzou, du Bachaga Boualem, vice-président de l'Assemblée nationale, de Bernard Cornut-Gentille, ancien ministre, chassé du gouvernement en même temps que Soustelle… A « gauche », l'on remarque Albert Bayet, universitaire et responsable de la ligue des droits de l'homme, Robert Lacoste, ancien ministre résident en Algérie et membre de la SFIO, André Lafont, ancien secrétaire confédéral de FO et membre du conseil économique et social, ou bien encore André Morice, ancien ministre radical, Max Lejeune, ancien ministre socialiste, Maurice Bourgès-Maunoury, ancien ministre radical[244]… et, bien sûr, accompagnant ces deux groupes, Jacques Soustelle, « maître Jacques » de l'événement et trait d'union entre les deux familles politiques venues défendre l'intégration de l'Algérie à la République. A l'issue de la réunion, les participants décident de donner une structure permanente à ce rassemblement militant. Ce sera le « comité de Vincennes » qui se veut « *l'union des républicains pour défendre la légalité*

---

[244] Les personnalités de gauche présentes à Vincennes sont à l'origine d'un « comité de la gauche pour le maintien de l'Algérie dans la République » qui rejoindra le comité de Vincennes. Animé par l'universitaire Albert Bayet, intellectuellement très proche de Soustelle, qui écrira dans le Journal du Parlement : « je crois être un homme de gauche et je suis pour l'Algérie française… Nous sommes quelques-uns, ici, à penser qu'il y a des renoncements qui seraient des abdications ».

de l'appartenance de l'Algérie à la République française[245] ». Quatre réunions du « comité » pourront se tenir avant que ce dernier ne se fasse rattraper par la dissolution décidée par le gouvernement, au premier trimestre 1961. Alger, d'ailleurs, ne saura rien de cette réunion, censure oblige.

Deux procès dessinent une France divisée

Pour le général de Gaulle, tout cela n'est que vaine agitation qu'il vaut mieux étouffer afin de mieux poursuivre le chemin, entamé d'abord discrètement, mais qui se dévoile de plus en plus au grand jour. Quelques jours plus tard, le Président visite, comme il aime à le faire, la province française. Cette fois, c'est la Normandie qui le reçoit. A Granville, dans la Manche, il confirme les propos qu'il a tenus le 14 juin en ajoutant un simple petit mot, celui de « gouvernement ». Il n'est plus simplement question d'Algérie algérienne et de peuple algérien, au singulier, mais bel et bien de gouvernement algérien.

C'est, dira-t-il ce jour-là, « *un vote de tous les Algériens qui réglera leurs propres problèmes, c'est-à-dire les problèmes de leurs structures et de leur gouvernement* ». Et le 5 septembre, dans une nouvelle conférence de presse, il dit n'entrevoir que deux possibilités, celle d'une Algérie algérienne qui se construira contre la France, ou celle d'une Algérie algérienne qui se construira « en union amicale » avec la France. Dans les deux cas, c'est un gouvernement algérien qui aura à mettre en œuvre le choix des Algériens. Jacques Soustelle réagit vivement à ce nouveau glissement de la politique gouvernementale : « *La politique définie le 14 juin et le 5 septembre 1960 n'est décidément plus jouable. Dans la pire des*

---

[245] Brochure du Comité de Vincennes. « Colloque de Vincennes pour l'Algérie française ». Juin 1960.

hypothèses, c'est l'ennemi qui gagne, dans la meilleure, c'est la France qui perd. Le choix n'est plus qu'entre dictature du FLN et le chaos de style congolais… probablement les deux[246] ».

Face à l'évolution extrêmement rapide de la pensée du Général, Jacques Soustelle sent le besoin d'avoir à disposition une organisation politique qui reflète au mieux sa pensée. Le « Comité de Vincennes » ne peut pas être cette organisation, il s'agit d'une structure large, de type unitaire, où les différences doivent être respectées. Cela ne peut pas être, non plus, le CIPAS, simple structure de type propagandiste. Ce sera donc le « Regroupement national », une formation qu'il présentera à la presse, au Palais d'Orsay, le 19 octobre. Une de plus, serait-on tenté de dire ! Mais cette initiative de Soustelle rencontre le désir des députés élus en Algérie, en 1958, sur des listes « Algérie française ». Ils sont plusieurs dizaines, « Européens » ou « musulmans », à vouloir se doter d'une expression politique plus large que celle offerte par leur groupe parlementaire « Unité de la République ». Ils rejoindront le « Regroupement national ».

Devant les journalistes réunis ce 19 octobre, il dénonce ceux qui flétrissent les hommes et les femmes qui veulent que l'Algérie s'épanouisse dans l'égalité au sein de la République, en les traitant de fascistes ou d'ultras. Une manière de les déconsidérer, de les diaboliser à jamais, qui va aller grandissant pour, encouragée par la bulle médiatique, s'imposer finalement dans les esprits. La bataille des idées menée par Soustelle s'essouffle. Il est obligé d'affronter à la fois l'activisme des « amis » du FLN, très nombreux parmi l'intelligentsia de gauche, et l'indifférence des Français, voire leur hostilité, à l'égard de tous ceux qu'ils soupçonnent de vouloir prolonger la guerre. Une hostilité surtout faite d'incompréhension ou

---

[246] Article de Jacques Soustelle dans « Vérités sur l'Algérie et le Sahara » du 20 septembre 1960.

d'ignorance. Si l'on y ajoute le harcèlement policier diligenté par les hommes du Général, la mission se révèle quasiment impossible. La France est plus divisée que jamais alors qu'il y a deux ans elle se donnait à celui qui devait ramener la paix, qui avait compris ce qui se passait en Algérie et qui rénoverait les institutions de la République. Le résultat est accablant, les pieds-noirs sont désespérés, les « musulmans » ont perdu confiance et, partout, règnent la censure, la lettre de cachet et les tribunaux militaires.

En cette fin d'année 1960, deux procès vont illustrer cette division française. Le premier est convoqué pour juger les réseaux de soutien au FLN, le second pour juger les responsables présumés de la « semaine des barricades », à Alger.

Le 5 septembre, comparaissent devant le tribunal militaire de Paris les membres du réseau Jeanson[247], un réseau composé de Français qui, sous l'autorité de la fédération de France du FLN, ont aidé et soutenu le combat du Front en se faisant passeurs de documents, d'argent et d'armes. C'est pourquoi la presse leur a donné le surnom de « porteurs de valise ». Dans le box des accusés, dix-huit intellectuels français, hommes et femmes, mais aussi six Algériens, membres du FLN. Commanditaires et prestataires réunis pour un procès qui doit durer une semaine mais qui se prolongera jusqu'au 1er octobre. De bout en bout, le procès sera une mascarade. Les accusés sont joyeux, rient avec la salle, s'envoient des baisers du bout des doigts, conscients que le pouvoir, dans sa soif de négocier avec le GPRA, rapproche la date de leur « victoire ». Alors, pourquoi se priver de rire ? Finalement, par cette attitude dérisoire, ils affichent le peu de sérieux qu'ils accordent à leur cause ou bien, plus grave, leur mépris pour les Français, jugés peu dignes de comprendre leur combat.

---

[247] Hervé Hamon et Patrick Rotman : « Les porteurs de valise - La résistance française à la guerre d'Algérie ». Editions Albin Michel. 1979.

Eux qui se nomment « résistants français à la guerre d'Algérie » sont jugés dans l'enceinte de la vieille prison du Cherche-Midi, aujourd'hui détruite. Les murs, en 1960, se souvenaient encore des cris et des pleurs des résistants, torturés dans leurs geôles avant d'être envoyés à la mort. Y ont-ils pensé une minute ? Jacques Soustelle, dans les colonnes du journal Carrefour, en commentant l'événement, se montrera très sévère : « *Les Jeanson et autres soutiens du FLN tiennent à établir une analogie avec les événements de la dernière guerre. Alors, elle est toute trouvée, ils ne sont pas les héritiers des résistants mais ceux des collabos* ». L'équipe d'avocats qui défend les accusés, dans laquelle on retrouve maîtres Vergès, Dumas, Halimi, Benabdallah ... s'emploie à enliser les débats en multipliant les incidents de séance sans rapport avec le fond. Le président Cuvelier se révèle incapable de redresser la situation et, après huit longues journées, n'aura toujours pas réussi à interroger les accusés. Cette mascarade finit par indisposer maître Gisèle Halimi qui quitte le procès. Elle sera soupçonnée par maître Benabdallah, très confraternellement, d'être en mal de publicité.

Finalement, le procès sera petit de bout en bout. Petits les magistrats incapables de maintenir un semblant de sérieux ; petits les avocats tout aux plaisirs de leurs astuces de procédure ; petits les accusés, peu soucieux de défendre leur cause. Bien sûr, des témoins parleront pour eux mais la voix de Jean-Paul Sartre ne se fera pas entendre, du moins directement. Sollicité de longue date pour témoigner à ce procès, il va se dérober et le texte qui sera lu à la barre, nous apprennent Hamon et Rotman, sera un faux fabriqué « à la manière de... ». L'auteur anonyme salue les accusés comme étant « *à l'avant-garde d'un mouvement qui aura peut-être réveillé la gauche enlisée dans une misérable prudence*[248] ». Toujours cette recherche éperdue

---

[248] Hervé Hamon et Patrick Rotman. « Les porteurs de valise ». Op. cit.

d'une nouvelle avant-garde, toujours ce mépris pour la « vieille » gauche embourgeoisée, sous-entendu la vieille classe ouvrière… le faussaire a bien trouvé le ton. Le samedi 1er octobre, le verdict tombe : Neuf acquittements et trois peines assez légères, les autres accusés sont condamnés à dix ans de prison, dont Francis Jeanson lui-même, par contumace.

Soustelle n'est évidemment pas le seul partisan de l'Algérie française à réagir. Le général Salan, désormais retraité et retiré dans sa maison d'Alger, en compagnie de sa femme et de sa fille, prend également la plume. Il le fait en qualité de président des anciens combattants de l'Union française et s'interroge : « *Comment des Français cultivés et apparemment raisonnables ont-ils pu en arriver à se dresser contre leur patrie, à côté des ennemis déclarés de la France ? C'est sans conteste parce que leurs convictions politiques les avaient amenés à conclure du caractère néfaste et inutile de la guerre d'Algérie*[249] ». Et de poursuivre en se demandant pourquoi on traîne devant des tribunaux ces gens-là qui, finalement, veulent en arriver au même point que le général de Gaulle… « *Mais nul n'a ce droit et nul n'a jamais reçu un tel mandat* » rappelle-t-il.

La conclusion est imprudente. Convoqué à Paris par Pierre Messmer, il lui est signifié, comme à de nombreux autres partisans de l'Algérie française, l'interdiction de rentrer chez lui, à Alger. Interdit de séjour en son propre pays, le général séjournera donc à l'hôtel Astor, étroitement surveillé par la police. Il pourra y lire, dans sa chambre, le « manifeste des 121 », favorable à l'insoumission, que publie la presse. Dans un discours prononcé à Lyon, le 25 septembre, Jacques Soustelle constate « *que la plus grande sévérité et des mesures expéditives s'appliquent à ceux qui veulent garder l'Algérie française. Ils se voient arrêtés et expulsés sans le moindre délai. En*

---

[249] Claude Paillat. « Dossier secret de l'Algérie ». Op. cit.

revanche, libre cours est laissé à tous les Jean-Paul Sartre de trahir le pays...[250] ». Epié, suivi, Salan veut s'expliquer. Il le fait lors d'une conférence de presse qu'il tient le 25 octobre au Palais d'Orsay, là où Jacques Soustelle a présenté son « Regroupement national » quelques jours plus tôt. Averti que le pouvoir guette à cette occasion le « mot malheureux» justifiant son inculpation et son emprisonnement, il se contente de lire son texte et s'éclipse, direction l'Espagne. Il ne reviendra en France que pour y être jugé et, espère le général de Gaulle, y être condamné à mort. Salan s'en va, fuyant une possible arrestation. D'autres l'ont fait depuis longtemps ou s'apprêtent à le faire. C'est le cas de quelques inculpés du procès « des barricades ».

Commencé le 3 novembre 1960, il s'achèvera le 3 mars 1961 et sera, lui aussi, un retentissant fiasco pour le pouvoir. D'entrée de jeu, le bâtonnier Charpentier, au nom de l'ensemble de la défense, fixe l'enjeu de ce procès : « *Nous ne plaidons pas seulement pour une vingtaine d'accusés, que les préférences de la police ou les nécessités d'une certaine politique ont écrémés parmi la foule qui se pressait sur le plateau des Glières ; nous plaidons pour tous ceux qui, ce 24 janvier, sont descendus dans la rue ; nous plaidons pour le million deux cent mille Algériens français dont le cœur a battu avec le leur ; nous plaidons pour les musulmans qui sont restés fidèles à la France mais qui sont découragés et courbés sous la terreur... Voilà, messieurs, le procès que nous entendons plaider. C'est le procès de l'Algérie française*[251] ». Ce procès, comme le soulignera plus tard Alain de Sérigny, sera surtout celui d'un grand rêve perdu, celui de la fraternisation du 13 mai 1958 fracassée lors des émeutes racistes de décembre 1960. « *Il aurait peut-*

---

[250] Jacques Soustelle. « L'espérance trahie ». Op. cit.
[251] Alain de Sérigny. « Un procès ». Editions La Table Ronde. 1961.

être mieux valu l'appeler le procès d'un effroyable malentendu », dira-t-il.

Jacques Soustelle, incontestablement devenu expert en malentendus, est présent à ce procès en qualité de témoin. Il y renouvelle sa foi en l'intégration : « *C'est la fraternisation de deux communautés qui était ainsi acclamée le 16 mai 1958, non pas leur juxtaposition. Il n'entrait pas du tout dans notre propos de les faire coexister dans une espèce de ségrégation, même bénévole. Notre but, c'était de fondre ces deux communautés, de les mêler dans un même creuset. Notre idée était de les révéler à elles-mêmes comme composées de Français égaux en droits et en devoirs... C'est cela l'intégration, avec ses possibles réalisations immédiates et sa part d'idéal à atteindre*[252] ». Georges Bidault, André Morice, Philippe Marçais, Marc Lauriol viendront témoigner à leur tour...

Le 3 mars, à 18 heures, le tribunal militaire de Paris livra sa sentence. Dix-neuf hommes sont concernés mais tous ne sont pas dans le box. Trois sont jugés par contumace, dont Joseph Ortiz réfugié en Espagne, et trois sont en fuite depuis leur mise en libération conditionnelle intervenue lors du procès. Parmi eux, Pierre Lagaillarde et Jean-Jacques Susini. Les treize autres sont présents. Ils seront tous acquittés. Ortiz est condamné à mort par contumace, Lagaillarde à dix ans de prison et Susini à deux ans avec sursis. Ces trois-là sont déjà en Espagne, avec bien d'autres exilés.

Le procès des barricades, venant après celui du réseau Jeanson, sonne le glas des tribunaux militaires. Ils présentaient en effet un grave défaut, les juges n'étaient pas nommés par le pouvoir mais par l'institution militaire. Pour remédier à cet inconvénient on inventa la « Cour de sûreté de l'Etat » où les juges, cette fois, seront nommés par le pouvoir politique. Elle se réunira très souvent entre 1961 et

---

[252] Cité par Alain de Sérigny. « Un procès ». Op. cit.

1963, quelques fois en 1964. C'est le premier gouvernement de François Mitterrand qui la supprimera définitivement.

DE MELUN À EVIAN, UN CONTACT JAMAIS ROMPU

Le 4 novembre, alors que le procès des barricades vient de s'ouvrir, le chef de l'Etat s'adresse de nouveau aux Français. De Gaulle juge nécessaire de reprendre l'initiative et de franchir une nouvelle étape. D'emblée, il place l'affaire algérienne « *dans le cadre du mouvement mondial de décolonisation que la France a accompagné au Maghreb et en Afrique noire* » et il laisse entendre qu'il se poursuivra en Algérie. Pour la première fois, il affirme que celle-ci constituera une entité indépendante, une « *République algérienne ... avec son gouvernement, ses institutions, ses lois* ». Pour aboutir à ce résultat, il brandit l'autorité de l'Etat et les armes que la constitution met à la disposition de son chef si l'opposition réussissait à faire adopter une motion de censure à l'Assemblée nationale, ce que les dignitaires gaullistes craignent, et tout particulièrement Michel Debré. Il laisse entrevoir un recours probable au référendum et évoque une dissolution éventuelle de l'Assemblée nationale. Jacques Soustelle, le même soir, tient la deuxième réunion publique du colloque de Vincennes. Le hasard avait déjà voulu que la première réunion du « colloque » se tienne quasiment en même temps que le discours du 14 juin. Etrange dialogue tenu à distance, mais dialogue largement dissymétrique.

Ce 4 novembre, actualité judiciaire oblige, le général de Gaulle fait référence aux procès en cours. Il met à égalité ceux qui soutiennent le FLN et ceux qui défendent l'Algérie française et les compare à deux meutes. Sous l'humour perce l'inquiétude, de Gaulle tente de dissimuler qu'il ne tient pas toutes les ficelles en main. Les procès lui échappent et l'opinion publique, de plus en plus lassée, peut brusquement se retourner et lui reprocher son absence de résultats. Il lui faut aller vite.

L'Assemblée ne sera pas dissoute mais la décision d'organiser, début janvier, un référendum, est bel et confirmée quelques semaines plus tard. Plébiscite à peine déguisé, il a surtout pour fonction de faire taire, sous le poids espéré des oui, ceux qui s'obstinent à dire, en 1960, ce que de Gaulle disait en 1958. Pour préparer ce scrutin, le chef de l'Etat se rend en Algérie du 9 au 13 décembre. Il espérait se faire acclamer par la foule musulmane, il ne rencontrera que le chaos et quelques officiers à la mine triste. Le Front pour l'Algérie française déclenche la grève générale et organise des manifestations dans toutes les villes du territoire, drapeau tricolore en tête. Mais, derrière le drapeau du FLN, s'organise une autre riposte. Le drapeau vert et blanc, frappé du croissant rouge, flotte sur la casbah et les affrontements sont violents. Le bilan est extrêmement lourd, près d'une centaine de morts sont à déplorer. La presse anglaise parle d'un bain de sang, l'ONU évoque le chiffre de mille morts ! Drapeau contre drapeau, communauté contre communauté, la rupture est béante. Le FLN en avait rêvé, de Gaulle l'a réalisé. Il l'avoue à Louis Terrenoire, qui l'accompagne, en lui murmurant dans l'avion qui repart à Paris : « *mon voyage a provoqué une cristallisation… et, poursuit-il, il faut trouver un arrangement avec le FLN. Je le ferai après le référendum* ». De retour à Paris, le Général fait interdire le FAF. Ses dirigeants prennent le chemin de l'exil. Certains vont rejoindre le petit groupe qui, lentement, grandit en Espagne.

Le 8 janvier, les Français doivent répondre à la question : « *Approuvez-vous le projet de loi soumis au peuple français par le Président de la République concernant l'autodétermination des populations algériennes et l'organisation des pouvoirs publics en Algérie avant l'autodétermination* » ? Deux questions, une seule réponse. Tous les partis traditionnels appellent à voter

« oui », à l'exception du parti communiste, favorable au « non ». Soustelle et son « regroupement national » appellent également à voter « non » mais, on s'en doute, pour des raisons diamétralement opposées. Il aimerait s'en expliquer mais il est interdit d'antenne et, en dépit de son groupe parlementaire « unité de la République », il ne peut participer à la campagne officielle sur les ondes de la RTF. Invité à Alger par des députés de son organisation, il est interdit de séjour.

Le résultat est sans surprise. Le « oui » l'emporte en métropole avec 72,25% des suffrages exprimés et 69,5% en Algérie. Mais, reportée au nombre des inscrits, la majorité est à peine atteinte en métropole où elle frôle les 56%. Elle n'est pas atteinte en Algérie où les « oui » représentent 39% des inscrits. Le « non » l'emporte largement à Alger, à Oran, à Blida, à Bel-Abbès, à Mostaganem, à Bône, à Constantine, à Philippeville... Partout où vivent les pieds-noirs, le rejet est évident. Commentant ces résultats, Jacques Soustelle constate que, en métropole, « *les électeurs se sont, en majorité, déchargés sur le Président de la République de toute responsabilité. Résignation, démission, confusion, vague espoir, tout cela se résumant en une seule phrase : qu'il se débrouille*[253] ».

Si le référendum a parfaitement joué son rôle politique, et c'était après tout le but recherché, les engagements pris à cette occasion n'ont jamais été tenus. C'est le cas pour l'organisation nouvelle des pouvoirs publics, qui ne verra jamais le jour, comme ne verra jamais le jour un quelconque scrutin d'autodétermination, purement et simplement escamoté au profit du vote entérinant les conclusions des accords d'Evian.

Etrange concordance des temps, le 18 janvier, dix jours après les résultats du référendum, l'Elysée note l'apparition de conditions favorables à la reprise des contacts avec le GPRA. L'arrangement avec le FLN, souhaité par de Gaulle

---

[253] Jacques Soustelle. « L'espérance trahie ». Op. cit.

dans l'avion qui le ramenait à Paris, le mois précédent, a été apparemment trouvé. C'est la confirmation officieuse de la permanence des contacts entre Paris et Tunis.

En réalité, c'est après le discours du 4 novembre précédent que le gouvernement français et le GPRA reprennent directement contact. Michel Debré le confirmera en partie, à la tribune de l'assemblée, le 28 juin 1961, mais situera la première prise de contact peu avant la tenue du référendum. C'est faux, le premier contact aura lieu en Suisse, le 25 novembre, grâce au précieux savoir-faire de la diplomatie helvète[254]. Le GPRA se montre pressé, inquiet de la crise qui couve au sein des instances dirigeantes algériennes. Mais, pour que ces premiers contacts se concrétisent, il faut que la situation politique française se décante. Il est, en particulier, hors de question de troubler le déroulement du référendum par d'indésirables indiscrétions. Il faut donc procéder par ordre : assurer d'abord la victoire du « oui », évacuer ensuite la menace d'une crise politique et, enfin, annoncer « l'apparition de conditions favorables à une rencontre avec le GPRA ». Ce sera fait le 18 janvier ! Dès le lendemain, Georges Pompidou arrive à Lucerne. Il y retrouvera, le 20 janvier, maître Boumendjel. Les deux hommes ne discuteront plus de questions de protocole, comme à Melun, mais de questions de fond : statut des minorités dans l'Algérie future, participation du GPRA aux organes exécutifs provisoires, proclamation d'un cessez-le-feu, possession du Sahara et de son pétrole... De manière quasiment synchronisée, Bourguiba rencontre de Gaulle, le 27, à Rambouillet. Pour le Président de la République, il faut aboutir rapidement : « *l'essentiel*, écrit-il à Louis Joxe dans une note manuscrite, *est que s'ouvre une conversation officielle... aucun préalable ne doit*

---

[254] Olivier Long, « Le dossier secret des accords d'Évian. Une mission suisse pour la paix en Algérie », Lausanne, Éditions 24 heures, 1988.

*être soulevé (*dont celui d'un cessez-le-feu, mis en avant par la France de manière constante), *mais on n'imagine pas que, si les délégations arrivent à un accord, celui-ci ne règle pas à la fois les questions politiques et militaires actuelles*[255] ». Le 22 mars, les préliminaires sont achevés et les Algériens, qui ont volontairement fait durer les choses, acceptent le principe d'une rencontre officielle. Ils ne font que saluer la décision du Conseil des ministres du 15 mars précédent qui, « *acceptant des négociations officielles, directes et sans préalables* », donne satisfaction au GPRA, reconnu de facto. La conférence pourra commencer le 7 avril 1961, sans désarmement préalable de l'ALN, sans suspension des combats ni même des attentats. La ville est choisie, ce sera Evian, à deux pas de la Suisse, qui abritera la rencontre. Elle ne commencera pourtant que le 20 mai. Six semaines de retard qui s'expliquent en partie par l'assassinat du maire d'Evian, le 31 mars, et par le « putsch » des généraux, du 22 au 26 avril. L'autre raison de ce retard est l'ajournement provisoire des pourparlers, provoqué par le GPRA, au prétexte que la France voudrait négocier avec d'autres que lui-même, notamment avec le MNA. Crainte très vite apaisée car ne reposant sur rien d'autre que des rumeurs et des manœuvres politiciennes.

Avant même que n'éclate le putsch, le général de Gaulle a conscience qu'il faut préparer l'opinion publique aux nouvelles concessions déjà contenues dans les entretiens préliminaires. L'assassinat du maire d'Evian, Camille Blanc, est la triste démonstration que les défenseurs de l'Algérie française, du moins certains d'entre eux, réagiront violemment aux annonces faites. Il prend donc, de nouveau, le chemin du studio télévisé installé à l'Elysée. Il glisse rapidement sur le cessez-le-feu, et sur les conditions de la

---

[255] Note reprise par Michèle Cointet dans « De Gaulle et l'Algérie française ». Op. cit.

négociation, pour s'attarder sur l'avenir de l'Algérie. Comme à chaque discours, depuis maintenant deux ans, il franchit une marche supplémentaire vers l'abandon, et cette fois la marche est haute : « *L'Algérie nous coûte plus cher qu'elle nous rapporte... c'est pourquoi, aujourd'hui, la France considérerait, avec le plus grand sang-froid, une solution telle que l'Algérie cessât d'appartenir à son domaine... solution que nous considérons avec un cœur parfaitement tranquille... pour ma part, je suis persuadé qu'il (l'Etat algérien) sera souverain au-dedans et au-dehors et, encore une fois, la France (de Gaulle) n'y voit aucun obstacle*[256] ». Envolée l'autodétermination, oubliées les trois options, négligées les institutions de l'Algérie algérienne, le chef de l'Etat a décidé que, désormais, l'Algérie serait un Etat souverain sous la coupe du seul FLN comme il en a été fait promesse lors de la préparation du rendez-vous d'Evian.

La rupture est, cette fois, définitivement consommée entre le Général et Jacques Soustelle : « *Pour la première fois, écrit-il, à cette date fatidique du 11 avril, on voit apparaître l'argument que je ne peux qualifier autrement que sordide, qui allait révulser même des partisans notoires de l'indépendance comme Jules Roy : celui des gros sous. Si tel est le critère qui doit désormais régler l'appartenance à la République, qu'en sera-t-il, demain, de la Corse?*[257] » Soustelle n'est pas le seul à recevoir ce discours comme une véritable gifle, c'est le cas du général Challe.

Militaire pondéré, ayant le souci de la légalité républicaine et, à ce titre, n'ayant pas « marché » avec les émeutiers de la semaine des barricades, il n'est en rien lié au mouvement activiste d'Alger. Mais, comme la plupart des cadres de

---

[256] Extraits de l'allocution radiodiffusée du général de Gaulle le 11 avril 1961.
[257] Jacques Soustelle. « L'espérance trahie ». Op. cit.

l'armée, il demeure un ferme partisan de l'Algérie française. A la fin de l'année 1960, entre les fêtes de Noël et du jour de l'An, à l'âge de cinquante-six ans, il demande à faire valoir ses droits à la retraite. Lui, l'ancien commandant en chef des troupes françaises en Algérie, lui qui n'a pas à rougir de son commandement, ne peut plus accepter le cours pris par la politique algérienne du général de Gaulle. Celui-ci, mis au courant, s'étonne et ne donne pas suite. Challe insiste, rencontre Roger Frey et Pierre Messmer, son ministre de tutelle, renouvelle sa demande et informe, au passage, qu'il va voter « non » au référendum qui va se tenir dans quelques jours. Rien ne bouge ! Alors, en désespoir de cause, il va trouver Michel Debré qui, comme les autres, manifeste son incompréhension. Finalement, il est autorisé à prendre sa retraite le 1er mars.

Pendant ces quelques mois, il participe chaque semaine à un groupe de réflexion sur l'Algérie où l'on retrouve, mélangés, militaires et politiques, ceux du « comité de Vincennes, notamment, où les plus assidus sont Lauriol, Lacoste, Lejeune, Soustelle, Bidault[258]... Dans ce petit cénacle, le « professeur » Soustelle montre qu'il n'est pas que le spécialiste un peu monomaniaque de l'intégration dénoncé par Terrenoire. Il éclaire ses amis sur les raisons stratégiques du revirement gaulliste à propos de l'Algérie : rejet de l'intégration atlantique, équilibre Est-Ouest, construction européenne, leadership du tiers-monde et, surtout, construction de la « force de frappe » qui doit totalement réorienter l'armée... Alors, que valent ces quelques « arpents de sable » d'Outre-Méditerranée face au grand vent de l'histoire, sinon être un témoignage de notre archaïsme colonial ?

Le général Challe reçoit également la visite de nombreux officiers, mutés en France depuis l'épisode des barricades. Ils

---

[258] Michèle Cointet. « De Gaulle et l'Algérie française ». Op. cit.

lui disent leur désarroi, ils le supplient de s'engager, de devenir le « chef » qui manque aujourd'hui à l'armée. Une nouvelle aventure, strictement militaire cette fois, est en train de s'écrire. A la surprise générale, Challe va accepter d'y participer et en prendra même la tête. Il le fera après avoir entendu de Gaulle, le 11 avril. Il le fera sans exaltation, presque par devoir.

Alger se réveille, le samedi 22 avril, en constatant que sa radio, France V, a été rebaptisée Radio France. Le message diffusé en boucle est clair : « *L'armée s'est assurée du contrôle du territoire algéro-saharien* ». L'après-midi, un Conseil des ministres se tient en urgence à l'Elysée. « *Ce qui est grave dans cette affaire, aurait dit le général de Gaulle, c'est qu'elle n'est pas sérieuse* ». L'état d'urgence est cependant décrété. Pendant ce temps, Challe, accroché à son téléphone, compte ses forces. Elles ne sont pas nombreuses. Le dimanche 23 avril, tout juste arrivé d'Espagne, Salan rejoint les généraux putschistes mais cela ne change guère le rapport de force. Isolé, Challe refuse d'armer les activistes civils. Pour lui, cette affaire est militaire et doit le rester jusqu'au bout.

A 20 heures, ce dimanche soir, le général de Gaulle, en uniforme, paraît à la télévision : « *Un pouvoir insurrectionnel s'est installé en Algérie par un pronunciamento militaire. Ce pouvoir a une apparence : un quarteron de généraux en retraite... Au nom de la France, j'ordonne que tous les moyens, je dis tous les moyens, soient employés pour barrer la route de ces hommes-là... J'interdis à tout Français, et d'abord à tout soldat, d'exécuter tout ordre, quel qu'il soit...* ». Les appelés vont entendre cet appel et refuser d'exécuter les ordres des officiers favorables au putsch. « *Une révolte ? Plutôt une grève* » dira plus tard un ancien militaire.

A 0 h 45, Michel Debré paraît à la télévision, défait, et dramatise la situation : « *Dès que les sirènes retentiront, ordonne-t-il, allez sur les pistes des aérodromes, à pied ou en voiture, convaincre ces soldats trompés de leur lourde erreur* ». Il ne se passe rien lundi, ni à Paris où aucun parachutiste ne se montre, ni à Alger où, visiblement, le « coup » n'a pas pris. Le mardi 25 avril, contre l'avis des trois autres généraux, Challe prend contact avec Paris. Le 1er REP (Régiment étranger de parachutistes) repart pour son cantonnement et son chef, Hélie de Saint Marc, se constitue prisonnier, suivant ainsi l'exemple du général Challe qui se sacrifie pour éviter le bain de sang et prend sur lui toutes les conséquences de son geste. Il est aussitôt transféré en métropole. Le général Zeller fera de même, contrairement à Salan et à Jouhaud qui s'enfoncent dans la clandestinité. Ils prendront la tête de l'OAS.

Le putsch a duré quatre jours, quatre malheureux jours pour une opération mal préparée, sans objectif précis, promise à l'échec dès le début. Les « pourparlers » d'Evian peuvent commencer dans de « bonnes » conditions.

Jacques Soustelle est un spectateur du putsch des généraux, un spectateur engagé, certes, mais spectateur réduit, au mieux, au simple rôle de commentateur... Des années plus tard, alors que les feux de l'actualité seront braqués sur la Nouvelle-Calédonie, et sans doute inspiré par cette décolonisation d'un genre nouveau, le général Massu accusera Soustelle d'avoir poussé l'armée à la rébellion en 1961. Montré du doigt, Soustelle lui répond en réaffirmant ce qu'il a toujours dit : « *J'ai tout ignoré du putsch des généraux, je l'ai appris par la radio le lendemain matin. Je n'ai pris aucune part à sa conception, à son déroulement, à son échec*[259] ». Ce que conteste le colonel Argoud qui affirme que Soustelle et Lacoste ont été tenus au courant des préparatifs du putsch. Sans doute a-t-on parlé devant eux, chez le général Challe vraisemblablement où ils se réunissaient régulièrement, de l'hypothèse d'un coup de force militaire en

---

[259] Mise au point publiée par le journal « Le Monde » du 17 novembre 1988, sous la signature de Jacques Soustelle.

Algérie -qui n'en parlait pas dans la hiérarchie militaire- mais ils n'en ont tiré aucune conséquence politique et ne se sont pas engagés. L'initiative de Challe a d'ailleurs surpris tout le monde, et en particulier Jacques Soustelle. Quelques semaines avant l'éclatement du putsch on l'avait, déjà, accusé d'être l'inspirateur de l'attentat qui tua le maire d'Evian, attentat revendiqué par l'OAS. Par déductions successives, on l'accusa ensuite d'avoir porté sur les fonds baptismaux l'organisation de l'armée secrète. Ce sera le début d'une longue série d'accusations pour lesquelles il ne sera jamais poursuivi, ce n'est pourtant pas l'envie qui manquait. Ces accusations lui colleront désormais à la peau, comme la tunique de Nessus.

Le 23 avril, Jacques Soustelle est averti par un coup de fil « ami » de son arrestation probable d'un moment à l'autre. Cette nuit-là, il décide de quitter son domicile et de mettre un espace entre lui et les policiers partis à sa recherche sur ordre de Roger Frey. La radio annonce d'ailleurs son arrestation imminente. Trente ans plus tard, Roger Frey affirmera au journaliste Bernard Ullmann « *qu'aucune poursuite n'a été, alors, engagée contre lui... il n'avait donc aucune raison de passer à la clandestinité*[260] ».

Le 26 avril, « Le Figaro » annonce la disparition de l'ancien ministre du général, mais, ce jour-là, la nouvelle ne fait pas la « une », actualité algéroise oblige. Soustelle aurait donc disparu ! En réalité, il n'est pas très loin, il est passé du XVIe arrondissement au XVe. Il y demeure une quinzaine de jours pendant lesquels se multiplient les arrestations, celles de ses amis politiques, notamment, ou celles d'officiers soupçonnés de manquer de loyalisme, mais aussi de bien d'autres, comme ces étudiants ou lycéens connus pour avoir défendu l'Algérie française. Ces mesures sont rendues possibles en raison de l'application de l'article 16 de la constitution accordant les

---

[260] Bernard Ullmann « Jacques Soustelle ». Op. cit.

pleins pouvoirs au chef de l'Etat. Article dont Soustelle fera le symbole du néo-gaullisme et de son arbitraire : « *il a été mis en place non point pour rétablir des pouvoirs publics momentanément détruits ou entravés, mais pour suspendre leur fonctionnement normal*[261] ». A-t-il eu tort, dans ces conditions, de fuir son domicile ? Difficile, aujourd'hui, de croire aux confidences d'un Roger Frey visiblement fâché avec sa mémoire, tant les mesures arbitraires se sont multipliées après l'échec du putsch : arrestations et détentions « administratives » effectuées sans contrôle judiciaire ; ouverture, dès 1961, du camp d'internement de Thol et, en 1962, du camp de Saint-Maurice-l'Ardoise ; atteintes à la liberté d'expression par la censure et la fermeture pure et simple de certains organes de presse ; création de tribunaux d'exception…

Accueilli et protégé par des amis, Soustelle échappe à la vindicte de ses anciens amis. Il téléphone tous les jours à sa femme mais, sachant sa ligne écoutée, il lui parle dans un dialecte aztèque, le nahuatl, assurant ainsi la confidentialité de leurs conversations. Ce n'est qu'en juin qu'il passe la frontière, la première d'une longue série. Son ami, Pierre de Bénouville, va l'aider. Une habitude, décidément, pour ce vieux camarade des jours sombres. C'est lui, on l'a vu, qui déjà l'avait aidé à passer en Algérie au moment du 13 mai 1958. Cette fois, il le conduira en Italie et, après un bon repas pris sous le soleil de la Riviera, le désormais proscrit rejoindra Rome en chemin de fer.

LE VOYAGEUR SANS VISA

En montant dans le train qui l'emmène vers Rome, à quoi pense Jacques Soustelle ? Aux honneurs perdus de la République, aux années passées dans un premier exil, aux côtés des Français libres et du général de Gaulle, pendant les heures

---

[261] Jacques Soustelle. « Vingt-huit ans de gaullisme ». Op. cit.

noires de l'occupation ? Peu importe, il part sans regret. Seul demeure un immense chagrin. Lui qui a consacré sa vie au Général, de Londres au RPF, jusqu'à ce 13 mai 1958 où le malentendu s'est installé entre eux, que pourrait-il ressentir d'autre, alors que le vide s'ouvre devant lui ? Peut-être des remords ? Remords à l'égard de ceux, Européens ou musulmans d'Algérie, qui ont entendu les promesses distillées d'Alger à Mostaganem, qui y ont cru et qui, demain, souffriront comme l'a cyniquement reconnu le général de Gaulle ? Remords à l'égard de son aimée et souffrante Algérie qui voit son intégration, si attendue, se terminer dans les larmes ? Ce n'est ni la « force des choses », ni la violence d'une défaite sur le terrain qui est responsable de cet état de fait. Non, l'intégration est morte d'avoir été trahie. Elle n'intéresse plus. Des millions d'hommes et de femmes seront jetés sur les routes de l'exode, ou sous la lame du couteau, parce qu'ils n'intéressent pas. Soustelle pressent le malheur qui va s'abattre là-bas, en Algérie, et mêlée aux remords il en conçoit une grande colère.

C'est le souvenir qu'en garde Pierre Sergent, capitaine du 1er REP passé à l'OAS avec le général Salan. Il fait la connaissance de Jacques Soustelle en Italie et noue, avec lui, des liens d'amitié qui survivront à leur aventure. Le jeune officier est séduit par la bonhomie du personnage et son absence d'orgueil, mais il note son pessimisme, son amertume et sa colère. « *Il souffre de voir que l'on cherche à les faire passer, lui et ses compagnons de l'Algérie française, pour des réactionnaires et des tenants de l'ancien système colonial*[262] ».

La même amitié va se nouer entre Soustelle et André Rossfelder rencontré à Rome dans cette succession extraordinaire de « hasards » qui n'en sont pas, seulement la marque des situations d'exception. En 1943, le jeune Algérois, dont

---

[262] Pierre Sergent. « La bataille ». Editions de la Table Ronde. Paris, 1968.

la famille est originaire d'Alsace, est allé solliciter, en vain, le chef des services secrets de la France libre, un certain Jacques Soustelle. Un rêve d'adolescent... Ami d'Albert Camus, il partagera avec lui, en 1956, un autre rêve, celui d'une trêve civile. Il n'est plus l'adolescent rêvant d'être espion et il a gagné en lucidité. Il se rendra vite compte, tout comme Camus, que les bons sentiments ne suffisent pas et qu'ils ont été manipulés. En 1961, il sera la « voix » du putsch, qu'il préfère appeler « fronde », puis s'en va derrière Salan. Pour avoir occupé pendant quatre jours les studios de « France V » il sera condamné à vingt ans de prison, « *Cinq ans par journée passée à la radio* », dira-t-il. Il partage les mêmes sentiments que Sergent à l'égard de Soustelle. Il apprécie sa détermination mais devine la faille. « *Comme Salan, il vit dans le remords d'avoir appelé de Gaulle au pouvoir. Sa colère est encore fraîche mais elle est déterminée. De Gaulle lui doit réparation*[263] ». Mais la détermination de Soustelle est suffisamment forte pour qu'il parvienne à masquer le découragement qui, parfois, le guette.

La première année d'exil est intense, elle donne l'impression que l'on a prise sur les événements qui se succèdent : les négociations d'Evian, la bataille de l'OAS, le 19 mars puis le référendum métropolitain, la répression et enfin l'abandon... Mais quel peut être le pouvoir d'une poignée d'exilés ? Il se limite bien souvent à la seule magie du verbe. Ils font croire qu'ils commandent les événements alors qu'ils se contentent de les interpréter, mais ils donnent le change et se persuadent qu'ils sont utiles. Il sera difficile d'entretenir cette illusion au cours des années qui vont suivre. L'Algérie s'estompe dans l'esprit des Français, ils parlent d'autre chose, de l'élection du Président de la République au suffrage uni-

---

[263] André Rossfelder. « Le onzième commandement ». Editions Gallimard. Paris 2000.

versel, de la grève des mineurs… 1968 n'est plus très loin. Les dernières années d'exil se révèleront plus ennuyeuses, elles auront cette qualité d'ennui que l'on retrouve exclusivement en prison. Cet exil qui se prolonge, qu'est-il, sinon une prison ? Un exil pour rien, car aucune charge ne pèse contre Soustelle, et il pourrait très bien revenir après avoir « négocié » son cas. Mais il ne le fera pas, il ne veut pas céder alors que d'autres sont en prison. Il ne veut pas trahir ses camarades et sembler accepter une autre trahison, celle du général de Gaulle. Alors il garde une frontière entre lui et le pays et il écrit ! Il rédige « Les quatre soleils », sans doute son plus beau livre d'ethnographie sur la civilisation aztèque, mélange d'histoire et de philosophie. Il écrit trois livres politiques où il ne retient pas ses coups : « Sur une route nouvelle », « La page n'est pas tournée » et « Vingt-huit ans de gaullisme ». Sans oublier « La longue route d'Israël » où il déclare tout son amour à l'Etat juif et son adhésion, en qualité de « non-Juif », au sionisme.

Avant que l'écriture ne dévore une partie de son temps, il participe à la création du CNR (Conseil national de la résistance), un mauvais plagiat du premier CNR de Jean Moulin et dont la pâle copie n'a jamais eu l'ombre de la moindre influence politique.

Pendant un court moment, cet ectoplasme maintient un pudique voile d'illusion sur son combat perdu. Dans des appartements de fortune, il croise Georges Bidault et ses nouveaux amis de l'OAS, il participe à des réunions qui font semblant, dit les mots que l'on attend. Si sa colère est authentique et vive l'humiliation qu'il ressent à avoir été ainsi trompé, il ne peut s'empêcher de maintenir une distance entre lui et ce qui se déroule sous ses yeux. Une triste comédie saisie par le déni du réel alors que des centaines de milliers d'hommes et de femmes sont sur la route de l'exil. Eux ont tout perdu.

Cette aventure lui permettra tout de même, lui le familier des allées du pouvoir, de rencontrer d'autres hommes, d'une autre trempe, comme Pierre Sergent, capitaine « perdu » mais d'une grande lucidité sur les idées et sur les hommes, ou André Rossfelder, brillant spécialiste de géologie sous-marine. Deux hommes pour qui il ne tournera pas la page de l'amitié.

Finalement, en montant dans ce train qui l'emmène vers Rome, muni de faux papiers, il n'a aucune idée de ce que pourrait être son rôle dans cette étrange partie qui commence. Il ne sera pas le commis voyageur d'une nouvelle internationale d'extrême droite comme le prétend la calomnie qui se développe autour de lui.

S'il a choisi l'Italie comme premier refuge, ce n'est pas pour y rencontrer les leaders du parti néofasciste MSI (Mouvement social italien) et encore moins devenir l'animateur d'une internationale néofasciste comme se plaira à le dire une certaine presse française[264], ni pour y poursuivre, à l'abri d'une frontière, son « *apologie du crime et sa provocation au meurtre* » comme l'écrira Sirius (autrement dit Hubert Beuve-Mery) dans le Monde du 10 octobre 1962. Il ne sera pas non plus le « chef d'orchestre » d'un complot clandestin ou la tête pensante d'une nébuleuse néo-nazie, responsable de la disparition, au-dessus de l'ex-Congo belge, du secrétaire général de l'ONU. Manifestement, ces accusations marquées à gauche ne calment pas certaines officines de droite, où la haine contre Soustelle-Ben Soussan ne s'est jamais éteinte. De ce côté du spectre politique, on l'accuse de feindre d'être dans l'opposition pour mieux tromper les patriotes. Habitué depuis longtemps à être la cible d'un feu

---

[264] Dans le journal Combat, il reconnaîtra bien volontiers l'existence d'une internationale fasciste, mais il repousse avec horreur sa politique, et souligne que ses sympathisants, animés de sentiments racistes, ont pris nettement position contre l'intégration.

croisé, il ira répétant sans cesse, au risque de déplaire encore à ses critiques de droite, qu'il demeure, envers et contre tout, un républicain et un démocrate, un homme attaché à la liberté des citoyens, l'équilibre des pouvoirs et le pluralisme des opinions, débattues et exprimées sans contrainte. Un homme qui refuse de voir la France s'abaisser à pratiquer une politique de discrimination raciale, ce qui est le cas quand on livre une minorité ethnique à une domination totalitaire. « *Voilà quelle est ma profession de foi fasciste* » dira-t-il avec un humour grinçant.

Son rôle est tout trouvé, il sera celui qui dit la vérité, sa vérité, même si les Français ne sont pas encore prêts à l'entendre, celui qui montre du doigt les coupables et qui prend date pour l'avenir.

« *Je dis aujourd'hui mon angoisse devant cette division irrémédiable du pays, plus profonde qu'aucune de celles que nous avons connues depuis l'affaire Dreyfus, la séparation de l'église et de l'Etat, le vichysme et la collaboration… Le mensonge tue. La France, installée dans le mensonge, ne survivra qu'en s'affranchissant par la vérité. Cette vérité, il faut la lui dire, quoi qu'il en coûte*[265] ». Jacques Soustelle le fera dans l'indifférence. Ni les désastreuses dispositions des accords d'Evian, ni le chaos qui s'en est suivi, ni le sort des pieds-noirs et des musulmans qui rêvaient d'un autre destin, ne réveilleront l'opinion pressée de tourner la page. Il le fera également en donnant de l'OAS un autre visage que celui, généralement admis, d'une bande de tueurs. Il tentera de faire comprendre que l'O.A.S est, ou a été, l'expression de la résistance d'un peuple qui ne veut pas mourir. Deux voies s'offraient au gouvernement, ou bien s'obstiner à fermer les yeux devant la réalité, à ne vouloir discuter qu'avec le seul

---

[265] Jacques Soustelle. « Sur une route nouvelle ». Editions du Fuseau. Paris 1963.

F.L.N, ou bien envisager les choses d'une façon réaliste et admettre que l'O.A.S, expression d'un des peuples algériens, devait être prise en considération. C'est ce que demanderont, en vain, quatre-vingts députés français en votant une motion que l'on appellera la « motion Salan ».

Bien des années plus tard, ayant bénéficié d'un non-lieu reconnaissant ainsi la vacuité de son dossier, Jacques Soustelle revient en France le 24 octobre 1968. Son avion, venant de Genève, atterrit à Orly où une jeune femme lui tend un bouquet au nom des pieds-noirs de Lyon. Il fêtera son retour à la Maison de l'Amérique latine, un autre lieu aurait été impensable. Interrogé par la presse sur ses relations avec l'OAS, il répétera qu'il en a approuvé les buts, pas les méthodes ! Mais c'est en répondant à une question portant sur ses projets qu'il est le plus net : « *je resterai, jusqu'à mon dernier souffle, un homme de gauche*[266] ».

---

[266] Interview donnée à Jean Carlier, directeur de la rédaction de Radio Luxembourg, le 24 octobre 1968.

Epilogue

Plus que jamais, l'intégration

> « *C'est en fonction de l'avenir qu'il faut poser les problèmes, sans remâcher interminablement les fautes du passé* ».
>
> Albert Camus

Jacques Soustelle, devenu « immortel » en 1983, n'en a pas moins quitté ce monde, emportant avec lui ses rêves, ses espérances et ses chagrins. Son idée d'intégration, pour laquelle il s'est tant battu et dont il avait su faire un slogan, s'est envolée comme s'est envolée l'Algérie française. Mais l'idée demeure, comme prisonnière d'un étrange jeu de miroir. Vieille cicatrice du passé que le présent a rattrapé.

Le présent, pour la France de ce début de vingt et unième siècle, c'est le questionnement sur son identité, sur son rapport à « l'autre ». L'immigration de masse interroge et peut prendre, parfois, des allures de cauchemar quand certains évoquent « le grand remplacement ». De quoi parlent-ils ? De rien d'autre que du remplacement des Français « de souche » selon la formule inventée par la démographe Michèle Tribalat, par de nouveaux arrivants qui, par leur nombre, parviendraient à dissoudre l'ancienne société. Selon les tenants de cette thèse, on aboutirait ainsi à une totale dépossession identitaire. Renaud Camus[267], le père de cette théorie, se trompe peut-être complètement mais sa formule-choc a néanmoins rencontré la peur diffuse qui, progressivement, s'est installée dans notre société. Tous ne la partagent pas, bien entendu. Certains se réjouissent même de voir émerger une « France plurielle, une France métissée, une France multiculturelle », une autre France où tout se vaut, où tout est relatif, où, surtout, il ne faut plus croire à rien de peur de fâcher ou de « stigmatiser ». D'autres, enfin, veulent demeurer optimistes, assurant que la peur se révèle surtout utile à une certaine extrême droite identitaire. Alors, faut-il nier le réel pour éloigner la peur ?

Il est parfaitement légitime de s'interroger sur l'impact que l'immigration a sur notre culture et sur notre identité. Légitime et urgent car, selon Gilles Kepel, « *On dénombre aujourd'hui, dans l'Hexagone, davantage de citoyens et de résidents français arabes que de nationaux au Qatar, aux Emirats-Unis, au Koweït et à Bahreïn réunis*[268] ». La France, toujours selon Gilles Kepel, serait ainsi devenue le premier pays arabe d'Europe, comme l'Allemagne serait le premier pays turc et le Royaume-Uni le premier pays indo-pakistanais d'Europe. Comment faire de ces nouveaux citoyens ou de ces résidents, souvent destinés à rester dans le pays, des citoyens français à part entière et non des éléments de discorde et les ferments de notre propre dissolution ? La réponse tient en un mot, usé à force d'avoir servi. Un mot inscrit dans l'ADN de la République. C'est l'intégration.

Pour Daniel Lefeuvre et Michel Renard, « *intégrer des immigrés dans une culture et des valeurs qui leur sont parfois totalement étrangères est un défi considérable. Tout autant que*

---

[267] Renaud Camus. « Le Grand Remplacement » Chez l'auteur. www.renaud-camus.net
[268] Gilles Kepel. « Passion française-Les voix des cités » Editions Gallimard. 2014.

de s'ouvrir aux autres sans rien perdre de soi-même et sans jamais renoncer à l'essentiel. Bref, en conservant jalousement son identité[269] ».

Mohand Khellil, professeur à l'université de Montpellier affirme, quant à lui, que l'intégration « *est un processus plus ou moins long grâce auquel des individus manifestent leur volonté de participer à l'édification de l'identité nationale du pays dans lequel ils vivent*[270] ».

L'intégration est préférable à l'assimilation, trop ambitieuse, trop « IIIe République », trop connotée « mission civilisatrice » de la France. L'idée d'assimilation a depuis longtemps reculé au profit de l'intégration, jugée mieux à même de préserver les différences tout en maintenant la nécessaire unité du corps social, même si Nicolas Sarkozy dit le contraire, semblant découvrir le problème.

Comme le souligne Guy Pervillé, « *La France plurielle, née de l'immigration coloniale et post-coloniale, a besoin d'une mémoire commune qui fasse comprendre aux populations séparées par les drames de la décolonisation pourquoi elles doivent pourtant vivre ensemble dans le même pays… C'est pourquoi on ne rendrait pas service aux enfants de l'immigration algérienne en leur inculquant une mémoire manichéenne qui leur donnerait seulement des raisons de haïr le pays où ils sont destinés à vivre. Il est incohérent de prôner l'intégration des jeunes Franco-Algériens en discréditant ceux qui ont eu le tort d'y croire trop tôt en Algérie*[271] ». Et puisque l'exigence de cohérence est incontournable en cette affaire, il est absurde de dire à ces jeunes « La France, aimez-la ou quittez-la » ! L'intégration ne

---

[269] Daniel Lefeuvre et Michel Renard. « Faut-il avoir honte de l'identité nationale ? ». Larousse/collection à dire vrai. 2008.
[270] Mohand Khellil. « Sociologie de l'intégration ». PUF/Collection Que sais-je ? Deuxième édition. 2008.
[271] Entretien Guy Pervillé - Guy Hennebelle. N°62 de la revue « Panoramiques ». 2002.

s'impose pas, souligne Boualem Sansal, « *elle se fait dans la liberté et l'amitié, et le reniement n'est pas la liberté, et la domination n'est pas l'amitié*[272] ».

L'intégration n'est pas la rupture physique et culturelle d'avec le pays d'origine, mais elle suppose un apprentissage constant de la citoyenneté, un apprentissage qui ne devrait pas seulement concerner les nouveaux venus, mais aussi les « Français de souche ».

L'intégration n'est donc pas chose simple. Pourquoi, dans ces conditions, avoir désactivé le Haut Conseil à l'intégration (HCI) à la fin de 2012 ? Privé de président et de budget, le HCI ne peut donc plus être saisi pour émettre un avis. Est-ce le dernier avis émis par le Haut Conseil qui a provoqué sa dissolution, avis qui suggérait d'interdire le voile à l'université ? Si c'est le cas, c'est un très mauvais signal qui a été donné, laissant croire à une éventuelle connivence avec le communautarisme, très actif en ce domaine.

Le soupçon est d'autant plus légitime que, dans le même temps, un rapport sur l'intégration avait été remis à Jean-Marc Ayrault, alors Premier ministre, rapport qui souhaitait la fin de l'intégration et son remplacement par une politique « d'inclusion sociale » s'appuyant sur les communautés. Evoquant ce rapport qui, heureusement, semble avoir été soigneusement rangé dans un placard, Guylain Chevrier, ancien membre de la commission laïcité de feu le Haut Conseil à l'intégration, souligne que « *les individus n'y sont pris en compte qu'au travers de leur filiation à un groupe culturel, religieux ou ethnique... c'est le préalable à l'installation d'une société multiculturelle* », prévient-il.

La remise en cause, même à bas bruit, du principe d'intégration contenu dans ce rapport est inacceptable. Pourquoi tourner le dos à notre histoire républicaine qui a

---

[272] Boualem Sansal. « Petit éloge de la mémoire ». Op. cit.

su, au fil des ans, faire en sorte que des générations d'immigrés trouvent leur place dans notre société ? Pourquoi fragiliser le code civil qui permet à la loi d'être supérieure aux particularismes de toutes sortes ?

Il est peu probable que ce rapport sorte de l'anonymat d'un tiroir ministériel mais il donne l'exacte mesure du risque. L'intégration est un combat, c'était vrai il y a soixante ans, dans un contexte très différent, c'est vrai aujourd'hui où se pose avec force la question de l'unité et de l'avenir de notre société.

Annexe

Les principes de l'intégration, vus par Jacques Soustelle

Il est inconcevable qu'on se soit acharné, comme on le fait depuis cinq ans, à rejeter les principes de l'intégration sans jamais les discuter sérieusement, en feignant de prendre ceux qui le préconisent pour des sots, des illuminés ou des « colonialistes » honteux. Quelles sont les objections qui sont le plus souvent formulées contre l'intégration ? On essaiera, ci-dessous, d'énoncer les plus fréquentes.

L'INTÉGRATION SERAIT CONTRAIRE À « LA NATURE DES CHOSES »

Cet argument se subdivise en une multitude d'autres, chacun se fondant sur une particularité de l'Algérie ou des Algériens pour lui donner le sens d'un obstacle infranchissable. On souligne le fait qu'on parle arabe ou kabyle en Algérie, mais ceux qui, en métropole, parlent basque, breton ou allemand ne sont-ils pas Français ? On exploite souvent une formule du général de Gaulle : « les musulmans ne sont pas des Bretons ni des Provençaux ». C'est vrai, mais il y a une distance culturelle et économique énorme entre un bourgeois parisien et un berger de la Haute-Provence. Cette diversité n'en est pas moins contenue dans l'unité française. Pour les besoins de la cause, on compare toujours le fellah le plus misérable et le plus ignorant du djebel avec le citadin le plus évolué de la métropole. Mesurez, nous dit-on, l'abîme qui les sépare. Combien de siècles faudrait-il pour qu'ils puissent faire partie d'une même nation ? Mauvaise méthode. Si l'on veut des comparaisons, il faut comparer le clochard du Clos-Salembier avec celui de notre banlieue, le petit fellah de Kabylie avec le paysan pauvre de la Lozère, le propriétaire musulman aisé de la campagne avec le paysan prospère du Berry, le commerçant kabyle avec l'épicier de la métropole. On verra que l'abîme n'est pas aussi large ni aussi profond qu'on le dit, à moins que, par un racisme plus ou moins conscient, on ne se refuse, en fait, à admettre que des Arabes ou des Berbères entrent de plain-pied parmi nous.

Sans doute, ajoutera-t-on, qu'il y a l'obstacle de l'islam. Et il est vrai que cette religion sépare ceux qui la pratiquent des hommes qui ont été élevés dans la tradition chrétienne de nos pays occidentaux. Cependant, elle n'a rien qui empêche la coexistence de musulmans et de non-musulmans, chacun respectant les croyances et les rites des autres. L'Algérie elle-même donne depuis 130 ans le spectacle de cette coexistence, comme aujourd'hui les zones musulmanes de Yougoslavie. Tout Chrétien ou Juif qui a des amis musulmans sait que leur religion, comme la nôtre, possède sa spiritualité et ses pratiques machinales, ses bigots et ses sceptiques. Au demeurant, il existe trop de liens historiques et théologiques entre l'islam, le judaïsme et le christianisme pour que l'obstacle religieux soit absolu, surtout à notre époque et dans notre pays.

Il est curieux de constater que cette « intégration », qui, sous la plume de certains, finit par apparaître comme un mal condamnable et condamné, soit recommandée et pratiquée, mutatis mutandis, ailleurs dans le monde, et cela dans un esprit qu'on ne peut qualifier autrement que de « libéral » au vrai sens du terme.

Chacun se réjouit quand, surmontant les préjugés racistes du passé, les Etats sudistes de la République américaine se rallient à l'intégration (c'est le même mot en anglais)... pourquoi l'intégration, louable et démocratique dans l'Alabama, est réactionnaire en Algérie ? De même, n'est-ce pas un remarquable exemple d'intégration que la récente admission des Iles Hawaï, sur un pied de totale égalité, dans les Etats-Unis, alors que 95% de la population y est japonaise ou chinoise ? Si l'on trouve fort bien qu'un sénateur américain s'appelle Fong, pourquoi un sénateur français ne s'appellerait-il pas Abdallah ?

Pour ceux qui croient encore que l'intégration est une sotte rêverie d'ignorants, je voudrais citer l'étude qui a été faite de ce problème tel qu'il se pose dans divers pays d'Amérique latine à forte population indigène, par un congrès scientifique de sociologues et d'ethnographes. De la définition de l'intégration donnée par la commission spéciale du IVe Congrès indigéniste inter-américain qui s'est tenu au Guatemala, en mai 1959, citons ces quelques passages :

« L'intégration sociale d'un pays ne semble pas exiger que tous ses habitants deviennent culturellement uniformes. Elle demande simplement qu'ils développent un ajustement mutuel chaque jour meilleur, qui leur permette de reconnaître l'existence d'une nation commune à tous... Elle n'exige pas non plus que tous les habitants d'un territoire national se transforment en non-autochtones. Elle demande plutôt que les droits qui sont garantis à tous, en théorie, soient exercés pratiquement par tous. Que ce qui est bon pour les uns le soit aussi pour leurs concitoyens, que les autochtones puissent aspirer à ces avantages sans que les non-autochtones leur en discutent le droit.

L'intégration sociale peut signifier l'unité nationale de tous les habitants d'un pays, mais non leur identité ni même une analogie fondamentale. Elle suppose le développement progressif d'adaptations réciproques, mais non l'homogénéité absolue de toute la population... On devrait dire qu'il n'est pas nécessaire d'éliminer les différences culturelles qui distinguent un groupe ethnique d'un autre, mais simplement que la discrimination sociale fondée sur les diversités ethniques cesse d'exister en pratique et que tous les habitants d'un pays puissent entrer en compétition pour les services et les chances que la nation offre actuellement à ses habitants et participer équitablement aux ressources qui existent dans le pays, en fait comme en droit.

Tel est précisément l'avantage que l'intégration sociale semble bien avoir sur les formules (assimilationnistes) qui l'ont précédée. L'intégration n'exige pas que les autochtones se transforment en non-autochtones ».

L'INTÉGRATION SERAIT LA THÈSE DES ULTRAS

La presse communiste pose en principe que l'intégration n'est voulue que par les « ultras » parce qu'ils sont antimusulmans. C'est sans doute pour cela que ces « ultras » revendiquent pour les musulmans l'égalité des droits avec eux-mêmes. Dans un communiqué du 1er juin 1959, le comité directeur du parti socialiste « rappelle l'opposition du parti à la politique d'intégration qu'ont tenté de promouvoir les « ultras ».

Que pensent donc les « ultras » de l'intégration ? Laissons-les parler. M. Boyer-Banse écrivait le 10 avril 1959 dans sa lettre ouverte à M. Alain de Sérigny : « Comment faire admettre à nos deux peuples d'Algérie le collège unique imposé par Guy Mollet ? Le collège unique, cette formule louche... Il fallait trouver une astuce, Soustelle y a pourvu. C'est lui qui, de retour, le 17 mai 1958, a imaginé de proposer comme panacée à tous nos maux l'intégration. Ce que nous voulons, c'est une intégration rationnelle et non pas absurde, une intégration limitée. Vous avez fait alliance avec Soustelle, ce faux ami de l'Algérie. Avec Soustelle et Guy Mollet, vous avez accepté de nous perdre pour de vils intérêts électoraux... Le collège unique joint à l'intégration aurait vite fait de rendre inévitable la sécession de l'Algérie et de la France ».

Mis à part le pittoresque amalgame de M. Alain de Sérigny, de M. Guy Mollet et de moi-même, le texte qu'on vient de citer montre à quel point il est contraire à la vérité de dire que les « ultras » sont pour l'intégration. « L'intégration proposée par Soustelle est un piège marxiste » déclarait en avril 1959 M. Martel, leader du MP13. Avec plus de modération, M. Bousquet, professeur de droit à la Faculté de Droit d'Alger, écrivait dans l'hebdomadaire d'extrême droite « Rivarol », en juin 1959 : « je n'ai pas été favorable à cette intégration et mes préférences vont à un système local de deux collèges électoraux ».

Il est donc bien évident que la fraction extrémiste de la population européenne repousse l'intégration précisément pour les raisons qui nous la font prôner, c'est-à-dire parce qu'elle implique l'égalité, notamment en matière électorale. Si cette fraction rejette l'intégration, cela veut-il dire que la masse de la population européenne en fasse autant ? Avant les événements de mai 1958, certains « libéraux » ont pu le prétendre. Jacques Chevallier, alors député-maire d'Alger, indiquait dès 1955 que l'intégration était impossible parce qu'elle se heurterait à la résistance irréductible des Européens. Cet argument fut repris à satiété, notamment par les orateurs socialistes. On arrivait ainsi à deux conséquences paradoxales : d'une part les « libéraux » faisaient état, pour rejeter une solution de progrès, de l'opposition des « conservateurs » et, d'autre part, après avoir affirmé que l'on ne pouvait surmonter l'opposition des

Européens à l'intégration, ils trouvaient tout naturel d'imposer à ces mêmes Européens des formules d'autonomie ou de fédéralisme encore plus inacceptables pour eux. Quoi qu'il en soit, depuis le 13 mai, tout démontre que les Européens d'Algérie se sont ralliés de tout cœur à cette solution. Ne pouvant nier l'évidence, on affirme ou on insinue qu'en se prononçant pour l'intégration, ces Européens ne sont pas sincères et ne veulent en réalité que revenir à la situation antérieure à la rébellion. « Peut-on croire, dit Guy Mollet le 21 mai 1959, à la sincérité de ces intégristes que nous avons entendu hurler leur opposition au collège unique ? Ne s'agirait-il pas d'une formule spécieuse derrière laquelle se cache la volonté de maintenir un statu quo avantageux pour une communauté au détriment de l'autre ? ». Maurice Duverger ne dit pas autre chose dans Le Monde du 15 avril 1959 : « Pour eux, le vocable nouveau d'intégration sert à masquer le maintien de leur domination traditionnelle ».

Oui, il est parfaitement vrai que beaucoup d'Européens, qui s'élevaient en 1955 ou 1956 contre l'intégration et le collège unique, ont courageusement, lucidement, révisé leur position. Ils ont compris, veut-on leur en faire grief ?

L'INTÉGRATION, LES MUSULMANS N'EN VOUDRAIENT PAS

Cette thèse est celle que développe maintenant Ferhat Abbas (après l'avoir réclamée) : « l'intégration, dit-il en mai 1959, ne peut être une solution parce que le peuple algérien n'en veut pas ». Faut-il rappeler qu'au début de 1955 ce furent les élus musulmans du deuxième collège qui, dans un manifeste, réclamèrent les premiers l'intégration alors que leurs collègues européens se montraient réticents ? Farès et bien d'autres multiplièrent les déclarations dans ce sens jusqu'au jour où l'indifférence et les tergiversations de la métropole, jointes aux menaces du FLN, les en dégoûtèrent.

Mais voyons ce que disait à la tribune du Luxembourg, le 23 juin 1959, un sénateur musulman, M. Sadi Abdelkrim : « intégrer l'Algérie, en la faisant entrer dans l'ensemble français par la dissolution de sa personnalité, je ne pense pas sincèrement que ce soit la solution... Intégrer l'Algérie en respectant sa personnalité au sein de la communauté française, c'est, j'en suis sûr, la solution la meilleure. C'est elle qui transformera notre « aimée et souffrante Algérie » en une Algérie nouvelle, riante et fraternelle. Voilà la vraie politique digne du peuple français ». Ce texte montre que, pour les musulmans, l'intégration est une solution libérale, de progrès et de justice.

Le maire musulman d'un petit village du bled déclarait il y a peu de temps, devant moi : « En votant « oui » au référendum du 28 septembre 1958, nous avons exprimé notre volonté de vivre non seulement avec la France, mais dans la France ». Il exprimait par là un profond désir de sécurité morale et matérielle qui ne peut se satisfaire que par l'intégration.

L'INTÉGRATION, CE SERAIT LA GUERRE INDÉFINIE

Cette objection a été ressassée à cent reprises, notamment par l'Express. Elle découle de la conviction inexprimée que le FLN seul, en fin de compte, dictera sa loi par la force et que, comme il rejette l'intégration, il faudra bien céder devant lui. Ce raisonnement, si on le pousse jusqu'à son terme logique, oblige à conclure qu'il n'y a pas d'autre solution que l'indépendance totale, puisque telle est la volonté du FLN. Cette manière de poser le problème aboutit nécessairement à cette conséquence, mais est-ce bien ainsi qu'il faut le poser ?

Devant un conflit comme la guerre subversive qui ensanglante l'Algérie, il y a deux manières de rechercher la paix. L'une consiste à capituler devant l'adversaire et à lui abandonner la proie qu'il convoite. L'autre consiste d'une part à combattre la force par la force, d'autre part à définir l'idée maîtresse autour de laquelle puissent se rassembler, dans leur majorité, les populations de l'Algérie. Trouver la solution juste, faire converger sur elle l'espoir et l'adhésion des masses, c'est créer les conditions de base de la paix. Qui plus est, d'une paix durable.

Contrairement à ce que croient les partisans métropolitains du FLN, la capitulation de la France devant le terrorisme assurerait peut-être une courte trêve, mais elle n'apporterait pas la paix : elle plongerait au contraire l'Algérie, plus déchirée que jamais, dans une guerre civile sanglante et sans fin. La paix ne peut être fondée que sur l'établissement d'un nouveau statut qui, assurant à tous l'égalité et le progrès, rallie la majorité des populations intéressées. Tel est bien le cas de l'intégration.

Alors, c'est quoi, l'intégration ?

L'intégration n'est pas utopique, mais apparaît au contraire comme la solution la plus réaliste, la plus conforme à la nature des choses et des hommes en Algérie.

L'intégration n'est pas une formule réactionnaire, rétrograde, mais un système fondé sur l'égalité et la dignité humaine.

L'intégration n'abolit pas la personnalité algérienne, elle la respecte et la garantit.

Enfin, dans cette Algérie écartelée où s'affrontent tant de passions, l'intégration est la seule solution capable de recueillir l'adhésion la plus large à la fois chez les Européens et chez les musulmans, celle où ils peuvent se rencontrer et se comprendre.

Ainsi, l'intégration porte en elle la meilleure chance d'une paix durable.

BIBLIOGRAPHIE

Abbas Ferhat : « Le manifeste du peuple algérien », préface de Jean Lacouture. Orients Éditions. Paris 2013.
Abbas Ferhat : « Autopsie d'une guerre ». Editions Garnier. Paris 1980.
Aron Raymond : « Mémoires-50 ans de réflexion politique ». Editions Julliard. Paris 1983.
Aron Raymond : « La tragédie algérienne ». Editions Plon, collection « tribune libre ». Paris 1957.
Azni Boussad : « Harkis, crimes d'Etat ». Editions Ramsay. Paris 2002.
Bloch Marc : « L'étrange défaite ». Editions Gallimard, collection Folio. Paris 1990.
Bachaga Boualem : « Mon pays, la France ». Editions France-Empire. Paris 1962.
Bromberger Merry et Serge : « Les 13 complots du 13 mai ». Librairie Arthème Fayard. Paris 1959.
Bromberger Merry et Serge, Georgette Elgey et JP Chauvel : « Barricades et colonels ». Librairie Arthème Fayard. Paris 1960.
Brana Pierre et Dusseau Joëlle : « Robert Lacoste. Un socialiste devant l'Histoire ». Editions L'Harmattan, avec la Fédération Jean-Jaurès et l'OURS. Paris 2010.
Camus Albert : « Chroniques algériennes. 1939-1958 ». Editions Gallimard. Paris 1958
Courrière Yves : « Les fils de la Toussaint », « Le temps des léopards », « L'heure des colonels », « Les feux du désespoir ». Librairie Arthème Fayard. Paris 1971.

Cointet Michelle : « De Gaulle et l'Algérie française ». Editions Perrin. Paris 1995.

Connely Matthew : « L'arme secrète du FLN ». Petite bibliothèque Payot. Paris 2014.

Daniel Jean : « Le temps qui reste ». Editions Stock. Paris 1973.

Dard Olivier : « Voyage au cœur de l'OAS ». Editions Perrin, collection Tempus. Paris 2005.

Dessaigne Francine : « La paix pour dix ans. Sétif, Guelma, mai 1945 », préface de Jacques Soustelle. Editions Gandini. Paris 1990.

Euloge André et Antoine Moulinier : « L'envers des barricades ». Editions Plon. Paris 1960.

Fralon José-Alain : « Jacques Chevallier, l'homme qui voulait empêcher la guerre d'Algérie ». Editions Fayard. Paris 2012.

Frantz Fanon : « Les damnés de la terre ». Editions Maspero.

De Gaulle Charles : « Mémoires d'espoir. Le renouveau 1958/1962 ». Librairie Plon. Paris 1970.

De la Gorce Paul-Marie : « De Gaulle entre deux mondes ». Editions Fayard. 1964.

Hureau Joëlle : « La mémoire des pieds-noirs ». Editions Perrin, collection Tempus. Paris 2001.

Harbi Mohammed : « 1954, la guerre commence en Algérie ». Editions Complexe. Paris 1998.

Harbi Mohammed : « Le FLN, mirage et réalité » Editions J.A. Paris 1980.

Juin Claude : « Daniel Mayer, l'homme qui aurait pu tout changer ». Editions Romillat. Paris 1998.

Khellil Mohand : « Sociologie de l'intégration ». PUF. Paris 1997.

Keppel Gilles : « Passion française ». Editions Gallimard, collection Témoins. Paris 2014.

Kaddache Mahfoud : « Et l'Algérie se libéra ». Editions Mid-Méditerranée (Paris) et EDIF 2000 (Alger).

Lacouture Jean : « De Gaulle ». Editions du Seuil, nouvelle édition. Paris 2010.

Lefeuvre Daniel : « Pour en finir avec la repentance coloniale ». Editions Flammarion, collection Champs actuel. Paris 2008.

Lefeuvre Daniel et Renard Michel : « Faut-il avoir honte de l'identité nationale ? » Editions Larousse, collection à vrai dire. Paris 2008.

Lefebvre Denis : « Guy Mollet, le mal aimé ». Editions Plon. Paris 1992.

Long Olivier : « Le dossier secret des accords d'Evian. Une mission suisse pour la paix en Algérie ». Editions 24 heures. Lausanne 1988.

Mamerie Khalfa : « Abane Ramdane, héros de la guerre d'Algérie ». Editions L'Harmattan. Paris 1988.

Massu Jacques : « Le torrent et la digue ». Editions Plon. Paris 1972.

Mendès-France Pierre : « Gouverner, c'est choisir. 1954-1955 ». Editions Gallimard. Paris 1986.

Michelet Edmond : « Contre la guerre civile ». Editions Plon, collection « tribune libre ». Paris 1957.

Michelet Edmond : « La querelle de la fidélité ». Editions Fayard. Paris 1971.

Montagnon Pierre : « L'affaire Si Salah ». Editions Pygmalion. Paris 1987.

Nora Pierre : « Les Français d'Algérie ». Christian Bourgois éditeurs. Nouvelle édition augmentée. Paris 2012.

Pervillé Guy : « La guerre d'Algérie ». PUF, collection Que sais-je ? Paris 2007.

Pervillé Guy : « Oran, 5 juillet 1962 ». Editions Vendémiaire. Paris 2014.

Pervillé Guy : « Les accords d'Evian-1962 ». Editions Armand Colin, collection U. Paris 2012.

Pervillé Guy : « Pour une histoire de la guerre d'Algérie ». Editions Picard. Paris 2002.

Pervillé Guy : « Atlas de la guerre d'Algérie ». Editions Autrement. Paris 2003.

Peyrefitte Alain : « C'était de Gaulle ». Editions de Fallois/Fayard. Paris 1994.

Paillat Claude : « Dossier secret de l'Algérie-13 mai 1958/28 avril 1961. Le Livre Contemporain. Paris 1961.

Renan Ernest : « Qu'est-ce qu'une Nation ? ». Arthème Fayard, collection Mille et une nuits. Paris 1997.

Rossfelder André : « Le onzième commandement ». Editions Gallimard. Paris 2000.

Rotman Patrick et Hervé Hamon : « Les porteurs de valise ». Editions Albin Michel. Paris 1979.

Stora Benjamin : « La gangrène et l'oubli ». Editions La Découverte. Paris 1991.

Stora Benjamin : « Messali Hadj ». Editions Arthème Fayard, collection Pluriel. Paris 2004.

Stora Benjamin : « De Gaulle et la guerre d'Algérie ». Editions Arthème Fayard, collection Pluriel. Paris 2012.

Stora Benjamin et François Malye : « François Mitterrand et la guerre d'Algérie ». Editions Arthème Fayard, collection Pluriel. Paris 2010.

Stora Benjamin et Zakya Daoud : « Ferhat Abbas ». Editions Denoël. Paris 1995.

Stora Benjamin et Mohammed Harbi (sous la direction de) : « La guerre d'Algérie ». Editions Arthème Fayard, collection Pluriel. Paris 2010.

Soustelle Jacques : « Mexique, terre indienne ». Editions Grasset. Paris 1936.

Soustelle Jacques : « Envers et contre tout-Une histoire de la résistance ». Editions Robert Laffont. Paris 1947.

Soustelle Jacques : « Aimée et souffrante Algérie ». Librairie Plon. Paris 1956.

Soustelle Jacques : « Le drame algérien et la décadence française ». Edition Plon, collection « tribune libre ». Paris 1957.

Soustelle Jacques : « L'espérance trahie ». Editions de l'Alma. Paris 1962.

Soustelle Jacques : « Sur une route nouvelle ». Editions du fuseau. Paris 1964.

Soustelle Jacques : « La page n'est pas tournée ». La Table Ronde. Paris 1965.

Soustelle Jacques : « Vingt-huit ans de gaullisme ». La Table Ronde. Paris 1968.

Salan Raoul : « Mémoires »T3. Presses de la Cité. Paris 1972.

De Sérigny Alain : « Un procès ». La Table Ronde. Paris 1961.
De Sérigny Alain : « Echos d'Alger », T2 l'abandon. Presses de la Cité. Paris 1974.
De Saint Marc Hélie, avec la collaboration de **Laurent Beccaria** : « Mémoires, les champs de braises ». Editions Perrin. Paris 1995.
Sergent Pierre : « La bataille ». La Table Ronde. Paris 1968.
Sorel Malika : « Le puzzle de l'intégration ». Librairie Arthème fayard, collection Mille et une nuits. Paris 2007.
Sansal Boualem : « Petit éloge de la mémoire ». Editions Gallimard, collection Folio. Paris 2007.
Theis Laurent et Philippe Ratte : « La guerre d'Algérie ou le temps des méprises ». Editions Mame. Tours 1974.
Tillion Germaine : « Les ennemis complémentaires », préface de Jean Daniel. Editions Tirésias. Paris 2005.
Terrenoire Louis : « De Gaulle et l'Algérie ». Editions Fayard. Paris 1964.
Todd Emmanuel : « Le destin des immigrés ». Editions du Seuil. Paris 1994.
Tribalat Michèle : « Assimilation, la fin du modèle français ». Editions du Toucan. Paris 2013.
Tournoux Jean-Raymond : « L'histoire secrète ». Editions Plon. Paris 1962.
Ullmann Bernard : « Jacques Soustelle ». Editions Plon. Paris 1995.
Vétillard Roger : « 20 Août 1955 dans le nord-constantinois ». Riveneuve Éditions. Paris 2013.
Vincenot Alain : « Pieds-noirs, les bernés de l'histoire », préface de Boualem Sansal. Editions l'Archipel. Paris 2014.
Verdès-Leroux Jeannine : « Les Français d'Algérie, une page d'histoire déchirée ». Librairie Arthème Fayard. Paris 2001.
Violette Maurice : « L'Algérie survivra-t-elle ? ». Editions Felix Alian. Paris 1931.
Zeller Guillaume : « Oran, 5 juillet 1962 ». Editions Tallandier. Paris 2012.

Blogs

jacques-soustelle.blogspot.fr
guy.perville.free.fr
paris13.fr/benjaminstora/
etudescoloniales.canalblog.com
charles-de-gaulle.org
fabriquedesens.net/la-guerre-d-algerie-vingt-cinq-apres
yasmina.khadra.com

TABLE DES MATIÈRES

PROLOGUE
Un rendez-vous manqué...7

I. 1934 – 1954
L'horizon indépassable de la République 19
   La montée des menaces...19
   L'homme de l'ombre..28
   Le parlementaire gaulliste..40

II. Février 1955 – Août 1955
La course contre le temps 51
   Entre deux feux..51
   La recherche d'une troisième force 58
   Le plan Soustelle..69
   Le dernier répit avant l'échec...77

III. Août 1955 – Février 1956
L'espoir s'effondre 83
   La première rupture...83
   Le bras de fer Abane Ramdane-Jacques Soustelle 94
   La motion des 61 102
   La gauche intellectuelle rejette Soustelle.................................107
   Ce n'est qu'un au revoir...115

IV. Février 1956 – Mai 1958
La fin annoncée d'une République 123
- Le groupe parlementaire gaulliste siphonné par les poujadistes 123
- Soustelle l'Algérien 132
- En mission à l'ONU avec les socialistes 139
- Trois voix du gaullisme, trois voix discordantes :
Aron, Soustelle et Michelet 144
- Le temps des complots 150

V. Mai 1958 – Février 1960
Soustelle-de Gaulle : la déchirure 157
- Le plébiscite de tous les jours 157
- « Résurrection », le jeu de dupes 164
- Le cancer du doute 173
- 16 septembre 59, le basculement 183
- La normalisation précède la rupture 192

VI. Février 1960 – Avril 1961
L'homme de l'intégration s'en va 201
- Il Duce ha sempre ragione 201
- Vingt jours en juin 209
- Deux procès dessinent une France divisée 219
- De Melun à Evian, un contact jamais rompu 226
- Le voyageur sans visa 236

Epilogue
Plus que jamais, l'intégration 243

Annexe
Les principes de l'intégration, vus par Jacques Soustelle 249
- L'intégration serait contraire à « la nature des choses » 249
- L'intégration serait la thèse des ultras 252
- L'intégration, les musulmans n'en voudraient pas 254
- L'intégration, ce serait la guerre indéfinie 255
- Alors, c'est quoi, l'intégration ? 256

Bibliographie 257

Algérie

aux éditions L'Harmattan

Dernières parutions

HEURS ET MALHEURS DU SECTEUR AGRICOLE EN ALGÉRIE 1962-2012
Chabane Mohamed - Préface de Jean-Marc Boussard
L'agriculture algérienne largement exportatrice pendant l'époque coloniale, se retrouve, après un demi-siècle d'indépendance, une activité structurellement vulnérable, largement importatrice, à niveau de développement dérisoire. Cet ouvrage tente d'apporter des éclairages sur les politiques agricoles qui ont été suivies après l'indépendance et tenter de déterminer les causes de l'échec de celles-ci.
(Coll. Histoire et perspectives méditerranéennes, 33.00 euros, 322 p.)
ISBN : 978-2-336-29051-5, ISBN EBOOK : 978-2-296-53207-6

KABYLIE (LA) ORIENTALE DANS L'HISTOIRE
Pays des Kutuma et guerre coloniale
Kitouni Hosni
Qui sont donc ces Kabyles parlant «arabe», sans doute descendants des fameux Kutuma, mais qui refusent obstinément de se revendiquer de cette ancestralité ? Pourquoi une population montagnarde, enclavée, réputée berbère s'est-elle arabisée, pourquoi son arabe est-il si dissemblable de celui parlé dans le reste du pays ? Que devient la Kabylie orientale après la conquête coloniale ? Pourquoi, plus qu'ailleurs, la résistance à l'occupation française a-t-elle duré aussi longtemps (1839-1871) ?
(Coll. Histoire et perspectives méditerranéennes, 28.50 euros, 272 p.)
ISBN : 978-2-336-29343-1, ISBN EBOOK : 978-2-296-53115-4

AMÉRICAINS (LES) EN ALGÉRIE 1942-1945
Salinas Alfred
Que penser des trois années de présence américaine en Algérie pendant la Seconde Guerre mondiale ? De l'opération Torch le 8 novembre 1942 à la signature de l'Armistice, les Etats-Unis ont surtout pratiqué l'ingérence dans les affaires intérieures de la France, cherchant à imposer une vision puritaine et anticoloniale de la politique, à contrarier la volonté de De Gaulle d'assumer à Alger le *leadership* du Comité de libération nationale, à donner aux nationalistes musulmans des raisons d'espérer en une Algérie indépendante.
(44.00 euros, 440 p.)
ISBN : 978-2-336-00695-6, ISBN EBOOK : 978-2-296-51535-2

EXPRESSIONS ET CARACTÉRISTIQUES DE LA NÉVROSE EN ALGÉRIE
Benhalla Nacir - Préface de Mustapha Haddad
Fondée sur 300 sujets sélectionnés au hasard sur une période de 10 ans, cette étude représente une véritable expérience qui met en exergue leurs motifs de

consultation, la nature de leur souffrance et la manière avec laquelle le vécu socioculturel s'imbrique dans leur vie pour développer une psychopathologie spécifique. Voici une tentative originale qui cerne avec rigueur la souffrance mentale en Algérie et les modalités de son expression.
(30.50 euros, 306 p.)
ISBN : 978-2-336-00259-0, ISBN EBOOK : 978-2-296-51555-0

REPENSER L'ALGÉRIE DANS L'HISTOIRE
Khalfoune Tahar, Meynier Gilbert
Ce livre est composé d'une étude qui inclut l'histoire de l'Algérie dans le temps long via notamment sa phase coloniale, d'un bilan de l'Algérie indépendante et de documents officiels indiquant que l'histoire commune franco-algérienne reste un enjeu politique majeur et que les deux États tentent de contrôler la recherche et l'écriture de l'histoire et de les instrumentaliser à des fins politiques.
(Coll. Bibliothèque de l'iReMMO, 10.00 euros, 118 p.)
ISBN : 978-2-336-00261-3, ISBN EBOOK : 978-2-296-51518-5

APPELÉS (LES) DU CONTINGENT, CES SOLDATS QUI ONT DIT NON À LA GUERRE
Une face cachée de l'armée coloniale française pendant la guerre d'Algérie
Attoumi Djoudi
Ce témoignage d'un ancien officier de l'Armée de libération algérienne (ALN) a voulu rendre hommage aux appelés de la guerre d'Algérie qui se sont opposés à la guerre, à ceux qui ont sauvé des Algériens de la mort ou qui ont aidé à un rapprochement entre Algériens et Français, à un moment où la guerre faisait rage.
(Coll. Histoire de vie et formation, 22.00 euros, 222 p.)
ISBN : 978-2-336-00493-8, ISBN EBOOK : 978-2-296-51322-8

ÉCHAPPÉS (LES)
Jamet Philippe
1962-2012. Cinquante ans après l'indépendance de l'Algérie, que sait-on véritablement de l'histoire de ce pays ? Qu'y a-t-il après ce jour de gloire ? Comment l'Algérie indépendante s'est-elle constituée ? Par l'utilisation d'archives familiales et de témoignages d'intellectuels contraints à l'exil, ce documentaire dessine cette Algérie fragile, instable, mesurant les effets et conséquences de cet événement dans le temps.
(20.00 euros)
ISBN : 978-2-336-00791-5

UN FRANÇAIS D'ALGÉRIE, UN ALGÉRIEN DE FRANCE
Dialogue pour la réconciliation
Feuer Guy, Yahmi Kamel
«Nous sommes tous deux absolument persuadés qu'il ne peut y avoir aucune réconciliation réelle entre les deux peuples s'ils n'arrivent pas à surmonter les antagonismes qu'a engendrés le passé». Sous forme d'un dialogue, un Français d'Algérie et un Algérien de France cherchent des réponses permettant de dépasser enfin les réactions de frustration et de ressentiment qui entachent ces rapports

depuis l'indépendance de l'Algérie. Deux grandes idées en ressortent : transcender la colonisation et enrichir la coopération.
(Coll. Histoire et perspectives méditerranéennes, 16.00 euros, 154 p.)
ISBN : 978-2-296-99737-0, ISBN EBOOK : 978-2-296-51094-4

666 THÈSES ET MÉMOIRES EN LANGUE FRANÇAISE SUR LA GUERRE D'ALGÉRIE 1954-1962
Sarazin Maurice
Cet essai bibliographique recense des thèses et mémoires universitaires ayant pour sujet la guerre d'Algérie et consultables dans les bibliothèques universitaires des villes de soutenance. Sans prétendre à l'exhaustivité, ce relevé permet de constater les directions prises par la recherche sur ce sujet dans les années 1960-2011 et de mesurer ce qu'il reste à faire sur des voies inexplorées.
(22.00 euros, 224 p.)
ISBN : 978-2-336-00568-3, ISBN EBOOK : 978-2-296-51126-2

ANTHROPOLOGIE DE LA SOUFFRANCE PSYCHIQUE ET SOCIALE
Le contexte psychosocial algérien
Merdaci Mourad - Préface de Claudine Brelet
Les transformations du champ psychosocial en Algérie induisent des lignes de précarité psychique, biologique et sociale et rendent difficiles les perspectives de partage et de cohabitation. Ces situations sont porteuses de souffrances, de dépréciation des personnes et de privations successives. Elles indiquent aussi le déplacement des vulnérabilités sur de nouveaux territoires humains et la recherche de nouvelles valeurs de la vie.
(Coll. Cultures et Médecines, 18.00 euros, 182 p.)
ISBN : 978-2-336-00405-1, ISBN EBOOK : 978-2-296-51155-2

19 MARS 1962 ? WATERLOO !
Conséquences et interprétations des accords d'Evian
Delenclos Michel - Préface du général Maurice Faivre
L'auteur revient ici sur les «Déclarations gouvernementales du 19 mars 1962 relatives à l'Algérie», au sujet desquelles certains entretiennent encore la confusion. L'emploi fréquent des référendums, le scrutin d'autodétermination, les disparitions, les enlèvements, les prisonniers et les massacres collectifs de civils et de militaires... tous les événements qui ont précédé cet accord en expliquent le dénouement tragique. «Une véritable mine d'or pour les chercheurs», selon l'historien Maurice Faivre.
(35.50 euros, 346 p.)
ISBN : 978-2-296-99722-6, ISBN EBOOK : 978-2-296-50977-1

PASSÉ SOUS SILENCE EN ALGÉRIE
Témoignage d'un «appelé» embarqué à Marseille le 15 juillet 1957
Nicolas Bernard
Très peu d'ouvrages sur la Guerre d'Algérie ont relaté la vie journalière d'un militaire « appelé », sur le terrain, dans les zones à risques de ce conflit. Bernard Nicolas, sergent à la 8e Cie du 8e RIM dans le sud oranais, années 1957/1958,

nous en fait ici partager le quotidien, sans craindre d'aborder les sujets tabous : les interrogatoires, la torture, les « corvées de bois », ainsi que le comportement parfois déshonorant de militaires de carrière.
(25,50 euros, 244 p.)
ISBN : 978-2-336-00297-2, ISBN EBOOK : 978-2-296-50865-1

JUIF BERBÈRE D'ALGÉRIE
Itinéraire (1933-1963)
Simon Jacques
Né en 1933 dans une famille juive d'Algérie, Jacques Simon est docteur en histoire, président du Centre de Recherches et d'Étude sur l'Algérie Contemporaine. Son enfance marquée par les lois antijuives de Vichy, puis son parcours de militant, sont abordés ici avec une analyse approfondie des événements marquants qui traversent l'Algérie : l'après-guerre, le mouvement d'indépendance, la mainmise du FLN et l'émergence du mouvement berbère.
(Coll. CREAC-Histoire, 27.00 euros, 270 p.)
ISBN : 978-2-336-00427-3, ISBN EBOOK : 978-2-296-50855-2

ALGÉRIE, SOUVENIRS D'OMBRE ET DE LUMIÈRE
De la guerre d'indépendance à l'exode des pieds-noirs en 1962
Cômes Jean-Pierre - Jauffret Jean-Charles
Durant quatre ans, l'auteur a pris part à la guerre d'Algérie dans deux régiments de parachutistes, mais aussi durant quinze mois au DOP de Sétif. Là, il prend le risque de refuser d'obéir et de participer à des actes qu'il considère en contradiction avec l'éthique de l'officier. Témoin privilégié à la tête d'une compagnie du 3e RPIMa, il apporte notamment un éclairage intéressant sur la fusillade de la rue d'Isly du 26 mars 1962.
(Coll. Mémoires du XXe siècle, 28.00 euros, 268 p.)
ISBN : 978-2-296-56970-6

PREMIERS PAS
Souvenirs autour d'un projet de développement de l'Algérie 1963-1980
Ourabah Mahmoud
L'auteur raconte la naissance d'un projet pour le développement de l'Algérie. Comment, dès les premiers mois de l'indépendance, une «équipe du Plan» - une poignée de jeunes venus d'horizons divers - a tenté d'élaborer et d'inscrire sur le terrain ce projet. Cette politique économique souhaitait inscrire l'avenir du pays «dans les grands courants de la science et de la technologie universelles». Voici une relecture actualisée de cette stratégie d'alors.
(Coll. Histoire et perspectives méditerranéennes, 18.00 euros, 180 p.)
ISBN : 978-2-296-96163-0

L'HARMATTAN ITALIA
Via Degli Artisti 15; 10124 Torino

L'HARMATTAN HONGRIE
Könyvesbolt ; Kossuth L. u. 14-16
1053 Budapest

L'HARMATTAN KINSHASA
185, avenue Nyangwe
Commune de Lingwala
Kinshasa, R.D. Congo
(00243) 998697603 ou (00243) 999229662

L'HARMATTAN CONGO
67, av. E. P. Lumumba
Bât. – Congo Pharmacie (Bib. Nat.)
BP2874 Brazzaville
harmattan.congo@yahoo.fr

L'HARMATTAN GUINÉE
Almamya Rue KA 028, en face
du restaurant Le Cèdre
OKB agency BP 3470 Conakry
(00224) 657 20 85 08 / 664 28 91 96
harmattanguinee@yahoo.fr

L'HARMATTAN MALI
Rue 73, Porte 536, Niamakoro,
Cité Unicef, Bamako
Tél. 00 (223) 20205724 / +(223) 76378082
poudiougopaul@yahoo.fr
pp.harmattan@gmail.com

L'HARMATTAN CAMEROUN
BP 11486
Face à la SNI, immeuble Don Bosco
Yaoundé
(00237) 99 76 61 66
harmattancam@yahoo.fr

L'HARMATTAN CÔTE D'IVOIRE
Résidence Karl / cité des arts
Abidjan-Cocody 03 BP 1588 Abidjan 03
(00225) 05 77 87 31
etien_nda@yahoo.fr

L'HARMATTAN BURKINA
Penou Achille Some
Ouagadougou
(+226) 70 26 88 27

L'HARMATTAN SÉNÉGAL
10 VDN en face Mermoz, après le pont de Fann
BP 45034 Dakar Fann
33 825 98 58 / 33 860 9858
senharmattan@gmail.com / senlibraire@gmail.com
www.harmattansenegal.com

L'HARMATTAN BÉNIN
ISOR-BENIN
01 BP 359 COTONOU-RP
Quartier Gbèdjromèdé,
Rue Agbélenco, Lot 1247 I
Tél : 00 229 21 32 53 79
christian_dablaka123@yahoo.fr

631131 - Novembre 2015
Achevé d'imprimer par